新中国印记丛书

石仲泉 著

大师
是怎样炼成的

石仲泉谈胡绳

广西人民出版社

图书在版编目（CIP）数据

大师是怎样炼成的：石仲泉谈胡绳 / 石仲泉著 . — 南宁：广西人民出版社，2022.2

（新中国印记丛书）

ISBN 978-7-219-11304-2

Ⅰ. ①大… Ⅱ. ①石… Ⅲ. ①胡绳（1918-2000）—学术思想—研究 Ⅳ. ① B261.5

中国版本图书馆 CIP 数据核字（2021）第 243807 号

DASHI SHI ZENYANG LIANCHENG DE——SHI ZHONGQUAN TAN HU SHENG

大师是怎样炼成的——石仲泉谈胡绳

石仲泉 著

出 品 人	白竹林	策 划	温六零
特约编辑	郑宁波	执行策划	吴小龙
责任编辑	唐柳娜	责任校对	覃丽婷 蒋倩华
书籍设计	刘瑞锋（广大迅风艺术）	责任排版	李宗娟

出版发行	广西人民出版社
社 址	广西南宁市桂春路 6 号
邮 编	530021
印 刷	广西民族印刷包装集团有限公司
开 本	787mm×1092mm 1 / 16
印 张	15.75
字 数	200 千字
版 次	2022 年 2 月 第 1 版
印 次	2022 年 2 月 第 1 次印刷
书 号	ISBN 978-7-219-11304-2
定 价	49.80 元

版权所有 翻印必究

作者简介

石仲泉,中共党史学家,原中共中央党史研究室副主任。1938年5月出生,湖北红安人。1956年入北京大学哲学系,1961年本科毕业后留校做研究生,攻读马克思主义哲学史。1964年毕业后分配至中央马列主义研究院工作;1978年底调至中共中央文献研究室;1995年调入中共中央党史研究室。学术职称为研究员,享受国务院政府特殊津贴。兼任中国人民大学博士生导师和中国青年政治学院中国马克思主义研究中心主任,中央马克思主义理论研究和建设工程重点项目——"马克思主义中国化的历史进程和基本经验"首席专家,多所高校、党校、军校兼职教授。

石仲泉长期在中央机关从事理论和党史的研究,曾参与《关于建国以来党的若干历史问题的决议》起草工作;直接主持编修《中国共产党历史》第一卷;主持编修《中国共产党历史》第二卷八年。个人主要专著有《我观毛泽东》、《我观周恩来》、《我观邓小平》、《马克思与燕妮》、《我观党史》、《我观党史二集》、《长征行》、《"三个代表"重要思想新论》、《艰辛的开拓:石仲泉自选集》、《我观党史》(三卷本)、《我观党史四集》、《党史热点面对面》、《红军长征热点面对面》、《党的建设理论热点今日谈》、《巨变——石仲泉谈新中国的发展》、《石仲泉讲党史》等。合著有《毛泽东的读书生活》《毛泽东思想新论大纲》《邓小平建设有中国特色的社会主义理论新论大纲》等,主编的著作有《毛泽东思想方法导论》、《邓小平论中共党史》、《中共八大史》、《中国共产党简明历史》、《马克思主义中国化研究——历史进程和基本经验》(上下册)等。有多本著作和多篇论文荣获国家级图书奖和优秀论文奖。

前言

胡绳是中国共产党著名的马克思主义理论家、历史学家，是以马克思主义理论研究中国近代历史的开创者和中共党史学的奠基人之一。由于他学识渊博、真知灼见迭出，我们这一代人都称他为大师。

大约在 20 年前，胡绳刚逝世不久，中国社会科学院和中共中央党史研究室联合召开深切怀念胡绳同志学术座谈会。这两个单位是他生前任职的地方。在中国社科院他是院长，在中央党史研究室他是主任，所以，这两个单位一起追思缅怀。我在会上作了个发言，讲"胡绳是当今中国学术界一个重要学派的杰出代表"。我以为，不仅自然科学界存在学派，在社会科学界也存在学派。就社会科学而言，包括哲、经、法、文，特别是在中共党史等历史方面，尽管许多学者都以马克思主义为指导从事学术研究，但由于一部分人又兼做党政机关领导人，因而就事实上存在着一个以胡乔木同志为首，包括胡绳同志在内的，从党的事业、时代和人民的需要出发，在从事各科学术著述的同时，将学术与政治相结合，着力研究、阐发和宣传马克思主义理论的学派。这同那些单纯从事近代史和中共党史研究的学者，无论是在研究思路、历史认知、史料运用还是话语表述等诸多方面都会有所不同。当然，对于什么叫学派，怎样才能称得上学派，可能会有这样那样的不同看法。各人的界定、理解不一样，会歧见纷纭。但在我看来，不必拘泥于历史陈规，只要在学术思想、学术底蕴、学术视野、学术风格等方面形成了鲜明特色，并有后来者学习、继承和发扬这种学风和文风的，那就应当承认这是一种学派。学派者，即学术研究的流派也，就像艺术表演有不同流派一样。应当指出的是，承认有学派，并不是允许那些违反宪法的政治派别和其他有害于社会稳定的派别组织存在，这是两码事。还要说明的是，承认有学派，只是说由于上述原因在研究、阐发和宣传马克思主义理论以及对中国近代史、中共党史的某些认知方面表现出一些特色而形成这样的学派，丝毫不是把作为指导思想的马克思主义当作一种学派，也不是说没作这样研究、阐发和宣传的，就没有坚持马克思主义，是非马克思主义的。对于这些不同性质、不同范畴的问题要严格加以区别，不能混为一谈。承认有学派，只是为了发展有利于社会主义的学术，为了推进马克思主义指导下的社会科学研究，为了有益于我国先进文化的传播和繁荣。

对于以胡乔木、胡绳同志为代表的学术流派的特点，我当时概括了五点：一是从事相当一部分的非"纯学术性"研究，参与思想文化斗争，努力阐发和宣传党的理论与政治主张。对于我们这个国家、这个党来说，这样的学术流派从事的非"纯学术性"研究，或者说政治性较强的学术研究，包括对党的理论与主张的科学研究、阐发和宣传，是绝对必要的。鄙薄、讥讽、诋毁这样的学术研究是有害的。二是注重革命性与科学性的高度统一。作为这个学派的主要代表人物，比如胡乔木、胡绳同志，都是革命家兼学者（目前有相当一部分学者兼作思想理论文化宣传战线的领导干部，其中有相当一部分人是这个学派的后继者），这种经历所获得的这两方面的品格反映在他们的著作之中。三是追求政论与史论的完美结合。胡乔木和胡绳同志都是杰出的马克思主义理论家、政论家和历史学家，既有深厚的理论修养，又在多学科领域，特别是历史学科方面具有渊深的知识。因此，他们的著述，作为政论，有历史的厚重感；作为史论，有强烈的现实感和理论的深刻感。四是"思维缜密，辞章考究"。这是文论家钱锺书先生对胡乔木同志学风文风的评价。胡绳同志的文章也有这个特点。他的许多著述，不仅以思维缜密著称，而且以辞章考究为人称道。他曾经说过，写好文章，要讲究"义理、考据和辞章"。在这三者中，义理是观点和材料的统一，是文章的灵魂、统帅；考据是为义理服务的；辞章是表达作者思想作风及学风的文风，语言的丰富多彩，往往是思想丰富多彩的反映。五是思想解放，不断创新，坚持和发展马克思主义。胡绳同志在改革开放以来一个特别突出的优点，就是能与时俱进，老而不僵，如他在《八十自寿》的诗中说过的："天命难知频破惑，尘凡多变敢求真。"这种精神是他晚年学术辉煌的一个重要原因。我的这个看法得到许多学者的赞同。

我个人受益于胡绳的教诲甚多且深。我从北京大学哲学系研究生毕业后，于1964年被分配到刚成立的中共中央马列主义研究院，胡绳是副院长。此后，我虽然工作多有变动，但自党的十一届三中全会后的数十年间，基本上一直在他领导的单位工作。1980年初，我从中共北京市委宣传部调至中共中央文献研究室（最初名称叫"毛泽东著作编辑出版委员会办公室"，简称"毛办"），他是副主任。我有两年时间就是参与帮他整理《从鸦片战争到五四运动》书稿的工作。后来，他担任中共中央党史研究室主任，1995年我调到中共中央党史研究室，就是在他的直接领导下负责修改《中国共产党历史》上卷（第一卷）和编纂《中国共产党历史》中卷（第二卷）。可以说，我就是在胡绳的指导和教诲下，走上研究中国共产党的历史和理论的道路的。他实际上是我没有拜师的导师。

出版这本小书，只是为了纪念胡绳师100周年诞辰而对他的学术思想作了些梳理。在写作时，本着忠于胡绳学术思考，不作政治评判的原则，讲了个人对胡绳学术思想的一些看法。由于学养粗浅、视野局促，可能有的观点不一定全面、深刻，乃至偏颇，欢迎广大读者批评指正。

石仲泉
2020年5月

目录

引　言　胡绳：早慧的天赋＋勤奋的笔耕＋进步的追求

第一章　1947—1948：《帝国主义与中国政治》
　　　　——开创中国近代历史研究先河的大书

一、为什么在1947—1948年写作出版？／11
二、《帝国主义与中国政治》的主要特点／18
三、对中国近代史研究的学术贡献／25

第二章　1949年到20世纪末：党的两代核心领导的又"一支笔"
　　——党内重要活动经历和文字工作的磨炼

一、新中国成立到"文化大革命"前参与的重要活动 / 38

二、"文化大革命"中的挫折和复出后的文字工作 / 51

三、改革开放时期参与的重要文件起草工作 / 61

第三章　1940—1981：《从鸦片战争到五四运动》
　　——以马克思主义观研究中国近代史的力作

一、数十载的酝酿、写作和出版 / 82

二、《从鸦片战争到五四运动》的学术成就 / 89

三、续篇《胡绳论"从五四运动到人民共和国成立"》的新论 / 103

第四章　1990—1991：《中国共产党的七十年》

——"党史工作空前的独一无二的成就"

一、写作机缘和编写的过程 / 132

二、胡绳对改稿提出的若干重要思想观点 / 138

三、《中国共产党的七十年》的反响 / 174

第五章　1983—1999：《马克思主义与改革开放》

——阐释中国特色社会主义理论的重要著作

一、胡绳"自寿铭"和"胡绳现象" / 183

二、《马克思主义与改革开放》若干新论和深论 / 190

三、学界对胡绳理论著述的评价 / 221

四、"没来得及回答"的胡绳理论遗嘱 / 228

余　论　为什么会产生"胡绳现象"？

引言

胡绳：早慧的天赋＋勤奋的笔耕＋进步的追求

胡绳2000年11月逝世时，新华社发表的经中共中央审定的胡绳生平中说："他少年早慧，崭露才华，又能不断刻苦自励，辛勤劳作，终于锻炼成为学识渊博、成就卓著、在国内外享有盛誉的学者和革命家。"这是对胡绳早年情况的评介。像这样的评介，在当代中国其他重要人物的生平中极其罕见。这正是胡绳不同于一般常人的特质。

胡绳1918年1月出生。由于出身书香门第，儿时从父读书识字，在1925年7岁入小学时即读五年级。9岁就读于苏州中学初中部，10岁开始写诗，12岁向叶圣陶主编的《中学生》投稿。两年间，自由体诗作达30首，被称为"神童"。但他又不同于那种有怪癖的"神童"，而是在学校跟其他同学一起积极投身社会活动。1931年九一八事变时，他读高中，参加学校"反日救国会"演讲团，多次上街宣讲抗日。1932年淞沪抗战爆发后，14岁的他开始接触包括宣传马克思主义在内的社会科学书籍和中共内部报刊，并担任所在高中学生会主席。

国家的危难状态震撼着当时的进步青年。胡绳跟一些同学交流对中国命运和前途的看法，既有担心也寄予希望；知道苏联在世界被压迫人民斗争中的地位，怀有真切的向往之心。他读了一些马克思、恩格斯、列宁的书，还有《共产主义ABC》等，被马克思主义所吸引。他也读过瞿秋白的一些书，了解到中国共产党经历过并正在进行着艰苦斗争，也被中国共产党的理论和她的实践所吸引。这样的进步倾向奠定了青年时代胡绳的生活和思想基础。

胡绳15岁时，与人合作主编《百合》月刊，在创刊号上发表的长文以笔名"胡绳"署之,从此沿用终生。16岁进北京大学哲学系学习,成了"少年大学生"。他在上大学期间,不是一个死读书的学生,拣可听的课听之,不爱听的,就跑到北海旁的图书馆找点书看。他那时仍不断给进步刊物投稿,特别是在陈望道主编的《太白》杂志上发表《大学哲学》一文,批评了北大,引起北大中共党组织的注意,想发展他入党。

胡绳的这段经历也引起了我的好奇。我个人是在胡绳入读北大的22年后到北大哲学系读书的。后来在北大校史馆了解到当年哲学系的必修课程有哲学概论(汤用彤)、科学概论(张心沛)、逻辑、伦理学、认识论、形而上学(黄方刚)、普通心理学、中国哲学史(胡适)、西洋哲学史(张颐)、印度哲学(许地山)等。选修科目有哲学问题、价值论、现代哲学(贺麟)、宗教哲学、宗教史大纲(屠孝寔)、美学、美学史(邓以蛰)、社会学、教育学、明清思想史(嵇文甫)、老庄哲学、周程陆王哲学(马叙伦)、中国哲学问题(林志钧)、中国佛教史、笛卡儿及英国经验主义(汤用彤)、希腊哲学(程衡)、康德哲学、黑格尔哲学(张颐)、数理逻辑(张崧年)、因明学、维识哲学(周叔迦)等。应当说,不少授课老师都是著名教授,但当年的讲课满足不了胡绳这个"神童""少年大学生"的求知欲望和其他学习要求。他感到北京太沉闷,读大学没有什么意思,也看不起大学那一套安排,认为自己能够写点东西,可以靠写文章生活。于是他在读了一年大学之后,想换一种生活方式,离开北大去上海,做"文化人",便回到南方,开始了同现在一些"北漂"一样的"沪漂"生活。

胡绳反省这一段经历时说:我虽然只读了一年大学,上了一些课,学了一点逻辑,学了一点哲学概论,学了一点哲学史,但还是有用处的,后来能写一些哲学小册子就是靠这个基础。而且他还认为:从我这一生来看,我觉得自学是一个很应该提倡的路子。任何人,即使是受了完全的学校教育之后,也还要继续走自学的路,不能认为什么都学到了。我没有受过完全的学校教育。完全的学校教育是 16 年，我只受了 10 年教育，2 年的小学教育，因病中学多读了 1 年，大学我只读了 1 年，最后 3 年没学。但基本完整的学校教育是有好处的，给人以比较系统的基础知识。如果没有可能学完，就应该努力自学。即使受了完全的学校教育，也还应该有自学精神。胡绳在学习阶段的勤奋自学，对他的成长起了重要作用。

"沪漂"是胡绳成长史的一个重要节点。"漂"的生活使许多早慧之才过早凋谢，胡绳却没有。他步入社会，开始了解社会这面多棱镜。他的"沪漂"，没有生活散荡、随波逐流、东闯西逛混日子，而是一面读书自修，一面从事写作，并参加中国共产党领导的文化宣传，投身抗日救亡运动。在上海的两年间，他为《读书生活》《生活知识》《新知识》《自修大学》《时事新报》等报刊撰稿，发表了 60 多篇文章，还参加《新学识》的编辑工作。他的生活完全靠写文章得的稿酬维持，没有去找什么工作。1935 年秋，经从事世界语研究的叶籁士介绍，胡绳参加中共"文总"（"左翼文化总同盟"）领导的"语联"（"中国普罗世界语者联盟"，上海世界语者协会是其公开机构，是中共的外围组织）工作，并短期担任上海世界语者协会机关刊物《世界》的编辑，写过若干有关世界语和语文问题的文章。对他影响最大的是在此期间结识了胡乔木。当时，胡乔木是党在文化工作上的领导机构"文总"的负责人之一，胡绳参加的"语联"只是党的外围组织。对于进步青年来说，与胡乔木建立了联系，就等于找到了党。胡乔木找过胡绳几次，谈了些对文字改革和拉丁化方案的意见，使胡绳感到胡乔木对文字音韵学很有些知识。但两人认识没多久，胡乔木就离开上海去了延安。此后，胡绳参加的文化活动更多。北京爆发一二·九运动后，他还参加了上海声援北京的游行示威和抗日救亡的集会活动。1935 年 12 月，全国性的新文字团体"中国新文字研究会"在上海成立，胡绳主编《中国语言》，负责草拟《我们对于推行新文字的意见》（简称《意见》），征求各界人士签名。这个

《意见》写道：中国已经到了生死关头，我们必须教育大众组织起来解决国难。但是这教育大众的工作，一开始就遇着一个绝大的难关。这个难关就是方块汉字。方块汉字难认难写难学。……中国大众所需要的新文字，是拼音的新文字……这种新文字，现在是已经出现了。……我们觉得这种新文字是值得向全国介绍了。我们深望大家一齐来研究它，推行它，使它成为推进大众文化和民族解放运动的重要工具。

对于拼音文字，在我们国家，要用它代替方块汉字的潮流时兴了数十年。到改革开放以后，这个热潮才渐渐消退。当时胡绳为此搞的签名活动，进行了四五个月。参加签名的既有当时的社会名流，也有后来成为名流的。签名者有蔡元培、孙科、柳亚子、鲁迅、郭沫若、茅盾、陈望道、陶行知、叶圣陶、沈钧儒、邹韬奋、章乃器、史良、李公朴、沙千里、王造时、胡愈之、周予同、方光焘、金仲华、薛暮桥、张仲实、邓初民、艾思奇、胡乔木、胡风、胡绳、曹聚仁、钱俊瑞、柳湜、叶籁士、聂绀弩、夏征农、贺绿汀等近700人。这个签名书在《中国语言》上发表后，社会影响很大。这是胡绳在"沪漂"期间的一项重要文化宣传活动。

胡绳晚年以亲历者的身份多次谈起20世纪30年代中期上海进步文化运动和抗日救亡运动。他认为，在抗日战争全面爆发的前几年，以上海为中心，确是进行了一些颇具特色的马克思主义宣传工作。那时上海左翼文化工作的一个显著进步，是逐步摆脱教条主义和党八股的束缚，能够从实际出发，从广大读者的需要和接受能力出发，进行富有说服力的宣传。一些传播马克思主义理论的刊物如《读书生活》《生活知识》等很有影响。这一时期，实际上形成了一个以上海为中心、在全国范围很有特色的进步文化运动和抗日救亡运动，其规模、深度和影响，都是前所未有的。这段时期上海左翼文化运动的功绩和经验，是应当深入研究并在党的历史书上大写一笔的。

在"沪漂"期间，胡绳一面参加抗日救亡运动和从事党组织领导下的文化工作，一面自学哲学和写作。他很想系统地学一下西洋哲学史，还写了部读书笔记式的希腊哲学史著作，继续自修在北大时开始学的德文。虽然未能完全学成，但对他强化哲学基础、渊博学识起了重要作用。他的关于通俗哲学的早期作品《哲学漫谈》《新哲学的人生观》《辩证法唯物论入门》等，就是在此期间写成并出版的。尽管这时他才十八九岁，但这些哲学小册子已使他有了较大社会影响。在我们党内，从事马克思主义哲学大众化、通俗化工作的，有三位大师，即艾思奇、胡绳和冯定。尽管三人的年龄和经历差别不小，但有意思的是三人从事通俗哲学著述却大体相近，都在20世纪30年代，并且都在上海发端。艾思奇的《哲学讲话》，即后来修订的《大众哲学》最早在1934年发表，他是我国将马克思主义哲学作通俗普及的第一人。那时胡绳正在北大学哲学。1936年12月，胡绳发表了《哲学漫谈》。《哲学漫谈》是以书信体裁发表的系列文章，陆续在《新知识》《新学识》上刊载，前后7个多月，共有14篇，系统简明通俗地阐述马克思主义哲学原理。1937年2月，胡绳出版了青年自学丛书《新哲学的人生观》，希望能够对青年读者的生活实践起点作用，帮助青年们更实际、更合理地处理身边的一切事情，度过这个国家艰难的年头。由于胡绳试图用历史唯物主义的观点和方法说明新哲学即马克思主义哲学的人生观，并对一些错误的人生观进行了批判，因而该书颇受进步青年的欢迎①。胡绳在这个时期的哲学著述，对他后来研究中国近代历

---

① 胡绳到武汉后，在1938年5月到7月间还撰写了《辩证法唯物论入门》一书。他在该书《前记》中说，书名叫作"入门"，就是比较通俗，是为了对于哲学还缺少基本的完整的认识的人而写的，尽量用现实的中国的具体事实来阐明哲学理论，并特别注意从目前每个中国人面前的无限丰富的急激变动的现实来说明理论，为了使读者感到所举的例子不是用来凑理论的，因而加入了自己的一些见解。一些读者认为，这本书的写法在某些方面比《大众哲学》有进步，《大众哲学》常常是用故事、生活小事来说明原理，如吃苹果、照相，好玩一点，而该书的举例是同当时抗战的实践、实际联系着的。有的读者就是读了这本小书后参加革命、投入抗战洪流的。该书出版后，至新中国初期，在解放区和内地一些书店多次再版重印。

史的学术道路产生了重要影响。深邃的哲学思维和宏观的哲学视域，使他与许多历史学家不同，能高度驾驭浩瀚的史料，注重研究历史的所以然，揭示历史的发展规律，使史与论有机结合，夹叙夹议，有质有文，更具可读性。

1937年八一三上海抗战开始后，胡绳到达武汉从事文化工作和统战工作，直至1938年10月武汉沦陷。在武汉期间，他主编通俗刊物《救中国》周刊，起初大多是自己撰稿；受邀参加柳湜创办的《全民周刊》编辑工作；发表了数十篇文章。"沪漂"期间，他一直没有停下手中的笔，不断地写呀写，这期间，发表了100多篇文章和近10本小册子。这就是勤奋笔耕！1938年1月，胡绳加入了多年追随的中国共产党。由于他过去做了不少文化工作，党组织决定他不需要候补期，入党后即是正式党员。这既是对胡绳过去努力的认可，也是胡绳人生道路的新里程碑。他开始了从自由人到"党的人"的新征程。

第一章

1947—1948：《帝国主义与中国政治》
——开创中国近代历史研究先河的大书

从 1938 年到 1948 年的 10 年，是胡绳经过抗日战争和解放战争的艰苦奋斗走向成熟的关键时期，也是他的学术道路走向高峰的重要岁月。"三十而立"，胡绳正好在 1948 年 30 岁时立起来了，其标志就是发表《帝国主义与中国政治》这本重要著作。它是胡绳成为大师的历史起点。

一、为什么在 1947—1948 年写作出版？

胡绳晚年对抗战时期的活动和该书的写作有过回忆。他说：我从武汉到重庆后的一年多，在学习方面做了一件很重要的事，就是认真地将《资本论》三卷全部读完。这对我有很多好处。我真正搞历史，搞中国近代史，是在 40 年代后期。在写完《二千年间》以后我开始学习中国近代史。那是决定中国民族命运的大搏斗的时期，客观的形势促使我为几个刊物写了许多政治评论文章，也促使我对中国近代的历史进行比较周密的学习和研究。那时候我为什么要写《帝国主义与中国政治》这本书呢？实际上跟形势有关系。中国革命快要取得胜利了，我感觉到有必要从近代历史的经验教训中间，看一看帝国主义和中国的关系。当时感到中国革命打倒蒋介石已经没有什么悬念，剩下的就是帝国主义如何对待中国革命的问题。这样我就转到历史学方面来了。

这里讲的《二千年间》，是胡绳在 1944—1945 年间陆续写成的文章汇集。那时他在重庆的新华日报编辑部工作，业余时间大部分精力用于学习中国历史，读了能找到的各种不同观点的著作，并且做了很多笔记。他将这些笔记整理成文章，陆续发表在叶圣陶主编的《中学生》上。这些文章体例新颖，挑出一些人们比较关注的历史问题，一篇篇地从中国古代讲到近代，既深入浅出，又联系抗战实际，颇受读者欢迎，也引起读书界注意。抗战胜利后，胡绳到上海将发表的文章编辑成书，取名为《二千年间》。该书出版后，好评如潮。历史学家吴晗写书评说：这是一本有血有肉有灵魂，活生生的书。正如蜜蜂酿蜜，是经过消化的，融会贯通，所以可读，也所以不可不读①。此后，这本小书每年均再版。新中国刚成立时，中学里没有历史教科书，就拿它当教科书。

有了《二千年间》开辟历史研究的新天地，胡绳就集中地研究中国近代历史问题。他回忆当时的情况说，从1946年3月起在上海的一年和这以后接着在香港的一年半，这期间可说是他的写作生涯最高涨时期。至少就数量说，这一生中没有另外几年的写作能比得上这二三年了。在香港，工作不像在上海那样紧张，可以从容地对一些问题进行观察和思考。"这时候我写的一些关于中国近代史的书和文章，虽然是有感于现实斗争形势而发，但用的是历史材料，如果不是在这样一个环境中是不可能写出来的。香港当时成了沸腾的时代所引起的各种思潮集中反映的地方，既为政论作者提供了丰富资料，也不能不激起他们写作的激情。"②

胡绳正值而立之年，体能充沛，精力旺盛，该出大成果了。但是还要善于抓住历史脉搏，把握好时代重大课题，才能写出产生重大影响的成果。胡绳经过10年砥砺，已有了敏锐的政治眼光，如前面所说的，感到中国革命打倒蒋介石已经没有什么悬念，下面就是帝国主义方面的问题，有必要从近代历史的经验教训中，看一看帝国主义和中

---

① 吴晗：《读〈二千年间〉》，《文汇报·史地周刊》，1946年8月27日。
② 《胡绳全书》第7卷，人民出版社2003年版，第170页。

国的关系问题，于是就将研究方向转到历史学方面了。不难看出，胡绳已充分把握客观形势，利用手中的狼毫利器，将对中国近代历史作过比较周密的研究而获得的新认识撰写成书，参与"决定中国民族命运的大搏斗"。这是胡绳写《帝国主义与中国政治》的总的客观情势和主观意愿。

具体来说，有三大因素对胡绳写作《帝国主义与中国政治》有重要影响。

第一，刘邓大军千里跃进大别山，解放战争由战略防御转入战略进攻，奠定了中国革命胜利的大局。抗战胜利后，蒋介石集团凭借美国政府的大量援助和得到的美式、日式优良装备，曾夸下海口，只要三个月就能"消灭人民军队、打败共产党"，因此冒天下之大不韪，悍然发动内战。最初，他们气势汹汹，但不到一年时间，战局就发生了重大变化。毛泽东鉴于国民党重兵深陷在山东、陕北战场，而在这两个战场间的鲁西南、豫皖苏直至大别山区的兵力十分空虚，决定让刘邓大军强渡黄河后向大别山进击，在长江以北的鄂豫皖边实施战略展开；陈谢大军、陈粟大军协助和配合刘邓大军南进经略中原。1947年6月底，刘邓大军12万余人，从山东阳谷突破黄河天险，打响鲁西南战役，拉开了解放军战略进攻的帷幕。8月7日从鲁西南南下，经过20多天艰苦跋涉和激烈战斗，于8月末进入大别山区后，在4500万人口的江淮河汉广大地区建立了新的中原根据地。毛泽东指出：这是一个历史的转折点，即蒋介石和帝国主义在中国的反动统治由发展到被消灭的转折点。它也预示着人民大革命的高潮已经到来，"这是一个伟大的事变……这个事变一经发生，它就将必然地走向全国的胜利"[①]。胡绳讲的中国革命打倒蒋介石已经没有问题了，就是这个时代

---

① 《毛泽东选集》第4卷，人民出版社1991年版，第1244页。

背景。

　　这个背景对胡绳触动很大。他感到"革命战争很快就要取得对蒋介石的彻底胜利，在这时候发生一个关键问题，是美国怎么样，它会采取什么手段来对付中国革命。从这个观点出发，反过来考察美国历史上向来对中国采取的政策是有意义的"①。这充分显示了胡绳的政治智慧。在那时，研究历史的一般学者中有这样的政治智慧的寥寥无几。这是胡绳写这本书的直接动因。

　　第二，反对中间道路——第三条道路，是胡绳在香港一年多的一项重要工作，写作《帝国主义与中国政治》，与此也有一定关系。胡绳回忆抗战以后的社会思潮时说，最反映当时思潮的就是第三条道路问题。有些同志写过文章，批判第三条道路。周恩来提醒，香港现在有的文章写过头了，大概有点"左"了吧。他指出后，大家就注意了。胡绳当时针对色彩不同的各种第三条道路论者写了好几篇评论文章。他认为，反对第三条道路在中国历来是一个很重要的问题。第三条道路要反对，但还要承认有第三种人。在这个问题上很容易犯"左"的毛病。抗战以前，上海文坛有关于第三种人的论战，比较"左"，否认第三种人的存在。实际上应当承认有第三种人，需要引导他们。像毛主席说的，国内战争已经到了历史的转折点，这种人希望共产党不要完全胜利，好像有第三条道路，这当然要批判。但是不能不承认，总归还有第三种人，除了革命的、反革命的，还有中间的。要引导、吸引中间派，不能去打击它，也不能否定他们的存在。胡绳说，这时期他写的政治时事性评论，对第三条道路的批评注意了这个问题。

　　《帝国主义与中国政治》虽然不是直接针对第三条道路的，但也涉及了。中间道路是一条什么道路呢？他们既不满意国民党的专制独裁，

---

　　① 《胡绳全书》第 7 卷，人民出版社 2003 年版，第 172 页。

也不赞同共产党的社会主义主张,要寻求第三条道路。说白了就是向往英美的民主政治,而且认为美国在历史上对中国不像其他列强那样野蛮掠夺,还对中国有不少帮助,比如将过去的战争赔款用来为中国建医院、学校等,因此要学习美国的那套政治制度。这种看法在当时部分知识分子中间很有市场。《帝国主义与中国政治》就是要对近代以来帝国主义列强与中国的关系作历史考察,揭露他们的虚伪面目,还以本来真相。可以说,抗战以来胡绳的许多时事政治评论,对于写作《帝国主义与中国政治》起了植根培土的作用。对近代以来帝国主义列强侵略中国、残害中国真相的揭露,实际上就是对鼓吹第三条道路的人们的深刻教育。周恩来那时指示的不要太"左",要注意团结和争取中间群众,胡绳在写作《帝国主义与中国政治》时,把握住了这个政策之"度",既摆清楚帝国主义侵略中国和与清政府还有北洋军阀怎样结合的历史事实,又讲清楚了中国人民为什么要选择革命的基本道理。因而该书出版后,不少读者通过阅读而提高了思想觉悟和转变政治立场。

胡绳在《帝国主义与中国政治》初版序中指出:本书所要着重说明的是"帝国主义侵略者怎样在中国寻找和制造他们的政治工具,他们从中国统治者与中国人民中遇到了怎样不同的待遇,以及一切政治改良主义者对于帝国主义者的幻想曾怎样地损害了中国人民的革命事业,等等"[①]。在第 4 版序中又说:"写这本书的用意是想通过历史事实的分析来反映出当时的中国政治生活中的一些根本的问题,企图表明在中国人民大众中反对帝国主义侵略的革命传统,并表明资产阶级的领导不可能实现从帝国主义压迫下解放中国人民的任务。"[②] 这充分

---

① 《胡绳全书》第 5 卷,人民出版社 1998 年版,第 151 页。
② 《胡绳全书》第 5 卷,人民出版社 1998 年版,第 149 页。

说明胡绳写作此书实际上肩负着批评第三条道路的改良主义思想的责任。

第三，对一些学者著述的文化思想评论，特别是对冯友兰和钱穆著述的评论，对胡绳写作《帝国主义与中国政治》时坚持用马克思主义立场观点方法把握学术方向、研究历史规律、揭示历史发展主线，起了引领作用。从1942年到抗战胜利，胡绳在重庆《新华日报》主编副刊期间，写了不少关于文化学术思想方面的文章，用马克思主义观点评论当时一些有重要影响的大家、学者的著述。

冯友兰是著名的哲学史大家。他出版的"贞元三书"——《新理学》《新事论》《新世训》，曾在学界产生轰动效应。胡绳对《新世训》《新事论》两书写过评论，对《新理学》没有评。他自己说："《新理学》那时我看不懂，不敢评论。……十多年后，我重看《新理学》，才懂得它的奥妙，这时候也不需要再评论了。"[①] 1942年7月胡绳发表的《评冯友兰著〈新世训〉》，是他写的第一篇评冯著述，文章比较长，有2万字。文章就冯著所论"人的生活方法"涉及的几个根本观点作了分析，指出：冯先生所了解的社会是抽象的社会，而不是具体的社会。抽象地讲人伦，讲人的生活方法，对于人的社会生活的实践就只是一句空话、一个空洞的公式。脱离了具体的社会实践，脱离了基本的人生观，而讨论人的一般的生活方法，这只能触到在生活中的抽象的形式问题，而所提出的生活方法，却极有可能成为生活的空洞形式。叶圣陶看了这篇文章后认为，冯友兰先生合道家主张与理学家主张成《新世训》此书，所用方法为形式逻辑，未足以指导现代人之生活方法。胡绳文章的分析还是比较有道理的。

钱穆是著名的历史学大家。钱穆出版的《国史大纲》曾轰动一时，

---

① 《胡绳全书》第7卷，人民出版社2003年版，第163页。

随后又出版了《文化与教育》论文集。1944年2月，胡绳发表的《评钱穆著〈文化与教育〉》也是篇长文，约1.5万字。胡绳认为钱先生对中国历史的一个看法，是自秦到清末的政治并不是专制政体。钱先生的根据，一个是宰相制度，一个是考试制度。钱先生把宰相当作政府的领袖，把君主看作只是皇室的领袖，因而认为自秦到清末的政治并不是专制政体。胡绳评论指出：这样的分析既是根本违背历史事实的，也是混淆了国体与政体。从国体上来看，汉唐宋明无非都是地主阶级占统治地位的国家。所谓政体就是指他们采取怎样的方式来组织政权机关，行使政权力量。我们说中国过去是君主专制政体，就是说，当时的统治政权是集中在皇帝个人的人格上，通过皇帝个人的意志来执行地主阶级的统治。因此，脱离了国体问题来单纯谈政体问题，是捉摸不到中国历史的真相的。钱先生把宰相当作政府的领袖，把君主看作只是皇室的领袖，这样的分析是抄袭欧洲近代民主政制中的三权分立，把中国传统政制看作是二权分立，这样就抹煞了君主专制政体的真实内容，宰相制度不能改变君主国家是专制政体的事实。至于考试制度，胡绳认为，就专制时代的科举制度来看，其实就是从地主阶级中经常选择出一批可用的人才来行使政权，那正表明这是地主阶级专政的国体。而在那时代一切考试用人之权又集中在君主一人手里，这正表明这是一个不折不扣的君主专制的政体。科举制度的实行，反映了中国封建政治的一个特质，即非世袭贵族政治而是官僚政治，用官僚制度来补足的君主专制，这就是中国封建时代的政体的全貌。胡绳还指出：钱先生对于历史得出了许多混乱的结论，根本原因在于首先是出发于唯心论的观点。它较《国史大纲》，我们可以更直接地看到他在现实问题上的主张。这不只是学术研究上的一种"新"见解，而且是和现实政治的某种要求相呼应的。

在重庆经过数年对文化思想评论和对历史的潜心研究，既使胡绳为写作《帝国主义与中国政治》积累了深厚学术底蕴，也使他有了强烈的使命感，即在中国革命即将取得胜利的大形势下坚持用马克思主义立场观点方法来研究帝国主义与中国政治的关系。联系胡绳在抗战以来作为"党的人"从事文化思想活动所取得的成就，及其思想的显著进步，如果说大形势的发展是他写作《帝国主义与中国政治》的主要动因，那么上述后两条则可视为他写作该书不应当忽视的重要原因。胡绳在《帝国主义与中国政治》第6版序中指出："为了说明只有彻底地从帝国主义的统治和压迫下解放出来，只有彻底地打倒作为帝国主义的工具的中国反动阶级，中国才能有真正的国家统一、人民的民主和民族经济的发展，为了警惕帝国主义会用这样那样的方法来破坏中国人民的革命，为了指出中国的民族独立只有依靠无产阶级的领导而不能依靠资产阶级的领导来实现，作者当然不需要在写作时丝毫离开历史事实的真相，恰恰相反，越是深入揭露历史事实中的本质的、规律性的东西，越是能说明问题。"[①] 这个说明，显然是有针对性的。看了这个说明，一般研究者都会懂得他的所指。所以，我认为这一条是研究胡绳为什么写作此书不应当忽视的重要原因。

二、《帝国主义与中国政治》的主要特点

胡绳1946年在上海时已经发表过关于中国近代史的一些不太长的文章，1947年到香港写《帝国主义与中国政治》是那段时期结合那时政治形势学习中国近代历史的一个总结。这部20万字的著作，写了半年，胡绳称之为"小书"。就篇幅来说，书不算厚；但就价值分量言，这可是本"大书"，在某些方面开创了近代历史研究的先河。

---

① 《胡绳全书》第5卷，人民出版社1998年版，第147—148页。

这本书的主要特点，至少有这么四点：

第一，立意鲜明，紧扣主题。胡绳在回忆中谈到这本书时说过："写这本书大体上有个模糊的轮廓，在收集材料、看材料中间发现，可以撇开那些我并不清楚的事情，与我要写的主题没有什么关系的简单地交代一下，集中写出一条主线，帝国主义和中国革命的关系，而这条线索确实是中国近代史的主要的东西。"① 通读这本书，情况确实如此。它不是像范文澜先生的《中国近代史》那样写完整的近代史，方方面面都要讲到。胡绳这本书如他本人所说，对远离主线的不少事件和史实只作简单交代，没有展开论述。这确实是本书的一个显著特点。

作为本书主线的帝国主义与中国革命是怎样的关系呢？胡绳在第一章第二节用"官""民""夷"三者的演变来说明这个关系，既形象又简洁。"官"指大清皇帝和政府当局，"民"指被压迫的民众和农民起义军，"夷"指帝国主义列强。在帝国主义入侵中国时，清政府进行抵抗，广大人民群众是支持的。这时的"官"和"民"是共同反"夷"的。当"官"对"夷"妥协、投降时，"民"和"官"就分手了，乃至对立，这时"民"还继续反"夷"。胡绳写道："当清朝政府第一次签字在卖国条约上时，也正是中国人民针对外国资产阶级侵略者从事爱国主义斗争的开始。"② 随着卖国条约的签订，"官"和"夷"开始走近。对于"民"还继续反"夷"，"官"不是护"民"，而是抚慰"夷"。当"民"开始反"官"后，"夷"最初以"中立"观察，看究竟支持谁对它更有利。当"官"为了保住统治地位而求救于"夷"时，"夷"进一步勒索"官"，使其全部屈服。这样，"官""夷"军事合作，共同镇压"民"。胡绳指出："列强根据太平天国大革命的经验开始发觉：为

---

① 《胡绳全书》第7卷，人民出版社2003年版，第172页。
② 《胡绳全书》第5卷，人民出版社1998年版，第159页。

了控制中国和榨取中国人民，宁可保留和支持现在这个皇朝，而绝不能轻易让它垮台。20年间经过了两次鸦片战争，最后作战双方却形成了绞杀中国人民革命的肮脏的军事合作，这并不是值得惊异的事。"①

毛泽东在《中国革命和中国共产党》中写道："帝国主义和中国封建主义相结合，把中国变为半殖民地和殖民地的过程，也就是中国人民反抗帝国主义及其走狗的过程。"②胡绳通过对两次鸦片战争的历史分析指出："从1840年到1864年的历史表明，中国近代史中的这样的主题已全部形成。"③《帝国主义与中国政治》一书就是紧扣这个主题来揭示中国近代历史发展的这个规律的。

第二，史论结合，论从史出。《帝国主义与中国政治》的另一个重要特点，就是并没有大量使用历史材料，而且应当说还缺乏一些材料。胡绳讲到当时的情况时说："在写作时，愈深入到对象中，就愈加令作者感到他所不易克服的困难。多方面的材料需要收集，各种各样的问题会要牵涉到。但那时他在中国近代史方面拥有的材料是远不够充分的。没有什么图书馆可以依靠，使用的材料基本上是在上海和香港的旧书店中收集来的，不可能要什么资料就得到什么。他用在香港的时间的大约三分之一完成了这本书。如果他当时能得到更多的参考书，并有时间进行研读，可能这本书还能写得更好些。"④

胡绳讲的是当时拥有的材料不很充分，并不是说没有必要的基本材料，否则就无法写作了。在有了基本的尽管还不是很充分的材料之后能进行写作，而且还写得很成功，靠什么？就是充分运用已经有的基本材料展开分析，将道理讲清楚，揭示历史的本质，以理服人。一

---

① 《胡绳全书》第5卷，人民出版社1998年版，第184页。
② 《毛泽东选集》第2卷，人民出版社1991年版，第632页。
③ 《胡绳全书》第5卷，人民出版社1998年版，第185页。
④ 《胡绳全书》第5卷，人民出版社1998年版，第151页。

般人写史书，往往是梳理大量材料，分析讲道理较少，以为只要把材料一摆，问题就自然清楚了。应当说，摆史料是基本的、必须的，否则不成其为史书了。但如果能在此基础上进一步讲清道理，那就锦上添花，更能令人信服。《帝国主义与中国政治》能获得好评，就是胡绳将"史"与"论"结合得好，而且发挥"论"的特长，弥补了"史"的某些不足。这是胡绳写作的一个重要特点，也是当时许多历史学家缺乏的一个显著优点。《帝国主义与中国政治》能脱颖而出，这起了非常重要的作用。该书出版后，有几个大学教授看了，惊叹历史竟有这样的写法。（最初出版的书中所掌握的资料不够和当时认识的局限而造成的错误和不当之处，在后来再版的新书中都不断补充更正并加以修改了。）

　　胡绳不仅能将史论结合，而且还能做到论从史出。这是什么意思呢？如果说史论结合之"论"，是已知之"论"，那么论从史出之"论"，则是未知之"论"。前者是用已知之"论"分析史料来说明历史事件，不可能是未知之"论"。后者之"论"则是用已知之"论"分析史料后得出新的结论。所谓"论从史出"，就是通过已知之"论"分析历史得出未知之"新论"，并使这未知之"新论"变成已知之"论"的过程。胡绳说："在这里我发现了一个过去不大懂的问题。从前我们习惯说，帝国主义和中国的封建势力结合起来，实际历史也是这样的。但是一开始帝国主义来到中国，倒不是马上利用封建势力……帝国主义和中国封建势力结合有一个过程，我用一些事实把它表现出来。这的确不是事先定的论点，而是从研究事实中间得出来的。"[①] 这个"过程"论的认识，就是论从史出的新论。我们仔细研读此书，就能了解到作者怎样将帝国主义和中国封建势力结合的过程一步一步地揭示出来。这是胡绳论从史出的一个重要体会，别的史书一般不作这样剥笋

---

① 《胡绳全书》第 7 卷，人民出版社 2003 年版，第 172 页。

式的层层分析。

第三，布局独特，章节点睛。前面提及的，该书出版后，几个大学教授看后惊叹历史竟有这样的写法，这既指其史论结合的写作特点，也包括本书的章节布局的新奇。因为一般写史书，主要突出历史事件，中规中矩地列出鸦片战争以来一个又一个的事件，使人一看就知道是"史书"。《帝国主义与中国政治》则别开生面，在章节标题上没有突出历史事件，而是突出作者所讲的"帝国主义与中国政治"这个关系的主题。如果不在章节标题后标出年代时间，还真不知道讲的是哪一段历史。按照传统观念来说，这不符合"史书"范式。但是如果从可读性来讲，按照现在的话说，则很能吸引读者眼球。什么叫创新？这就是作者写"史书"时对体例的创新。所以，几个大学教授看后说历史竟有这样的写法，这让他们大开眼界。

但是，这种布局不是随意的，各章各节标题都是作者独运匠心的画龙点睛之笔。比如，第一章"新关系的建立（1840—1864年）"，是写两次鸦片战争的20多年间，帝国主义列强与清政府关系的变化过程的。所谓"新关系的建立"，就是讲这两者是怎样"不打不成相识"的。这20多年间，帝国主义列强以第一次鸦片战争为起点，一次又一次对中华民族进行疯狂掠夺。第一次鸦片战争后，清政府不再坚持最初的排外政策而与外国侵略者妥协、勾结；中国人民则表现了始终不与外国侵略者相妥协的坚强力量，进行一次又一次的反抗。经过这20多年的发展，"外国侵略者已经和封建统治者携手合作，共同以武力对付中国人民"[①]的新关系就确定下来了。这个新关系一直贯穿于中国近代历史。

这一章其中一节的标题为"打和拉"，也很吸引读者眼球。它具体

---

① 《胡绳全书》第5卷，人民出版社1998年版，第160页。

说明这个新关系是怎样确立的。读者饶有兴趣地阅读后就明白了：在第一次鸦片战争后的第 10 年就爆发了太平天国运动，并于 1853 年建都南京，在中国形成了两个政权。帝国主义列强为了获得更大利益，又发动了第二次鸦片战争。将 1860 年前后帝国主义列强对太平天国和清政府的态度变化概括起来就是——对于太平天国由拉变成打；对于清政府，由打变成拉。胡绳指出："经过《天津条约》和《北京条约》，侵略国家得到了所要求的一切，而清朝也心甘情愿地承认了这一切要求。从此以后，新的关系是确定下来了。在清政府方面，对于外国侵略者抱绥靖妥协态度，而对于人民则坚持武力镇压，这样的政策已不再有什么动摇了。在侵略者方面，则继续培养和驯服清政府，以便经过这一个政府来源源不绝地榨取中国，这样的政策也不再有什么动摇了。"[①] 这一节的标题"打和拉"就是言简意赅的点睛之笔。

第四，深入浅出，晓畅易懂。这是《帝国主义与中国政治》的文字特点。对青年学者而言，写书要"深入"不易，主要是学术功力不够。但对于历史有深入研究的大学者而言，要"浅出"也不易，因为既要高度概括，又要晓畅易懂。好多鼎鼎有名的大学者的著述，读者看不懂，就是因为有此短板。胡绳就年龄而论，二十八九到三十岁，无疑当属青年学者。但是由于他"早慧的天赋+勤奋的笔耕+进步的追求"，在这个年龄段却成了很有名气的大学者。这样，他的文字功夫就既能深入，又能浅出。上述别开生面的布局已显现出了这个特点，全书的文字表述更展现出了他的这种文字功夫。

以第三章"'洋人的朝廷'（1894—1911 年）"为例。这个章节标题就起得很特别，该章写的是中日甲午战争到辛亥革命这段历史。"洋人的朝廷"是辛亥革命宣传家陈天华在 1903 年写的小册子《猛回头》

---

① 《胡绳全书》第 5 卷，人民出版社 1998 年版，第 174 页。

中讲的，胡绳将其摘出作为章节标题本身就说明了他的慧眼和匠心。辛亥革命前，八国联军占领北京，这对中国人民的触动极大极深，一场大的革命风暴在酝酿中。那时，有些列强主张直接实行瓜分中国的政策。后来没能实现。胡绳写道，联军在进北京前，各国已经看清当时局面，知道基本问题是中国人民的反帝情绪高涨。既然这时清政府只是表面上宣战，实际上仍通过外交途径向各国讨好，这就清楚表明，"清政府还是帝国主义掌握中的工具，如果舍弃它而直接瓜分中国，就只会使各地区的中国人民反帝情绪更加增涨，那是对帝国主义者不利的"①。作者以晓畅易懂的语言说到了问题的要害处，读者一看就明了。在义和团运动被镇压和签订《辛丑条约》后，帝国主义列强与中国专制统治者结合得更加紧密。资产阶级革命派渐渐成为当时一切爱国的、求进步的势力的中心。由于帝国主义列强已公开地做了中国的主人，清政府已完全成为帝国主义的工具，这时兴起的反对帝国主义侵略的爱国运动自然发展为推翻清政府的民主革命运动。陈天华在《猛回头》中写道："请看近来朝廷所做的事，哪一件不是奉洋人的号令。我们分明是拒洋人，他不说我们与洋人做对，反说与现在的朝廷做对……朝廷固然是不可违拒，难道这洋人的朝廷也不该违拒么？"②"洋人的朝廷"这五个字，深刻地揭露了清政府的本质。胡绳指出，当时革命派中不少人已清楚地看到，"清政府已经完全是帝国主义所利用的工具，中国真正的统治者其实是外国帝国主义者"③。陈天华一语中的，"当今天子"其实是"洋人的朝廷"，这既深刻又形象，通俗易懂。胡绳得出结论说："这样的赤裸裸的事实不可免地在广大人民中激起了锋芒指向专制统治者的爱国大运动。终结了270年的清朝统治的辛亥

---

① 《胡绳全书》第5卷，人民出版社1998年版，第251页。
② 《胡绳全书》第5卷，人民出版社1998年版，第267—268页。
③ 《胡绳全书》第5卷，人民出版社1998年版，第267页。

革命就在这样的背景上爆发起来了。"①

《帝国主义与中国政治》一书正因为至少有上述几个特点,所以能产生广大的社会影响。胡绳晚年回忆说:"碰到一些老干部,他们说当时看了你的书受了很多影响。虽然说这是我青年时期的著作,但这几本书的基本思路和基本风格奠定了我一生的写作基础。"②

三、对中国近代史研究的学术贡献

《帝国主义与中国政治》在1948年7月初版后至1996年10月出版第7版,经过9次印刷,印数达到145000册,而且还有英文、俄文、德文、西班牙文、朝鲜文、蒙古文、日文等多种译本。《帝国主义与中国政治》为什么会有这么大的社会影响呢?在我看来,因为它至少有三大学术贡献。

首先,《帝国主义与中国政治》同范文澜先生的《中国近代史》上编第一分册(后来定名为《中国近代史》上册)一起开创了用马克思主义研究中国近代历史的先河,初步梳理出以马克思主义观点研究中国近代史的大框架和基本观点,揭示出中国近代历史发展的基本规律。五四运动以后,马克思主义著作通过十月革命陆续传到中国,那时先进的中国人首先考虑的是如何用马克思主义来救赎中国,中国共产党的诞生就是为了国家独立、民族复兴和人民解放,在学术界用马克思主义观点研究中国历史特别是近代历史还很难成为重要课题。抗日战争爆发后,国民党学人蒋廷黻在1938年出版了《中国近代史》一书,曲解近代历史发展脉络和重大历史事件真相,并借古说今,公开为蒋

---

① 《胡绳全书》第5卷,人民出版社1998年版,第268页。
② 《胡绳全书》第7卷,人民出版社2003年版,第180页。

介石集团的外交政策辩护，锋芒直接指向中国共产党。随后又有钱穆的《国史大纲》和《文化与教育》论文集等著述，也是通过讲历史来论述现实主张。正是在这种背景下，在延安的范文澜先生于1947年出版了他的著作，首先用马克思主义观点来梳理中国近代历史，批驳了蒋廷黻的反动观点。两年后，胡绳在香港出版了《帝国主义与中国政治》，也用马克思主义观点阐述了他对中国近代历史上一些重大历史事件的看法。从某种意义上说，这两本书是用马克思主义观点研究中国近代史的姊妹篇，并成为中国近代史研究最早的双峰并峙著作。

《帝国主义与中国政治》对中日甲午战争和战后列强瓜分中国的危机进行了深入剖析。一方面，改良主义的政治思潮渐次发展；另一方面，广大底层群众反对外来侵略的反抗情绪愈益高涨。前者以康有为领导的变法维新运动为代表，后者则是义和团运动。对这两个运动怎么看？直至当下，学界还有不同看法。我以为，该书对两者的分析是正确的，完全没有停留于就表面现象发议论，而是以马克思主义观点揭示它们的本质，以及相互间的关系。

我们先看胡绳对维新运动的评述。他认为维新运动者们不仅看不起农民运动，而且充满敌视态度。他们将民族独立和走资本主义道路寄希望于光绪皇帝和表面上支持实际是为了利用他们的列强身上；以为用不着反对帝国主义，只要用改良主义就可以实现资本主义改革，也顺便解决了民族独立。胡绳说，变法维新运动的进步意义不可否认。他们的强烈爱国主义表现，可以视为士大夫阶层的"救亡运动"。但他们幻想中国可以依靠某个帝国主义的力量而完成他们所主张的政治改造，这是行不通的。这样也使"他们的爱国思想并不能进而为反帝运动，反而成了为侵略者辩护，自动向帝国主义者缴械"[①]，"维新运动

[①]《胡绳全书》第5卷，人民出版社1998年版，第234页。

者不在争取民族独立的斗争的基础上实现资本主义改革的想法是注定要失败的"①。"在这里表现了一个重要的历史规律：当帝国主义在中国已经建立了强盛的支配势力后，任何中国国内的政治运动，如果不依靠最广大的人民的力量，就不免要从帝国主义方面去找支持的力量，因而也就找不到什么出路。士大夫的戊戌维新运动在这点上，也正是后来的一切失败了的资产阶级、小资产阶级的政治改良运动的先导。"②

再看胡绳对义和团运动的评论。胡绳认为，义和团运动以反"洋人"、反"洋教"为主要斗争口号，从而成为当时中国人民反侵略斗争的先锋。但是，随着运动的展开而参加进来的成分越来越复杂，清政府对义和团先是害怕，继而转为欺骗和利用。没有多少文化的农民较难识别反动统治者的欺骗行径。这样，义和团运动最终"没有能发展为健康的人民反帝运动"③，而是"愈来愈走入歧途，陷入狂热的、片面的排外和仇视新事物的行动中，成为被统治势力所利用和玩弄的牺牲品了"④。"所以我们的结论只能是：反对外国侵略者的义和团运动在实质上是和封建专制统治者相对立的，封建专制统治者并没有真正支持人民的爱国运动，只是加以狡诈而恶毒的欺骗。"⑤ 这个结论是符合历史实际的。相对于那些贬斥、丑化义和团运动的观点，它体现了作者的科学求是精神。只有运用马克思主义的历史唯物主义观点来分析当时的历史，透过错综复杂的表面现象看到实质，才能得出这样客观的结论。这就是作者的高明之处。

《帝国主义与中国政治》对中国近代史这些重大事件的分析，令外

---

① 《胡绳全书》第 5 卷，人民出版社 1998 年版，第 238 页。
② 《胡绳全书》第 5 卷，人民出版社 1998 年版，第 238 页。
③ 《胡绳全书》第 5 卷，人民出版社 1998 年版，第 240 页。
④ 《胡绳全书》第 5 卷，人民出版社 1998 年版，第 242 页。
⑤ 《胡绳全书》第 5 卷，人民出版社 1998 年版，第 247 页。

国学者也深为佩服。1974年,日本著名史学家井上清教授访问中国,想翻译这本书。接待人员说,这本书我们已经不印了。井上清教授说:"我们认为这是一本马克思主义的书。"①井上清教授的这个评价很客观,没有受到中国"文化大革命"的干扰。《帝国主义与中国政治》体现的马克思主义观点已为外国学界认同。

其次,《帝国主义与中国政治》对许多重要历史事件的分析和评论,成为中国近代史研究的经典之论,为中国近代史的学科体系建设奠定了坚实基础。《帝国主义与中国政治》是70多年前的著作。时代在前进,史料在丰富,人们对历史的认识也在与时俱进和深化。但是,它的许多基本观点却经受住了历史的检验,并为许多学者和读者所接受。前面列举的一些观点说明了这一点,这里再列几个观点进一步说明这个问题。

该书第二章"'中兴'和媚外",写的是1864—1894年间的历史事件,主要讲"同治中兴"和洋务运动。这段历史,直到现在还为一些人津津乐道。对内,在1864年镇压太平天国运动后,同治皇帝在位时期没有大规模起义爆发;对外,在签订《天津条约》和《北京条约》后,列强们所提要求都得到满足,维持着相对无战事局面。所以封建统治者自夸为"中兴"。为什么会有所谓的"中兴"呢?胡绳分析道:第一,经过太平天国运动,清政府和汉族地主之间加强了合作,后者给予前者以有力支持。清政府完全依赖于曾国藩、左宗棠、李鸿章的湘军、淮军维持统治,清政府给他们大肆封赏,他们死心塌地保皇。第二,外国侵略者帮助清政府打败太平天国得到更多好处后,认为这个政权值得支持,并采取继续支持政策。因而,这是"好可怜而可耻

---

① 《胡绳全书》第5卷,人民出版社1998年版,第4页。

的'中兴'啊"①！这个评述一针见血。

封建统治者自夸为"同治中兴"的一个重要内容是办"洋务"。即借洋人之款兴建铁路、开办电报业务、购买兵舰、编练海军等。对此，洋人很积极，便进一步控制朝廷，加速向内地掠夺。曾国藩、左宗棠、李鸿章等是办"洋务"的积极分子。我们应当怎样看待当时好不热闹的洋务运动呢？胡绳作了深刻揭露。

——曾、左、李是在促使中国进步吗？胡绳回答，错了，"他们不过是想以资本主义的皮毛来维持旧社会秩序、旧统治秩序的实质；他们只是在当时列强侵略者所允许、所给予的范围内学习资本主义的某些东西，只是尽着为侵略者开辟道路的任务而已"②。

——"洋务"建设是为国为民吗？在主观意愿上并非如此。胡绳说，"洋务"建设的重心在军事上，完全靠向外国人买武器，并靠外国军官们直接帮助。纵然使中国开始有了近代工业和交通事业，但完全在买办性的官僚资本控制下，其官督商办的企业"一开始就没有好成绩，成为阻止民间资本自由发展的镣铐"③，他们自己"却已致富"④。

——帝国主义列强帮助中国办"洋务"，是为了中国富强吗？胡绳指出："他们固然不愿意中国真正成为强国，但在这时，他们决不怕清朝太强，只怕他太弱到无力安定内部。"李鸿章办"洋务"、建设军队对侵略者只有益而全无害，"为外国的军火商人开辟了市场，使外国侵略者能控制中国军事"⑤。"帝国主义者的经济侵略破坏了中国的封建经济，从而在中国不可避免地要出现资本主义的因素；但帝国主义并

---

① 《胡绳全书》第5卷，人民出版社1998年版，第191页。
② 《胡绳全书》第5卷，人民出版社1998年版，第213页。
③ 《胡绳全书》第5卷，人民出版社1998年版，第215页。
④ 《胡绳全书》第5卷，人民出版社1998年版，第215页。
⑤ 《胡绳全书》第5卷，人民出版社1998年版，第216页。

不愿意中国的资本主义正常地发展。帝国主义者又要求中国处在一个对外极端软弱无能而对内有力量'维持秩序'的政府的统治下面，从而使中国永不可能成为独立的国家。李鸿章这样的'洋务'正是符合于帝国主义的要求，因而是为帝国主义所赞助的。"①

《帝国主义与中国政治》这样剖析"洋务"建设，也许说得不那么周全，但揭露了其本质。甲午战争惨败的历史证明，以"洋务"建设为标志的"所谓'同治中兴'，不过是勉强糊起来的可耻的纸老虎"，到了此时，"纸老虎迅速被拆破了"②。这个"纸老虎被拆破"，说得太精准了！"同治中兴"和"洋务"建设，究竟是怎么回事？该书的这个结论是很难推翻的。

与此相关，对美国的"门户开放政策"怎么看，也是中国近代史上的一个热点。在甲午战争清朝溃败之后，日本获得了空前的最大利益，使帝国主义列强侵略中国的阵营产生了不小的波动，他们你争我夺，都希望获得新的好处。美国先是忙于南北战争，后是忙于西部开发，无力顾及海外。在1880年成为世界老大后，看到其他列强在中国划分势力范围，于是迟到的老大——美国于1899年提出"门户开放政策"。这个"政策"是为了阻止别的国家"瓜分"中国、"保全中国"吗？胡绳对此作了鞭辟入里的分析。他指出：首先，"门户开放政策"的要害是"利益均沾"原则。美国提出"门户开放"，并不反对其他列强侵略中国，只是要求在对中国的侵略中也让它获得一份。"大家都承认现在的中国政府，而共同享受在中国的一切权益。"③ 这就是"门户开放政策"的实质。其次，"门户开放政策"虽是跟中国有关，但列强们并不觉得有问一下中国政府的必要。清政府虽觉得"失面子"，但发

---

① 《胡绳全书》第5卷，人民出版社1998年版，第216—217页。
② 《胡绳全书》第5卷，人民出版社1998年版，第205页。
③ 《胡绳全书》第5卷，人民出版社1998年版，第228页。

现"在这政策下是更加保证了它作为'统一而完整'的中国的统治者的地位;只要老老实实承认列强各国做共同的主人,就不至于有'亡国'的危险。所以后来,清政府以至继清政府后的专制卖国政府,甚至是觍颜无耻到自己向各国要求'尊重''门户开放'了"①。这是罕见的奴才相。封建统治者堕落到如此地步,岂有不被人民革命洪流所推翻之理!

《帝国主义与中国政治》的这些犀利分析和精辟论断,不啻成为中国近代史的"正统"观念,而且对于当下观察世界政治关系也有借鉴意义。

最后,《帝国主义与中国政治》开创了中国近代史研究的一个新学派。胡绳谢世后,2000年11月中旬,在中国社会科学院和中共中央党史研究室共同举办的"深切怀念胡绳同志——胡绳学术思想研讨会"上,我在发言中讲到胡绳是当今中国学术界一个重要学派的杰出代表的看法。当年,我主要是就胡绳在中共党史研究领域的建树来谈这个问题。这里,就胡绳写作《帝国主义与中国政治》的学术贡献而言,这本书开创了中国近代史研究这个新学派。

这个新学派的特点是什么呢?就是前面讲到的,研究历史既要史论结合,还要论从史出。这就需要有理论功夫,而这是一般史学家难以兼顾的。胡绳能做到这一点,得益于他是学哲学的,培养出了理论思维能力。他晚年回忆说,他在香港写了一本书叫《帝国主义与中国政治》,可以说这是他从主要搞哲学方面的工作转到主要搞历史学方面的一个转折点。要做到史论结合、论从史出,非要有这个功夫不可。不仅如此,前面提到的,他在重庆认真地读了《资本论》三卷本,这对于在书中研究帝国主义与中国政治经济关系,也起了重要作用。这

---

① 《胡绳全书》第5卷,人民出版社1998年版,第230页。

本书将帝国主义列强怎样通过把握海关控制政府作了非常深入的分析，不能不说与他认真地研读《资本论》所受之益有一定关系。第二章第二节"政治上的控制"写道：外国人管理海关后，海关收入仍是每年送到清朝国库中去。清政府对这制度表示满意，认为洋人税务司确是帮忙。其实，"帝国主义者管理中国海关的意义就是拿他们剥削中国人民的所得分出一部分来支持他们所期望用来镇压中国人民的这个政权。同时，帝国主义者又因此而可以十分方便地进行其吮吸中国人民血汗的不等价交换。总税务司控制着海关，不啻掌握着清政府的命脉；帝国主义通过海关的管理便有可能进一步支配中国政治。——挟持清政府而展开对中国的侵略，这在海关制度的实施上面表现得十分清楚"①。这段分析，没有政治经济学的知识底蕴，很难写得这样清楚和深刻。胡绳写这本书发生的这个转折，对他个人而言是研究方向的转折，但将哲学和政治经济学思维带到历史学领域进行研究，在近代史研究领域则开启了先河，实际上也创立了一个新的学派。这对开拓历史研究新天地具有重要意义。就此而言，这是胡绳写作《帝国主义与中国政治》带来的一个重要学术成就。

胡绳的这个学术风格，令不少有影响的文化要人对他深感敬佩。我曾听长期在他手下工作，与他非常熟悉的一位同志讲过，田家英对胡绳非常佩服，说胡绳只比他大三四岁，但是，胡绳的学识、理论和历史的功底都很深厚，胡绳写的文章那么有说服力，使我们这些人赶不上他。

当然，《帝国主义与中国政治》也不可避免地有其历史局限和认识局限。胡绳后来回忆说，那时的文章既有那个时期的特色，也有那个时期文化产物的弱点。那些文章表现着生活在那个时期的一个年轻写作者的特色，当然也带有一个年轻写作者的弱点。这是任何人都难免

---

① 《胡绳全书》第5卷，人民出版社1998年版，第193—194页。

的。但从总体上讲，它不失为阐述中国近代历史的扛鼎之作。

正因为如此，《帝国主义与中国政治》在新中国成立后多次再版。抗美援朝战争爆发后，为配合抗美援朝的宣传和学习，《人民日报》多次推介胡绳的《帝国主义与中国政治》。1951年11月7日《人民日报》报道，胡绳的《帝国主义与中国政治》的俄文译本《帝国主义国家对中国的侵略》，已在莫斯科出版。次年5月，苏联专家在《真理报》上撰文评介胡绳等关于美国侵华史的著作。当时，中央有关部门考虑提名这本书报送苏联参加斯大林科学和文学艺术奖金的评奖活动。1953年3月斯大林逝世，这个奖项随之停止。

1955年6月，中国科学院哲学社会科学部宣告正式成立。经国务院批准，哲学社会科学部有学部委员61人、常务委员15人。时年37岁的胡绳是最年轻的学部委员和常务委员之一。《帝国主义与中国政治》既是胡绳的成名作，无疑也是他入选哲学社会科学部的学部委员和常务委员的最重要代表作。

第二章

1949年到20世纪末：党的两代核心领导的又『一支笔』
——党内重要活动经历和文字工作的磨炼

在我们党内，从新中国成立直至20世纪末的半个世纪内，长期参与党中央的文字工作，起草中央重要文件和重要讲话的"大秀才"不少。但是，成为党的两代核心领导的"一支笔"者，第一是胡乔木，第二就数胡绳了。

对于"秀才"参与为党中央服务的文字工作怎么看？在学界和社会上都有誉有毁，见仁见智。胡绳本人谈到自己的成长经历时实际上涉及这个问题了。他说："我一生基本上没离开政治，当然也为此犯过错误，甚至于也为此受过迫害，但是我觉得不后悔。"[1] 这里，既是指他个人的文章和著作，也包括他参与的"集体写文章"。这个"集体写文章"，一个重要方面就是参与为党中央服务的文字工作。由于从新中国成立直至20世纪末的半个世纪内，党和国家的发展经历过一段曲折和挫折，他个人参与的为党中央服务的文字工作也不可能不被打上历史烙印，甚至为此付出一定代价。如他所坦言："作为一个党员，而且处在党刊主编的地位，我不得不跟这个风写文章。"[2] 但是，任何事物都具有两面性，都需要作辩证的理性分析。其一，这使他不像在革命胜利以前那样几乎是写作的专业户，个人写的东西少了；其二，在历史发生曲折的年代，思想上陷入困惑，写的东西在"相当程度上为了适应某种潮流"，因而鲜有历史价值。这是一个方面。另一方面，胡绳

---

[1] 《胡绳全书》第7卷，人民出版社2003年版，第182页。
[2] 《胡绳全书》第7卷，人民出版社2003年版，第183页。

由于参与为党中央服务的文字工作的时间比较早也比较长，其间经历过一段曲折，但对他个人的成长和发展也不是没有任何裨益的。仅就增长政治智慧和理论思维能力来说，对于深化政治意识、大局意识，强化宏观思维、战略思维，锻造文字功力等，都会有所受益。胡绳能够成为著名的马克思主义理论家，与他长期参与中央的文字工作，充任起草党中央重要文件和重要讲话的"大秀才"，特别是党的两代核心领导的"一支笔"，是绝对分不开的。

龚育之在悼念胡绳的纪念文章中讲到，希望胡绳把他几十年间经历的中国思想文化领域的斗争和事件，作一番回忆和总结，提供一个"胡绳说法"，既包括一些史料，也包括一些看法。从《胡绳全书》和其他回忆材料看，就胡绳参与为党中央服务的文字工作而言，实际上胡绳是提供了若干史料和看法的。下面，对胡绳在半个世纪内参与为党中央服务的文字工作，以及怎样确立他大师级的理论家地位的情况，就我所知，作点介绍。有讹误的，欢迎指正。

一、新中国成立到"文化大革命"前参与的重要活动

新中国成立后，胡绳就走上了党和国家思想文化部门的领导岗位，而且逐步地向核心部门走去。他先后担任过中央宣传部学习杂志社主编、中央政治研究室副主任和红旗杂志社副总编辑。按照现在的话说，这都是中央的重要智库。在这些部门工作，无疑会参与为党中央服务的重要文字工作和相关活动。在20世纪50年代初期至60年代中期的10多年间，胡绳参与了许多中央重要政治文件和理论文献的起草和修改，参加了毛泽东和党中央召集的一些重要学术理论问题的讨论。其中最重要的有1954年关于《中华人民共和国宪法草案》的报告，1956年中共第八次全国代表大会的政治报告和八大决议，1958年中共八大

二次会议的政治报告，1959年底至1960年春毛泽东讨论苏联《政治经济学教科书》的读书活动和周恩来的读书活动，1960年和1961年中苏两党关于国际共产主义运动的争论，1961年主持编写马克思主义哲学教科书，1962年七千人大会的政治报告，1965年毛泽东在杭州的哲学谈话，1966年春的《二月提纲》，等等。尽管有的文献和活动具有很大历史局限，耗费的心血不得不付诸东流，但没有或较少受到"左"的思想影响的那些文献和活动，为研究、阐释和普及毛泽东思想，向干部群众进行马克思主义启蒙教育，宣传党的方针政策，仍然具有重要历史价值。

（一）关于党的八大政治报告和八大决议

1955年10月党的七届六中全会通过《关于召开党的第八次全国代表大会的决议》后，党中央着手筹备八大。中央政治局决定由刘少奇作政治报告。从1956年1月上旬始，胡绳就参与了起草政治报告的准备工作。他回忆道：1956年初，刘少奇找中央各部（财经、工业、文教）逐一汇报，每次均通知我列席旁听。刘少奇还说了意见，让我执笔写《人民日报》的社论，讲社会主义社会的矛盾是进步与落后的矛盾。我写了这个社论，发表了。经过一段时间调研后，1956年6月初，参加陈伯达牵头为政治报告起草作准备的专题研究。7月初，正式投入刘少奇政治报告起草工作。从这时起，几乎每天都在起草、讨论和修改稿子，经常推倒重写。逐章逐节乃至逐段地起草，反复讨论和修改。有了比较完整的稿子，就交给中央政治局讨论，这样的会毛主席都参加。到7月下旬，刘少奇召去。设计变了，这儿大来的工作似将全部作废。此后，写作班子到北戴河去起草、讨论和修改稿子。8月10日，中央政治局扩大会议讨论八大政治报告初稿，毛泽东大体上认可了，写作班子回北京继续修改。八大预备会开始后，毛泽东还召集刘少奇、陆定一、王稼祥、陈伯达、胡绳、田家英谈政治报告修改问题。直至 9 月 15 日大会正式开幕后，当晚深夜到次日凌晨 3 点，政治报告才最后定稿。

  1956 年 9 月 17 日，胡绳又参与八大政治报告决议起草。他回忆说，在集体起草决议时，他曾根据胡乔木的意见写了政治报告决议第一段的初稿。9 月 23 日，胡乔木重写政治报告决议草案，经过修改，于 24 日晚提交各代表团讨论时，毛泽东约见陈伯达、胡乔木、田家英谈政治报告决议草案问题。9 月 26 日，大会主席团会议原则通过政治报告决议（修正草案）。次日，全体大会在完成选举、通过决议后闭幕。

  党的八大是党的历史上召开的非常成功的一次会议。八大决议在总体上是很好的，只是对于国内主要矛盾的表述，毛泽东在大会结束后提出了不同意见。对于国内主要矛盾怎么认识，几十年来一直是党史研究的热点。胡绳晚年谈了他的看法。1999 年 7 月初，他在解放军 301 医院住院治疗，将我们党史研究室几个室领导找去谈"八大悬案"，主要是八大决议关于主要矛盾的提法。他澄清和明确了这样几个问题。一是八大决议关于主要矛盾的提法不是刘少奇提出的，在政治报告里没有讲这个问题，将决议中讲的这个问题说是刘少奇的主张不对。起草政治报告时没有说要搞政治决议案，最初是他们几个人分头写的，23 号乔木亲自动手重写，接连几个晚上集中讨论修改，根本没有时间去请示，也没有听说毛主席或者刘少奇主张写什么。决议提出一个当前主要矛盾，回想起来可能是胡乔木，参加起草的人都赞成这个说法，也代表党内一般看法。二是毛主席反对主要矛盾的提法，不能说没有一点道理。决议对主要矛盾讲了三句话，关键是第三句："这个矛盾的实质，在我国社会主义制度已经建立的情况下，是先进的社会主义制度同落后的社会生产力之间的矛盾。"毛主席主要反对的就是这个提法，说这根本不是马克思主义。什么叫先进？先进的社会制度就是适合生产力的发展，说社会制度先进，生产力落后，这不行。毛主席的意思是，这里无所谓先进落后，只有适合不适合。在这个问题上，毛主席有马克思主义的敏感，是以马克思主义的生产关系与生产力的关系学说为根据提出质疑的。毛主席不主张抽象地讲什么先进落后，他反对这样一个说法是有道理的。三是1981年的《关于建国以来党的若干历史问题的决议》（简称《决议》）不能简单地说是重申1956年八大决议的说法。胡绳认为，1956年的决议是在社会主义革命已经基本完成、社会主义制度已经建立的这个前提下讲主要矛盾。到了党的十一届三中全会后写《决议》，显然不是从社会主义已经建成这个前提出发的，而是讲在社会主义初级阶段的主要矛盾到底是什么。这怎么能够照抄八大的决议呢？如果将《决议》和八大决议从文字上比较，首先是先进的社会制度和落后的社会生产力之间的矛盾这个说法没有了，当时乔木也觉得不大妥当；其次也不再讲建立工业国的要求和落后的农业国现实之间的矛盾了，因为工业国、农业国这个概念本来就不准确。最后剩下的就是，对经济文化迅速发展的需要和当前不能满足人民需要的状况之间的矛盾。《决议》转述了这个论点。但只剩下这一点也改成了：人民日益增长的物质文化需要同落后的社会生产之间的矛盾。这里一个很值得注意的变化是，只用"社会生产"概念，不用"生产力"。这样一个说法还差不多。四是不能说我国社会主义社会的主要矛盾，始终是人民日益增长的物质文化需要同落后的社会生产之间的矛盾。胡绳说，我国整个社会主义历史时期，一直贯穿到最后，能够说就是这样一个主要矛盾吗？恐怕不妥当。不能把这个主要矛盾说得太绝对了。这个说法有点像用经济学解释社会主义社会是匮乏经济，缺东西，供不应求，那就始终是日益增长的物质文化需要同落后的社会生产之间的矛盾。但实际上现在好像又不那么匮乏了，已经发生了通货紧缩。现在怎么讲社会主义初级阶段的主要矛盾呢？

今天只是提出问题，说不出一个结论来。

胡绳对八大决议关于主要矛盾的分析和对社会主义初级阶段主要矛盾如何表述的思考，比我们一般人想得深多了，质疑也早得多了，不愧为理论大师。联想到党的十九大报告对我国社会主要矛盾的表述已经作了改变，提出"我国社会主要矛盾已经转化为人民日益增长的美好生活需要和不平衡不充分的发展之间的矛盾"，不能不说既比《决议》讲的主要矛盾更精准，也更加符合现实实际。胡绳在1999年提出的疑问在18年后终于有了回应，这使我们更加敬佩理论大师的远见卓识。

（二）关于与毛泽东、周恩来一起读苏联《政治经济学教科书》

在20世纪50年代到60年代，胡绳经常随中央领导人到外地考察，或者参加一些重要学术理论问题的讨论。1959年12月上旬至1960年3月上旬，他先是陪同毛泽东读苏联《政治经济学教科书》（第3版）社会主义部分，随后又到周恩来读书小组传达毛泽东在读书时的谈话，并参加对中国社会主义经济建设如何调整和发展的研讨。很难得的是，他在晚年写了篇《毛泽东读苏联〈政治经济学教科书〉的有关回忆》，文中有记者、学者对这段历史的采访的谈话记录。这对于了解当年毛泽东等领导人读书的情况是很重要的历史资料。

（1）毛泽东等领导人集中读书的背景和具体情况。这要追溯到1958年。那时的"大跃进"和人民公社化运动掀起的"共产风"严重地破坏了国民经济，搞乱了人们的思想。为了帮助各级干部更多地了解马克思主义基本经济理论，毛泽东建议学习斯大林的《苏联社会主义经济问题》《马克思 恩格斯 列宁 斯大林论共产主义》，再就是苏联《政治经济学教科书》。他在那一年冬天的武昌会议和八届六中全会上说："我们这些人，包括我在内，社会主义经济规律是什么，过去是不管它的。现在我们真正搞起来了，全国也议论纷纷。斯大林的书，我们要看一下,《政治经济学教科书》也要看。""为了我们的事业和当前的工作来研究政治经济学,比平素我们离开实际专门看书要好得多","在目前研究这个问题,有很大的理论意义和现实意义"[1]。1959年冬天,党中央再次强调学习苏联《政治经济学教科书》。先是这年11月,刘少奇到海南岛和广东省委负责同志组成读书小组学习这本书。随后,毛泽东从1959年12月10日到1960年2月9日,组织了读书小组,先后在杭州、上海和广州读这本书。胡绳就是参加了这个读书小组。胡绳回忆说,读这本书的时候,他参加了,还有陈伯达、田家英、邓力群等人。那时真是一章一节地读,大家坐在一起,由一个人读原书,一般由田家英读,有时也由他来读。读一段,大家就议论一下,主要是毛主席发议论,也要求大家发言。时间安排在每天下午,一般读得不多,边读边议10页左右。除星期天休息或者毛主席开会、有别的事外,从未间断,包括毛主席的生日那天都坚持读书。这本书大部分是在杭州读的,最后两章是在广州读完的。胡绳还说,毛主席在跟人谈话时,非常不高兴人家当面记他的话。否则,非挨骂不可。但他们都想把毛主席讲的内容记下来,于是想了一个办法,由邓力群坐在边上记,其他几个人同毛主席谈,主要是听毛主席讲,他们插点话。后来力群把记录整理成毛主席读《政治经济学教科书》的谈话要点。

1960年1月,胡绳在上海列席中央政治局扩大会议讨论经济工作期间,还在小组会上传达过随毛泽东读苏联《政治经济学教科书》的情况。2月14日至3月2日,又到广东从化参加周恩来主持的读书会。参加这个学习组的,有李富春、陶铸、宋任穷、王鹤寿、吕正操、陈正人、吴芝圃和许涤新、薛暮桥等人。他去了之后,也成为小组正

---

[1] 《新中国编年史(1949—1989)》,人民出版社1989年版,第166—167页。

式成员。胡绳说,根据周总理要求,在会上传达毛主席读《政治经济学教科书》的谈话讲了5次,共14小时。开会期间,他把这个谈话记录整理成稿用了15天时间,累计达5万多字。回北京后,还在外交部、中组部、总政治部、全国妇联等单位作了扼要传达。周恩来回到北京后,致信毛泽东:"送上胡绳同志在我们学习时作辅导用的笔记二本,请阅。这里头的话,都是主席在阅读《政治经济学教科书》时讲的,现在用笔记形式写出。我们已告诉参加学习的同志,只能在省、市委书记处和各部、委党组中学习使用,不下传。"① 胡绳的这个整理稿,后来流传很广。

(2) 毛泽东谈话提出的正确和比较正确的思想观点。在一个多月的读书活动期间,毛泽东发表了许多正确和比较正确的思想观点。胡绳说,毛主席把这本书看作是苏联社会主义经济建设经验的总结。当时建设社会主义比较获得一定成绩的只有苏联一个国家,所以重视它的经验。但是,毛主席对待苏联的经验是采取分析研究的态度。他说:我们要破除各种各样的迷信,其中包括对苏联建设经验的迷信。他特别注意根据中国的情况,"联系中国社会主义经济革命和经济建设"读书,"使自己获得一个清醒的头脑,以利指导我们伟大的经济工作"②。因此,他对照中国的实践,提出了很多正确的问题。比如,要重视农业和轻工业。毛主席说:苏联不重视农业,农业没搞好;苏联轻工业、消费品工业没搞好,这是很大的缺点。毛主席还认为,社会主义还有商品交换,不应该也不可能废除商品交换,还应该重视价值规律。这些看法都正确。但胡绳强调:"不能把他当时的意见看作是他已做出了最后的结论,实际上是他根据中国的社会主义建设实践进行的一种思

---

① 《周恩来年谱(1949—1976)》中卷,中央文献出版社1997年版,第292页。
② 《毛泽东书信选集》,人民出版社1983年版,第552页。

考,是他进行探索过程中的思想的浪花。"① 意思是毛主席的思想可能会有反复,并且没有将这些思想浪花变成实践。

胡绳还认为,毛泽东在当时的许多谈话中都非常重视理论和实践的创新,要求既遵守马克思主义基本原理,又必须有新的创造。"任何国家的共产党,任何国家的思想界,都要创造新的理论,写出新的著作,产生自己的理论家,来为当前的政治服务。"② 新的创造不容易,这要求要充分了解认识客观事物的规律,而只有实事求是,从实际出发,才能找出客观规律。毛主席强调,人认识规律有一个过程,先锋队也不例外,先锋人物也不例外。"要认识事物发展的客观规律,必须进行实践",而且必须经过胜利和失败的比较,反复实践,认真研究,才能逐步使自己的认识合乎规律。"只看见胜利,没有看见失败,要认识规律是不行的。"胡绳说:"在1958、1959年,中国社会主义建设还只能说是有初步经验的时候,当时人们对社会主义的认识不可能不受过去许多传统观念的束缚。在那个情况下,当时的人们,包括毛主席这样伟人的马克思主义者,也不可能完全掌握中国经济建设的客观规律。但是毛主席那时能够提出要通过实践,而且必须通过胜利和失败的实践的比较鉴别,特别是要注意失败的经验,努力探索中国经济建设的客观规律,打破一切迷信,我想这样的精神是非常可贵的、非常伟大的。"③

(3) 对待毛泽东的谈话要持科学分析态度。毛泽东当年的谈话,既有正确和比较正确的思想观点,也不可避免地受历史的和认识的局限,有些不正确的看法。比如,对于价值规律的作用,毛泽东一方面作了充分肯定,另一方面又不将其视为社会主义经济发展的内在要求,不认为是经济建设必须遵守的客观规律。他在谈话中说,我们搞"大

---

① 《胡绳全书》第7卷,人民出版社2003年版,第126页。
② 《胡绳全书》第7卷,人民出版社2003年版,第126页。
③ 《胡绳全书》第7卷,人民出版社2003年版,第127页。

跃进",就不是根据价值规律的要求来搞的,而是根据社会主义经济的基本规律,根据我国扩大再生产的需要来搞的。如果单从价值规律的观点来看我们的"大跃进",就必然得出"得不偿失"的结论,就必然把去年大办钢铁说成是无效劳动、土钢质量低、国家补贴多、经济效果差等。从局部、短期看,大办钢铁好像是吃了亏,但是从整体、长远来看,这是非常值得的。胡绳认为,这个观点已被历史否定了。1981年的《决议》对这段历史已经作了结论。胡绳在晚年讲到这篇谈话时说,"大跃进"过后,主席思想在某些方面脱离实际,还想废除八级工资制。胡绳担心有些人以后会用毛泽东错误的理论(谈苏联《政治经济学教科书》中的看法,有不少是错误的),否定邓小平的理论和改革开放的实践。他认为,应当像肯定毛主席那些正确的思想一样,也明确毛主席那些不正确的理论观点,以使我们党不再重犯历史的错误,使中国特色社会主义健康发展。

(三)关于1962年七千人大会(扩大的中央工作会议)

胡绳自始至终参加了七千人大会政治报告的起草和修改的全过程。他回忆说:在1961年11月10日的中央政治局扩大会议上,刘少奇宣布"毛主席建议明年的中央工作会议扩大些,让我准备一个代表政治局向中央工作会议作的报告"。主要内容是总结三年"大跃进"的经验教训,加强集中统一,改进党内民主,开展批评和自我批评,发扬实事求是的作风。这个报告由少奇同志主持起草,小平同志协助。少奇同志当场指定起草报告由陈伯达牵头,吴冷西、田家英和胡绳参加。这个报告的正式启动,是在1962年元旦以后。胡绳说:从1月2日开始起草和讨论稿子,到6日已形成书面报告第一稿。紧接着不断修改,少奇、小平同志都亲自参加。1月10日,毛主席说,报告稿子很长,他还没有看完,不要等他看完,现在就发给已经到京参加大会的所有同志征求意见。同时组织一个起草委员会,根据大家意见再加修改,然后提交政治局通过后正式作报告。扩大的中央工作会议在毛主席主持下，于1962年1月11日召开。少奇同志在会上发表了讲话，书面报告草案发给大会征求意见。起草委员会根据各小组提出的意见，从1月17日起经过一周的反复讨论，才完成修改任务。

胡绳回忆这段历史澄清了三个重要史实，也提出了他个人对七千人大会评价的看法。

第一个史实是，不少党史本子写这段历史都说，刘少奇代表中央提出的书面报告草稿未经中央政治局讨论。1998年编修的《中国共产党历史》中卷稿也是这么写的。原文说：七千人大会前一阶段是讨论和修改刘少奇代表中央提出的书面报告草稿。这个草稿未经中央政治局讨论，毛泽东即提议直接印发大会进行讨论，征求修改意见。经过与会者反复讨论和修改，最后形成《在扩大的中央工作会议上的报告》的定稿，作为大会的正式文件。胡绳审阅稿子时在"未经中央政治局"下画线并旁批：这个草稿是经过中央政治局成员（至少是多数成员）加上中央政治局头头们组成"起草委员会"详细讨论修改的，因此不好说"未经政治局讨论"，但的确未经政治局正式决定。他讲：这么写，不完全符合实际，应作一定修正。大会在2月7日结束后，这个报告还在断断续续地做文字润色，直到2月21日定稿。这时，毛主席已不在北京了，少奇等同志又在准备召开西楼会议。这个书面报告稿最后未经中央政治局作出正式决定，这是确实的。对胡绳讲的情况，我的理解是：那时还没有形成严格的规章程序，报告作了，会完了，又忙于别的事，中央政治局就没再专门开会讨论这个定稿的报告。

第二个史实是，胡绳审阅《中国共产党历史》中卷稿讲七千人大会的另一段话，也表示了不同意见。那一段话是这样写的：有的人认为报告草稿对形势估计过于严重，讲缺点过多，也不同意说工作中的错误是造成困难的主要原因。这样，修改后的报告在一些问题上就不能不有所妥协。胡绳旁批：似乎并不是经过大会讨论作的"妥协"，而是在大会开幕前经过起草委员会讨论，就有所妥协。当时刘邓（刘少奇、邓小平）主持下起草的稿子，送主席，主席嘱直接交已经到会的七千人，同时开起草委员会，经过几天讨论，修改稿再送七千人大会的。胡绳是起草报告的亲历者，中卷稿讲的不周全。他在这两处的批改，就使刘少奇将书面报告提交大会的情况更加符合历史实际了。

第三个史实是关于陈伯达在会上的表态。这也是对中卷稿写法的批语。原稿写得很简单，只一句话带过：陈伯达在报告起草委员会会议上也有与林彪类似的言论。胡绳旁批道：陈伯达的话不知有无记录。我记得他最主要的话是：我们现在的问题是怎样向毛主席学习，是否学好了，而不是问毛主席有什么错误。这样的话才更和林彪的相近。后来正式出版的《中国共产党历史》第二卷尽管没有再具体讲陈伯达的表态了，但胡绳在审改中卷稿时提供的这个史实对于深入研究这段历史还是有价值的。

关于对七千人大会的评价。胡绳审阅中卷稿没有涉及这个问题。他说，送来的稿子他都看了，包括这一章，在稿子上批了些意见，但总的看来，此稿分寸是大体适当的。他在另外的谈话中说过，对七千人大会的评价要适度，毛主席当时有气，不要讲得太高。对此，我理解：七千人大会时，中央领导层对形势的估计和造成三年困难原因的认识不那么一致。毛主席尽管作了自我批评，承担了责任，但他是保留了意见的。会议一开完，他就南下了。这次大会实际上没有达到完全统一党内思想的要求，也没有认真清理"大跃进"和"反右倾"的错误。因此，半年以后召开的北戴河会议和八届十中全会就反弹了，此后形势急转直下，第二年就搞社教运动，到第四个年头就发生了"文化大革命"。七千人大会最重要的成果是充分发扬了党内民主，"白天出气，晚上看戏"，大部分人畅所欲言，讲了真话，对国民经济的调整起了积极作用,但是党内深层的矛盾和分歧没有解决。

(四)关于主持编写马克思主义哲学教科书

胡绳是学哲学出身的,不到 20 岁已出版了两本哲学著作,以后又发表过不少哲学文章。新中国成立后,他不仅是中国新哲学会成立的发起人之一,还是中国科学院成立哲学研究所的筹备委员。那时他经常被邀请到北大、清华和中央党校(最初是马列学院,后来叫中央高级党校)去讲哲学课。1955 年中央政治研究室成立后,他分管哲学组,组织编写哲学教科书,并有一个关于构建哲学体系的新想法。1957 年 3 月参加北大召开的哲学史问题讨论会,针对冯友兰的抽象继承法,他作了发言,发表在《人民日报》,被毛泽东看到了,认为这是一篇讲道理的文章。他不是狠批,而是有点讨论的口气。1960 年中苏两党争论开始后,中央强调要编写中国的马克思主义哲学教科书。中央理论小组(胡绳是其成员)组织中央党校和北京、上海、武汉等地高校编写了六本哲学教科书。是年 4 月,他与陈伯达、康生到党校参加哲学教科书编者会,决定六本书最后定为一本,即"陆定一"。意思是说六本书各有特点,把各自的优点集中起来编一本,算是"陆定一"吧("陆"和"六",在一些南方地区都读"陆"音)。1961 年 1 月下旬,中央书记处开会,专门讨论此事,决定由理论小组承担这一任务。邓小平指定由胡绳负责统编哲学教科书,胡绳顿觉任务沉重。这年夏天,中央理论小组作出调整,教科书由胡绳和艾思奇共同主持编写。他认为自己不熟悉教学,要艾思奇多拿主意、物色作者。新组成的教科书编写组成员以高级党校教师为主。他和艾思奇自始至终参加了编写工作,并拟出了写作大纲。这年夏天在北京形成一个初步的稿子后,于 7 月前往北戴河集体修改定稿。参加者为胡绳、艾思奇等 6 人。他们集体读改,由胡绳主持定稿,花了整整半个月完成统改工作,回北京后交人民出版社以《辩证唯物主义 历史唯物主义》书名于 11 月出版。

胡绳主持编写的这本哲学教科书充分展现了他的学术品格。

第一，既求实又创新。他对编书原则提出了四条意见：一是教科书应具有相对稳定性，在较长时期内不必作很大的修改。在解释哲学原理时，着重说明经典著作中已经有了定论的，或是在理论界经过讨论大体取得一致意见的问题；尽量避免把一些学术争论写进教科书中来。二是力求比较准确、简练地阐明马克思主义哲学一般原理，并论述毛主席对马克思主义哲学的发展。三是应该明确教科书的对象，写的这本书应该适应它的读者对象。四是在编写过程中应贯彻学术上百家争鸣的原则，各种不同意见都可发表，最后尽量形成统一的认识。在讨论"对立统一"章时，他想改变《矛盾论》的写法，试了一下，最后只是对矛盾诸方面的同一性没有展开讲，使其更为简明。他还提出要改变过去一些写法，如唯物主义和唯心主义的斗争、形而上学和辩证法的斗争，这两者之间有何关系，以前的教科书都没有论述。他提议要将两者结合起来讲，写唯物主义和唯心主义的斗争交错着形而上学和辩证法的斗争，这样就把两者长期脱节的问题解决了。

第二，发扬学术民主作风。尽管中央书记处指定他主其事，但他不独断专行，充分尊重艾思奇和其他同志的意见。统改工作的程序根据他的安排，逐段通读，边议边改，逐章通过。全书有绪论，分辩证唯物主义和历史唯物主义上下两篇共16章。参加者在讨论前都认真看过稿子，讨论时每章一段一段地读下来，字斟句酌，有意见就提出来，没有意见就通过，小的文字上的修改当场敲定，个别段落需要重写，就责成某人或几个人，或他与艾思奇本人去修改，第二天再讨论。这样的民主氛围使大家敢于发表各种意见，保证了书稿质量，达到了当时能达到的最高水平。该书出版后，即成为全国高等院校、各级党校使用的我国第一本马克思主义哲学教科书，改变了此前我国哲学教学主要采用苏联教科书的状况，深受广大哲学教学和研究工作者欢迎。

第三，谦让主编，坚不署名。这本书的书名是胡绳定的，说就叫《辩证唯物主义 历史唯物主义》。审稿结束时讨论作者署名问题，胡绳说自己不是专门搞哲学的，参加写这本书，党校的教师是主力，主编就是艾思奇一人，不要挂他的名了。如果要提到他，就说他参加了顾问性质的工作。他说，就这样定了。32年后，1993年关锋家属出面提出该书主编署名应当有关锋，胡绳经过调查了解各方面情况后作了答复，进一步展现了他的高风亮节。胡绳回复道：（一）1961年初，中央书记处决定编写中国自己的哲学教科书，指定胡绳、艾思奇、关锋三人负责。这是1961年1月底的事。被指定负责此工作的是我，由我组织写作班子，在写作班子中以我和艾、关为领导小组。（二）从确定编写方针，到组织写作和修改，组织集体阅读定稿，我起了主持者的作用。但考虑到这样的教科书出自党校较好，而且参加编写的人中党校的人也较多，故我决定由艾思奇署名主编，我不具名。（三）在去北戴河定稿前的一次编写人员会议上，我提出书的署名意见，人家没有异议。此事未与康生、陈伯达商量。来信所说康生主张由艾、关署名主编，我不知道（如果有此事我应知道）。因为当时并无由关锋署名主编之说，所以不可能有陈伯达提出反对的情形，我也没有听说过陈伯达反对。（四）大概是在1978年初，中央党校有同志说，这本哲学教科书如作适当修改，还有用处。我答复他们，此书已和我无关，由你们去处理吧。重新出版后如何署名，是否有稿酬，我都不知道。

这就是胡绳的为学之道，这就是胡绳的为人之德，为学、为人，他都树立了榜样。

二、"文化大革命"中的挫折和复出后的文字工作

10年的"文化大革命"，对绝大多数人来说，是一场没有任何思

想准备的巨大政治风暴。风云突变,胡绳作为党的领导干部,也不例外地认为是自己犯了错误,跟不上毛主席的思想,赶快检讨。他前期受到迫害,尽管很不理解,但也没有采取对抗态度。后期被"解放"了,也服从安排,继续努力做好工作。他既参与了四届全国人大报告起草,也参加了党的十一大文件起草。对于中央给的任务,他跟过去一样兢兢业业。他也没有想到在党的十一届三中全会前后,思想还是落伍了,在扩大的中央工作会议上受到批评。这10多年经历的波澜起伏,是他人生经历的"惑而不解"的重要时期。他迷惘惆怅,但受到了深刻教育。从某种意义上说,这也为晚年"知天命"的辉煌奠定了基础。

(一)"文化大革命"发动时期参加毛泽东的杭州谈话和"卷到起草《二月提纲》里了"

胡绳自20世纪50年代初参与中央领导层的重要活动特别是为党中央服务的文字工作以来,长期是"5+2"和"白+黑"地工作,身体透支过度,疲劳至极。1962年下半年,几乎每天低烧,体重明显下降,经常感冒。到几个医院检查均无结果,一度怀疑为糖尿病、肺结核、癌症,但都排除了;最后定为"疲劳综合征"。胡绳说,这是一种无以名之的较长期的病。从1963年起,只能脱离工作休息。知情的龚育之讲起胡绳这段经历时说过一个特别情节。他说:"恰好乔木也是无名低烧,在秀才班子里,这也是一桩巧合。有一次,在一个小会上,康生出语惊人:'乔木,胡绳,我看都没有病!'是说他们没病装病,还是说他们无病呻吟,或者是说他们的病是精神因素,说有就有,说无就无?不得而知。"[①] 康生与乔木、胡绳,那时都属秀才班子中的要角,关系很密切,不仅一块儿写文章,而且还有诗作唱和,经常一起

---

① 龚育之:《送别归来琐忆》,载《思慕集》,社会科学文献出版社2003年版,第286页。

逛旧书店、古玩店。但他在背后对人之阴险，可见一斑。

胡绳在1965年恢复工作不久，就赶上了批判吴晗的《海瑞罢官》问题。是年11月《评新编历史剧〈海瑞罢官〉》的发表，意味着点燃了"文化大革命"导火索。11天后，毛泽东召集陈伯达、田家英、胡绳、艾思奇、关锋五人到杭州。胡绳回忆，他们到后当天，毛泽东与他们简单谈话，要他们选择出版几本马克思、恩格斯、列宁的著作，每本书上都要有中国人写的序。这次谈话根本没有提到《海瑞罢官》问题。后来，毛泽东突然到上海召开会议，12月21日返回杭州后，与他们谈话约三个小时。这次谈话，仍然是谈写序问题，"不过他海阔天空，还谈到了中国古代的几次战争，谈到了中美关系，也谈到了当前的思想界，谈到'海瑞罢官'"。毛泽东当时说，《海瑞罢官》的要害问题是"罢官"。"嘉靖皇帝罢了海瑞的官，五九年我们罢了彭德怀的官。彭德怀也是'海瑞'。"[①] 次日，作为中央办公厅副主任的田家英提出整理个谈话纪要，将这篇谈话的重要内容送中央同志看看，并认为《海瑞罢官》是附带提到的，同其他许多附带提到的话一样，可不必整理进去。关锋执笔整理好后，提出："不写上这几句话行不行？"胡、田没有理会，关锋也就没有再提出异议。可是，"文化大革命"发动后，田、胡两人却因谈话记录没有整理进"海瑞罢官的要害"一语，成为一大罪状。胡绳认为，田家英之死，可能与这件事有点关系[②]。

1966年2月，时任文化革命五人小组组长的彭真召集五人小组会议（这是1964年7月根据毛泽东的提议成立的，成员有彭真、陆定一、康生、周扬、吴冷西。1966年1月五人小组设立学术批判办公室，主任为许立群，副主任为胡绳和姚溱，任务是整理学术讨论中已

[①] 《毛泽东年谱（一九四九——一九七六）》第5卷，中央文献出版社2013年版，第547页。
[②] 《胡绳全书》第3卷（下），人民出版社1998年版，第653—655页。

经发生争论的问题，收集学术界的思想动向，根据五人小组的决定，指导各报刊的宣传），认为要制定若干指导方针，把开展起来的学术理论问题置于党中央领导之下。胡绳讲到这次会议的情况时说，会议讨论自批判吴晗所写的《海瑞罢官》以来学术批判的形势、性质、方针、队伍等一系列问题，并根据讨论情况，写成《文化革命五人小组关于当前学术讨论的汇报提纲》（后被称为《二月提纲》）。《二月提纲》指出：要坚持毛泽东1957年3月在全国党的宣传工作会议上所讲的"放"的方针；要坚持实事求是，在真理面前人人平等的原则，以理服人；要准许和欢迎犯错误的人和学术观点反动的人自己改正错误，不要"不准革命"；在报刊上点名作重点批判要慎重。胡绳参与了这个提纲的起草，并在刘少奇主持的在京政治局常委扩大会上同彭真、许立群一起作了汇报。随后，根据刘少奇等常委指示，同彭真、陆定一等人一起到武汉向毛泽东汇报。

1966年2月8日，胡绳随彭真、陆定一等人抵达武汉当天，即安排向毛泽东作汇报。汇报先由彭真说明在京向常委汇报的情况，然后由许立群和胡绳分别介绍情况和汇报提纲的主要内容。毛泽东一边听一边插话提出问题，并没有表示不同意见和反对的意向。2月12日，邓小平批发《二月提纲》，要求各地各部门照此执行。2月18日，胡绳和许立群两人又在中宣部召集的宣传部门及各报刊负责人的会议上传达了《二月提纲》。根据这个提纲精神，中宣部等部门对于针对吴晗及其新编历史剧《海瑞罢官》等学术问题无限上纲的批判文章进行了限制。但是，政治风向变幻莫测。3月底，毛泽东连续找康生、江青、张春桥等人谈话，严厉指责：《二月提纲》混淆阶级界限，不分是非，是错误的；中宣部是阎王殿，要打倒阎王，解放小鬼；中宣部和北京市委包庇坏人，压制左派，不准革命；如果再包庇坏人，中宣部、北京市委和文化革命小组都要解散。4月中旬，康生在中央书记处会议上传达毛泽东对以彭真为组长的中央文化革命五人小组《文化革命五人小组关于当前学术讨论的汇报提纲》的批评和指示。会议决定：（一）拟以中央名义通知撤销五人小组的汇报提纲，通知由陈伯达起草。（二）拟决定成立一个以陈伯达为首的起草小组，为中央起草关于文化革命的指示。随后，中央书记处停止彭真的工作。胡绳也开始考虑这次学术批判中自己犯的错误。他表示：此次犯错误很觉难过，但现在重要是去除懊丧心理，认真接受经验教训。5月，中央政治局在京召开扩大会议，按照毛泽东的部署，会议决定撤销原来以彭真为组长的文化革命小组，重新设立文化革命小组（即中央文革小组），隶属于中共中央政治局常委之下。胡绳列席了中共中央政治局扩大会议，在小组会上发言，作检讨，被解除了在《红旗》杂志的工作。

　　胡绳参与中央高层活动的上述两桩事，是他被作为"走资派""反革命修正主义分子"打倒的直接"罪名"。最初，他对于这种突如其来的逆境，难免有些惊惶，但没有多久就镇定下来，能够沉着冷静地应付了。在被隔离审查期间，他继续读书，读《毛泽东选集》四卷及选读本等并做笔记，手抄毛泽东《反对自由主义》《〈农村调查〉的序言和跋》《整顿党的作风》《为人民服务》等文，手抄毛泽东有关知识分子改造问题和有关共产党员的品德、作风的语录；新出版的《马克思恩格斯全集》，出一本，他就托看守买来读一本，并在书的扉页上写下某年某月某日读毕。他还看完了《鲁迅全集》。批斗他时，他也没表现出精神瘫痪状态。在一次批斗他的大会上，他径直走向会议主持人关锋那里取了一支香烟，不慌不忙地抽起来。此种动作异乎寻常，使台下注意到这一举动的人大为吃惊。后来胡绳对别人说，他是故意这样做的，以表示对批斗会主持人的蔑视。更难能可贵的是，无论是在批斗会上还是奉命写交代材料时，无论压力多么大，他都严格坚持实事求是精神，只讲事实，绝不编造虚假情况。有一次，他从专案组发给他写交代材料的纸上看到某人写的交代材料，编造了许多离奇的情节，如说彭真要在中宣部设立一个"资本主义复辟处"等，感到十分惊异。他认为这样不顾事实地胡编乱造太不负责任了。他对专案组说，他此后不能再写了，无论如何，也写不出那样的交代材料来，专案组爱怎么着就怎么着吧。

天有不测风云，难以逃劫；人贵有方应对，精神如常。胡绳在"文化大革命"初期挺过来了。

（二）"文化大革命"后期复出，在邓小平的领导下工作

1971年林彪事件后，"文化大革命"初期被打倒的干部陆续恢复工作。1973年6月，胡绳在随《红旗》杂志干部于石家庄附近的五七干校"劳动改造"四年后，也终获"解放"，回到北京等待安排，不久即恢复工作。这一年，邓小平也被重新起用，走上国务院和中央军委的领导岗位，在周恩来病重后，实际主持国务院工作。胡绳在邓小平领导下的两个时段内主要干了三项工作。

（1）参加四届全国人大政府工作报告起草。1973年8月，胡绳参加中共十大会议学习班，作为中国科学院哲学社会科学学部推选的代表，出席该月下旬召开的中共第十次全国代表大会。10月初，胡绳开始参加起草周恩来在四届全国人大将要作的政府工作报告。半个月后，周恩来主持中共中央政治局会议，讨论四届全国人大会议筹备工作，基本通过政府工作报告草稿。随后，由于中央政治局开会错误地批评周恩来在与基辛格谈判时犯了所谓"右倾错误"，四届全国人大延期举行，政府工作报告起草暂停下来。一年后，周恩来身患癌症住院治疗，政府工作报告起草由邓小平主持进行，胡绳继续参与起草和修改。考虑到周恩来的身体状况，他们在1974年10月底拟出一个更为简短的备用稿，即"第二方案"稿。此后就在修改这个稿子。11月上旬，李先念陪同外宾到长沙向毛泽东汇报，讲到政府工作报告时说：政府工

作报告,小平主持起草,架子可以了。毛泽东说,3000字就够了,5000字要念半个钟头。这样,起草小组又根据毛泽东的意见,在邓小平主持下继续修改,至12月才告结束。胡绳自始至终参加了起草和修改工作的全过程。但他参加此项工作的情况,过去鲜为人知。

胡绳参加四届全国人大政府工作报告起草,是参与邓小平直接主持起草中央文件时间最长的一次,深为佩服邓小平的决断干练作风。同时,不断耳闻和目睹周恩来在中央极为艰难的处境,更加为周恩来的相忍为党、鞠躬尽瘁的精神所感动。他在听到周恩来逝世的消息后,"为之心惊,不能成寐",感叹"使人日日担心的事终于到来"。到北京医院,向周总理遗体告别,看到"遗容疲削,痛哭竟至失声"。那几天"精神总不能离开总理已经不在人间这个事实上"。参加总理追悼会,"小平同志致悼辞的中间,全场哭声顿起";天安门前群众自发地集中悼念,人群虽众但秩序井然。他深为"总理遗爱在群众中如此之深"而感佩!后来,他撰文纪念周恩来时非常强调这一伟大精神,指出:在党的历史上,恩来同志多次在困难复杂的条件下,忍辱负重,委曲求全,承受着从自己身后来的攻击,为维护党的团结统一,减少因党领导的错误而可能造成的损失,进行了不懈努力。在10年动乱中,他既不是公开地站在毛泽东的对立面,也绝不消极怠工,在极其困难的条件下,仍坚持党务、国务,全力承担党和国家的繁重工作,保护了许多党内外人物,尽可能减少这场动乱造成的损失。国家生活在动乱局面下的正常运转缺少不了他,恩来同志起到了别人所代替不了的重要作用。他是当代最伟大的人物之一①。

(2) 参与组建国务院政治研究室和编辑《毛泽东选集》第五卷。还在四届全国人大一次会议召开前的1975年1月上旬,邓小平约胡

---

① 参见《胡绳全书》第3卷(下),人民出版社1998年版,第680—681页。

乔木谈话说：现正在考虑你和吴冷西、胡绳等人当国务院的顾问。由你多找一些人，多带一些徒弟，组织一个写作班子写一批"反修反帝"的文章。现在的一般文章，只有结论，没有论证，不能说服人。可以提出一些研究和写作的题目，如三个世界的划分、战争与和平问题、资本主义世界经济危机问题等。还有毛主席不久前谈到的关于无产阶级专政理论问题。这些都是国内外广大群众迫切需要得到系统解答的问题。四届全国人大会议结束后，邓小平主持国务院工作，他在毛泽东、周恩来的支持和叶剑英、李先念的配合下，开始对被搞乱了的各条战线进行整顿。6月上旬，邓小平再约胡乔木谈话，商量编辑《毛泽东选集》第五卷和成立国务院政治研究室（简称国务院政研室）等问题。邓小平说：1月初谈到的担任国务院顾问的几个人，现在不要叫国务院顾问了。成立国务院政治研究室，领导人选，就是上次讲的你们几个人。政治研究室是国务院的直属机构，主要任务是撰写"反修"文章，像过去钓鱼台写作班子那样。政研室的任务，除了写文章、承担编辑《毛泽东选集》第五卷的具体工作外，还要代表国务院把中国科学院哲学社会科学部管起来。

胡绳参与筹备组建国务院政治研究室，任负责人之一。他主要担负两项工作。一是联系科学院哲学社会科学部的业务；二是参加《毛泽东选集》第五卷编辑小组，整理毛泽东著作，并参加讨论起草某些文件和文章。

对于前一项工作，根据邓小平把学部组织起来，为中央作些理论上、学术上探讨的指示，胡绳首先抓健全学部领导，成立临时领导小组主持学部工作。他负责草拟关于成立哲学社会科学部的决定，明确中国科学院哲学社会科学部是国务院直接指导下的一个机构，其地位相同于科学院，也相当于部委一级的行政单位。郭沫若担任哲学社会科学部主任，另有三个同志组成哲学社会科学部的临时领导小组。国务院指定国务院政治研究室在业务上指导学部的业务工作,并由国务院办公室和政工组分别管理它的行政和政治工作。随后,他代表国务院政研室到学部讲话,强调:要安定团结、恢复科研;科研要面向现实,联系实际。是年9月,他又根据邓小平指示,抓紧筹备学部的综合性理论刊物《思想战线》。邓小平说,别人写文章,你们也可以写,但不要影射,要讲道理。重要文章,要交政研室审定,有些文章还要送中央和国务院审查。11月,邓小平还指示,一定帮助学部把刊物办好,要把办好这个刊物作为政研室的主要任务来抓。这个担子很重,胡绳不得不拿出较多时间来办好学部的刊物。他向《思想战线》编辑部同志强调办好刊物的重要意义,并同哲学、文学、经济三所负责同志谈《思想战线》约稿问题。稿子交下来后,他亲自看稿、定稿,准备于1976年元旦创刊。但是,随后开展了"反击右倾翻案风"运动,这个刊物胎死腹中。

对于后一项工作,胡绳投入了更多精力。根据政研室领导的分工,胡绳除了负责联系学部工作外,主要精力就是用于编辑《毛选》(《毛泽东选集》)第五卷。但是,这项工作一波三折。《毛选》第五卷的编辑贯穿整个"文化大革命"时期,最初是由陈伯达主持,以后由康生主持,1975年后由邓小平主持。胡绳参加的《毛选》第五卷编辑工作就是这个时期。又由于邓小平的"三落",这项工作仍波折不断。邓小平非常重视《毛选》第五卷的编辑,他多次主持《毛选》第五卷编目的讨论,即使到政治形势开始变化时,他还交代胡乔木,你们以后就是抓紧这两件事:一件是把编辑《毛选》第五卷的工作做好,一件是帮助学部把刊物办好。但是,随着"反击右倾翻案风"运动在全国凶猛展开,邓小平再一次被打倒,这两项工作都停摆了。粉碎"四人帮"后,中央决定出版《毛泽东选集》第五卷,这才恢复编辑工作,胡绳重新参与整理读改定稿。1976年12月26日,首先单独发表《论十大关系》，以纪念毛泽东诞辰。之所以先发表此篇：一是该篇为新中国成立后毛泽东本人最为满意的著作之一，"文化大革命"前已在党内征求过修改意见。二是邓小平主持讨论《毛选》第五卷编目，首先整理《论十大关系》，亲自参加读改，集体讨论，逐字逐句敲定。上报后，毛泽东阅看了两遍，这是最为成熟的整理稿。三是经过10年"文化大革命"，当时中央要落实毛泽东关于把国民经济抓上去的指示，这是最有现实指导意义的文章。经过前后几乎10年的编辑，《毛选》第五卷在1977年4月终于出版。党的十一届三中全会后，该书虽然没有再版，但其中正确和比较正确的文章都收在《毛泽东文集》第七卷中面世。它凝聚了参加编辑的包括胡绳在内的专家学者们的无数心血。

胡绳通过编辑《毛选》第五卷，深入地研究了毛泽东在新中国成立后的著作，对于这个时期毛泽东的思想理论有不少独特见解。在纪念毛泽东100周年诞辰时，他发表过一篇振聋发聩的文章，对毛泽东本人讲过的一生所做的两件大事，作了任何别的学者都不可能作出的修正，提出了具有创新意义的空前说法。毛泽东本人说，我一生办了两件事：第一件事是民主革命的胜利，取得了政权；另一件事就是发动"文化大革命"，对这件事，拥护的人不多，反对的人不少。胡绳指出：毛主席本人这样认定是可以理解的。后人纵观毛泽东一生，认为不能同意把他的后半生概括为"文化大革命"这个严重的错误。胡绳翔实地论述了毛泽东自《论十大关系》始，对中国建设社会主义怎样不照搬苏联模式和不屈服于苏联"老子党"施加的压力，而坚持独立自主，走一条符合中国国情的道路所作的艰辛探索。此后，他犯"大跃进"和"文化大革命"这样的大错误都与此有关。尽管这些错误使党和国家遭受了严重损失，但提供的教训正是党的十一届三中全会后开辟有中国特色的社会主义正确道路的基础。从这个意义上说，胡绳认为：毛泽东的第二件大事，应是"努力探索中国的社会主义建设的道路。毛泽东是这种探索的开创者。他领导全党和全国人民抗拒来自国外的强大影响和强大压力，从而发动并且坚持进行这种探索。所以毛泽东作为这种探索的开创者的历史功绩应当用最浓的笔墨记载在史册上"[1]。胡绳这个别具匠心的新说法，表现了他过人的政治智慧，不愧为我们时代的"理论大师"。

三、改革开放时期参与的重要文件起草工作

胡绳《八十自寿铭》写道："四十而惑。惑而不解，垂三十载。"改革开放初期的1978年前后，还是他的"惑而不解"时期。这时的"惑而不解"，就是他的思想没能跟上时代发展，因而在十一届三中全会前的中央工作会议上受到批评。他当时在毛泽东著作编辑出版委员会办公室任副主任，不少人对这个单位有些看法，将其划为"凡是派"。会上也有人这样批评他。胡绳在会上对个人的情况作过说明。他说：我从来没有写过、说过"两个凡是"这样的话或类似这样的话，思想上也没有这种想法。我不认为毛主席的任何一句话都绝对正确，对任何个别问题的估计和判断都完全正确，这是不可能的。但是，对于实践是检验真理的唯一标准问题的讨论，没有足够地认识这场讨论的政治意义是个错误。当时的顾虑较多，思想很不解放。对同志们提出的批评，十分感谢。在邓小平作了闭幕讲话以后，他再次发言检讨说：小平同志讲了解放思想，开动机器，实事求是，团结一致向前看这个重大问题。说明了解放思想是当前的一个重大政治问题，说明了打破思想僵化、解放思想的必要性。我拿这些论述来对照自己，确实存在思想僵化、脱离实际的缺点和弱点，对党内大家想些什么，广大

---

[1] 《胡绳全书》第3卷（上），人民出版社1998年版，第197页。

群众想些什么了解不够。原来我自以为不是个思想僵化的人,但现在看来,至多只是在一定范围内,可以说我还能开动机器,但在这范围以外,特别是某些当前重大的政治问题、思想路线问题上,就不能这样说了。我只是根据有限的材料用自己的头脑想问题。这样,我在有些根本问题上就和群众想不到一块去,我的思想还是处在僵化或半僵化的状态中。我一定要通过这次会议受到的教育,努力克服自己的错误和弱点。胡绳的诚恳态度很快获得与会同志的谅解和好评。

胡绳晚年回忆那时的思想状况,还说:1979年以后,我没有能够紧跟时代的发展。"文化大革命"结束,"四人帮"被打倒,大家都很兴奋,但是,在思想上我没有能立刻跟上形势。那时的工作在毛办,几乎像中央的一个写作班子。我在华国锋时期参加了点文字工作,并没有很多。"两个凡是"的社论我没参加,但是人家不了解,以为我是主张"两个凡是"的,在中央工作会议上受到批评。当时受到批评的还有其他几个人,他们有的反对批"两个凡是",我没有对外公开表示过。大家批评一顿,我也不作辩护。我觉得这批评也不完全冤枉。当时我主要考虑到好像是毛主席一去世,"四人帮"一打倒,"文化大革命"一结束,一下把毛主席完全否定了,以后不好办。因此对于批评"两个凡是",提出实践是检验真理的标准,的确看不出来在实践上和理论上这个问题的重要意义。有人说实践是检验真理的标准这个讨论关系到中国的前途和命运,不光是个理论问题,而且是个政治问题。我在中央工作会议上发言对这么高的评价表示不同意,觉得评价太高了。我还讲到,对党内过去的斗争一下就搞到政治问题不好,在这方面讲了一些看法,说不能这样讲。从总体上看,我当时的思想跟不上形势[①]。

[①] 参见《胡绳全书》第7卷,人民出版社2003年版,第177—178页。

邓小平的讲话确实使胡绳的思想不断解放，逐渐走出思想僵化状态。"笔杆子"毕竟是"笔杆子"，思想通了，就"惑而有解"。在邓小平时代，他又是很难离得开的"一支笔"，不仅参加中央文件和领导人讲话稿的起草讨论，而且起着带一些徒弟的作用，使一批批年轻人也成了中央的"笔杆子"。他在这一时期主要参加了这样几项工作。

（一）参与起草《关于建国以来党的若干历史问题的决议》

"历史问题决议"起草小组是1979年10月底成立的，由胡乔木负责并主持起草、讨论修改和最后定稿工作。参加者有20来个人。胡绳在最初没有参加起草小组工作，但多次参加对起草工作和起草的稿子的讨论和修改。1980年10月，中央将当时的讨论稿分发给中央党政机关，各省、市、自治区党委大约四千人分头组织讨论（即四千人大讨论），征求修改意见后，根据邓小平意见，起草小组继续修改稿子，将好的意见都吸收进去，压缩篇幅，将原来像论文的稿子改成条文式体裁。这时，胡绳开始担负"关于毛泽东功过及毛泽东思想"的修改和部分重写任务，从1980年11月中旬到第二年1月底才基本完成这一部分修改。郑惠讲到胡绳承担这个任务时很动情地说，很少有人知道，胡绳还参加了《决议》中关于毛泽东的思想和功过评价一节的写作，即使当时作为起草小组召集人的她也不太清楚。党的十一届三中全会以后，他已经几次思考如何讲维护毛泽东，如何评价他的功过、思想，所以他突然接到这个任务，很快就写出来了，写得很好。

1981年3月，决议稿的轮廓基本确定下来了。这时，邓小平去看望陈云。陈云对决议稿提出两点意见：一是专门加一篇话，讲讲解放前党的历史，写党的六十年。六十年一写，毛泽东同志的功绩、贡献就会概括得更全面，确立毛泽东同志的历史地位，坚持和发展毛泽东思想，也就有了全面的根据。二是建议中央提倡学习，主要是学习马克思主义哲学，重点是学习毛泽东同志的哲学著作。邓小平指示起草小组,要把陈云的意见加进去。

胡乔木认为要把民主革命28年的历史用很少的二三千字写出来,不是一件容易的事。当时集中在起草小组的人要在短时间内写好这段历史有很大难度,胡乔木马上想到了胡绳,说:"叫胡绳来写吧!"1981年4月初,胡绳承担起这个写《决议》前言的任务。4月底至5月中旬,他就到起草小组集中住地参加胡乔木主持的集体修改工作,反复议改。5月15日上午,邓小平在住地同胡耀邦、胡乔木、邓力群、吴冷西、胡绳再谈决议稿的修改问题,指出:起草时间很长了,稿子不要再变了,快搞出来。稿子可以压缩短一些、精练一些,解释不要。争论问题可不谈,但原则问题一定谈,如四项基本原则,可以反驳一些错误观点。还说:《决议》稿最后的十条基本经验很重要,可以给人以信心。当然,文字上可以写得扼要一些。接着,胡绳同起草小组一起对决议稿进行文字压缩,使其更为简练。最后送交中央政治局讨论的稿子大体有28000字。胡绳两次列席中央政治局扩大会议,听取对决议稿的讨论。在6月中旬参与最后的文字修改并提交党的十一届六中全会讨论后,他才结束此项工作。龚育之回忆那时的情况说:搬来胡绳这员大将,没多久就起草好了。简练,准确,流畅!乔木同志很称赞,立即同其他部分反复修改过的稿子并到一起交付下一轮讨论。我至今还记得乔木在同我们几个人议论时对胡绳稿子表示赞许的神情。这次的稿子增加了许多句子,照顾到各个方面,这在政治上是必要的,内容上是更丰满了[①]。

(二)参与起草党的十二大文件

胡绳自20世纪70年代后期复出以来,同在50年代初期以后参与中央文字工作一样,历届中央对他都抓得紧、用得勤。他这支"笔"

[①] 参见龚育之:《党史札记》,浙江人民出版社2002年版,第282页。

往往成为"多管笔",同时担负几项中央交予的文件起草和领导人讲话稿的起草工作。党的十一届三中全会后,他也是第二代中央领导的笔杆子。就在他参与党的第二个《决议》起草和修改工作的同时或者随后,重新起草宪法和党的十二大文件起草又找上他了。有时上午参加这个文件的讨论会,下午又得去参加另一个文件的修改会,还有他所在单位中央文献研究室和中央党史研究室那摊工作也需要他去研究或者主持。难怪有的年轻人说,胡绳真可谓"三头六臂",没有超人的智慧和能力,这些工作是难以胜任的。为什么中央缺少不了他这"一支笔"呢?最根本的原因如李瑞环在参加《胡绳全书》座谈会上所说:胡绳同志是国内外享有盛誉的马克思主义理论家、哲学家、史学家,是我们党内为数不多的学识渊博的学者。

这里,就先简要谈谈胡绳参与起草党的十二大文件的情况。

1982年5月初,胡绳参加了由胡耀邦主持、胡乔木牵头的党的十二大文件起草工作写作班子。首先起草政治报告,胡耀邦和胡乔木讲了写这个报告的总体设想和要求,然后分为若干部分,由若干小组分别起草。有了稿子后再根据胡耀邦和胡乔木意见讨论修改。胡绳先参与起草报告的"头"和"尾",然后修改"精神文明"部分(7月下旬,邓小平又让他修改"外交"部分),并参与讨论其他部分,到6月中旬起草班子已写出政治报告初稿。6月下旬,胡乔木主持读稿,进行第二轮修改,胡绳参与讨论报告初稿各段修改方案。7月上旬,胡乔木看他们改稿,只作少数修改,交他们再读改一遍。读稿主要参加者只有几个人,读到哪一节时,由那一节的主要负责者一人参加。各节的负责小组根据读改意见去修改。经过这样逐节读改统稿,于中旬再交乔木阅改。政治报告稿基本确定后,胡绳又参与党章稿的读改。大家对"总纲"部分意见较多,胡乔木交代胡绳修改党章"总纲"。下旬,中央书记处讨论党章草案,胡绳到会作了说明。月底,政治报告和党章草案及其说明改定后提交十一届七中全会讨论。8月上旬，七中全会审议通过中央委员会向十二大所作的政治报告、《中国共产党章程（修改草案）》，一致决定将这两个文件提交十二大审议。会后，胡绳又参与对上述两个文件的集体修改，并在中央宣传部召开的各省区市宣传部部长会议上作报告，讲了三个小时。

1982年9月1日，党的第十二次全国代表大会开幕，邓小平致开幕词，胡耀邦作《全面开创社会主义现代化建设的新局面》的报告。报告根据中央关于建设有中国特色的社会主义的指导思想，提出全面开创社会主义现代化建设新局面的宏伟纲领。会议正式确定到20世纪末经济建设的战略目标、战略重点、战略步骤和一系列方针政策。大会通过新的《中国共产党章程》，选举新的中央委员会、中央顾问委员会和中央纪律检查委员会。会议期间，胡绳与其他同志一起根据各代表团讨论的意见，紧张地进行文件最后的修改工作，起草修改大会的宣传文件、文章。至9月14日，起草组才结束工作。胡绳在这次大会上，当选为中共中央委员。

胡绳的宣传文章，凝聚了他参加党的十二大文件起草过程中的许多思考。他从党的历史发展经历的曲折来论述党的十二大的历史地位。针对不少人存在的一种思想，即认为党的十二大基本上恢复了党的八大的路线方针，因而懊悔地想："要是按照八大的方针做下来，该多好啊！"胡绳不同意这种观点，指出：现在的情况同八大时大不相同。我们党经过26年的曲折道路，取得了正反两方面的经验。我们党同八大的时候比，是成熟得多了。我们共产党人对历史上的挫折和曲折不要徒然地懊丧，那种想法是毫无意义的。虽然不能说"文化大革命"这样的灾难是必然的，但党在八大时还不能解决社会主义建设的许多问题，还要经过一些曲折才能成熟起来，这应该说是必然的。"社会主义对我们、对人类都是一个完全新的东西。要充分弄清楚在中国的条件下，怎样去建设社会主义，确实不是一个简单的问题。解决这个问题，可以说比解决在中国历史条件下如何进行民主主义革命的问题更为艰难。不能很好地总结历史经验，就不可能解决这样的问题。在民主革命时期，我们党在作出了第一个历史问题的决议后才举行八大；现在，我们党在作出了第二个历史问题的决议后举行十二大，这并不是偶合。"① 这段从历史新视角进行的分析，在当时影响很大，许多人的思想开了窍，向前看历史发展，更加增强了对党的领导的信心，对中国特色社会主义的前景充满了希望。

（三）参与起草改革开放后的新宪法

在 1979 年 9 月底叶剑英代表中共中央发表庆祝中华人民共和国成立 30 周年大会上的讲话后，中央就着手筹划宪法修改问题。11 月下旬，彭真、胡乔木先后电告胡绳参加此项工作。当时，胡绳虽然还没有参与《决议》起草小组，但是已经参加了若干次征求意见的讨论。为什么中央要找胡绳参加宪法修改工作呢？因为他既参加了 1954 年刘少奇代表中央作的关于宪法草案的报告的起草工作，又参加了 1978 年 2 月五届全国人大一次会议通过的新宪法和叶剑英《关于修改宪法的报告》的起草。1978 年修改的宪法虽然恢复了 1954 年宪法中许多好的内容，但没有彻底纠正 1975 年宪法中的错误。所以在党的十一届三中全会后，中央要考虑宪法的修改。其实，在彭真、胡乔木电告他参加此项工作前五六个月，中央已开始考虑这个问题。当时，人大常委会副秘书长对胡绳讲过此事。6 月上旬，胡绳已将 1978 年宪法中有关地方国家机关的条文修改意见写信报告了胡耀邦，并且中央办公厅将胡绳的修改意见印发给了有关部门。胡绳尽管不是法律专家，但他却是宪法专家，是参加起草和修改宪法文件的老笔杆子。在那时，党内

---

① 《胡绳全书》第 3 卷（上），人民出版社 1998 年版，第 8 页。

学者中有他这个经历的屈指可数。

从1979年11月下旬始,胡绳就开始"两面开弓",一面参加研讨《决议》的起草工作,另一面又参加讨论新宪法草案稿。那时,胡乔木也是两手抓,一手抓《决议》起草,一手抓宪法修改。1980年9月,由中央领导人组成的宪法修改委员会正式成立,胡乔木为秘书长,胡绳为副秘书长之一。从是年10月到次年1月,胡绳连续主持召开讨论宪法草案总纲部分座谈会,商议关于宪法草案工作的报告。在1981年4月改完宪法总纲稿后,又参加修改"序言"。在宪法草案有了比较好的稿子后,11月下旬,与中央领导同志一起读改。中央决定将宪法修改草案的审议工作推迟到党的十二大之后的五届全国人大五次会议进行,宪法修改小组的工作就比较从容了。

1982年2月中旬,邓小平听取宪法修改草案(讨论稿)的意见后,指出:从1954年到现在,原来宪法已有近30年了,新的宪法要给人面貌一新的感觉。要抓紧修改,几天内就开政治局会议讨论通过,然后开人大常委会。3月公布,讨论半年,再修改。根据邓小平的意见,宪法修改小组继续调整内容,修订文字。4月,报刊公布了《中华人民共和国宪法修改草案》。该月底,胡绳以宪法修改委员会副秘书长身份,在记者招待会上介绍刚刚公布的宪法修改草案有关情况。他向100多位中外记者谈道:这部宪法修改草案比过去的几部宪法有了发展,有些条文恢复了1954年宪法的规定,有些条文是以前的宪法所没有的。他向记者介绍宪法的修改过程,并回答了大家提出的问题。至此,宪法草案修改工作暂告一个段落。

党的十二大闭幕后,宪法修改工作继续进行,一是继续修改宪法草案稿,二是起草宪法报告稿。彭真亲自抓这项工作,多次找胡绳谈,胡绳不能不投入主要精力干好这件事。尽管他不是第一副秘书长,但文字工作主要由他负责,各部分的修改最后都交他统改,有的部分没改好的,他要重新写。11月上旬,宪法修改委员会举行第四次全体会议,听取胡绳关于宪法修改情况的说明。委员们参考全民讨论中提出的意见,对秘书处修改的草案再次逐章逐节逐条进行讨论,并决定由秘书处根据这次会议提出的意见作进一步修改,提交下次全体会议通过后,提请五届全国人大五次会议审议。在彭真的主持下,胡绳根据宪法修改委员会的意见,领导修改小组对草案再修改。11月中旬,改定的宪法修改草案经邓小平审阅表示赞成没意见后,胡绳等又集中修改宪法报告稿,经过一个星期的紧张工作,也大体敲定。11月下旬,宪法修改委员会举行第五次全体会议。胡绳就宪法修改草案的最后修改情况作了说明,委员们一致同意这个草案和关于草案的说明。会议通过了关于提请五届全国人大五次会议审议《中华人民共和国宪法修改草案》的议案。

1982年11月26日,第五届全国人民代表大会第五次会议召开。胡绳担任大会主席团领导的宪法工作小组组长,负责修宪具体工作。他与宪法工作小组同志根据代表们在讨论中提出的意见,对宪法草案继续修改。在12月3日举行的大会主席团会议上,胡绳作了关于宪法修改草案修改情况的汇报,对根据代表意见作出的修改一一说明,对全民讨论中没有采纳的意见也说明了理由。主席团经过讨论,决定将宪法修改草案提交大会表决。次日,大会表决通过了中华人民共和国的第四部宪法,公布施行。12月10日大会闭幕,叶剑英委员长致辞说:"大会通过的新宪法,是建国以来最好的一部宪法,既总结了30多年来正反两个方面的经验,又集中了全国各族人民的智慧。我深信,新宪法的公布和实施,一定会把我国的社会主义民主和法制的建设推向一个新的阶段,一定会把我国的现代化建设推向一个新的阶段。"

至此,胡绳参加的宪法修改工作才大功告成。他辑宋代大改革家王安石句,写了一幅字:看似寻常最奇崛,成如容易却艰辛。这是他历时4年投入这项工作的心情之写照。[1998年11月中旬，胡绳接受电视台采访，谈了他对我国四部宪法的看法。他说：1954年举行第一届全国人民代表大会，制定了宪法。这个宪法现在看起来还是一个很好的宪法。这部宪法与中国人民政治协商会议的《共同纲领》有一点不同，就是它指出了社会主义前途，说明了从新民主主义社会发展到社会主义社会的必要性，并且大体规定了向社会主义社会过渡的一些方针、办法。但就这方面来说，也还是不完全的。宪法从1954年产生以后，也暴露了原来关于建成社会主义的想法不适当，这些想法也反映在宪法中。1975年进行了一次很大的修改，是完全错误的。虽然说是继承1954年宪法，但实际上是推翻了它。这部宪法突出了"全面的无产阶级专政"和"无产阶级专政下的继续革命"，从这种错误的观点出发，作出了许多实际上是否定民主、否定法制的规定。1978年宪法恢复了1954年宪法的许多东西，也改正了1975年宪法里完全错误的一些提法。但对社会主义的认识还没有完全摆脱"文化大革命"以及"文化大革命"以前若干年的许多"左"的观点，因此1978年宪法仍有许多缺点。1982年宪法基本上是我们国家现行的宪法，不过后来也作了个别的修改。1982年宪法在很大程度上回到了1954年宪法，并对其作了许多重要的修改和补充。比较新的东西有：第一点，1982年宪法虽维持原框架，但是作了很大变动，把"公民的基本权利和义务"改为第二章，摆在"国家机构"前面，应该说是很有意义的，就是说，国家机构当然很重要，但人民的权利义务更重要。人民在一个国家中所处的地位，他们的权利义务怎么样，这是国体问题。政府机构怎么组织是政体问题。这章的位置改变了，里面有许多条文也很值得重视。第二点，1982年宪法第五条规定："一切国家机关和武装力量、各政党和各社会团体、各企业事业组织都必须遵守宪法和法律。一切违反宪法和法律的行为，必须予以追究。"另外还有一条："任何组织或者个人都不得有超越宪法和法律的特权。"这显然是十分重要的规定。中国共产党在1982年制定党章时也作出规定："党必须在宪法和法律的范围内活动。"党章与国家宪法相呼应，这是很重要的。第三点，1954年宪法和后来的宪法都规定全国人民代表大会是立法机关，负责制定法律。1982年宪法就规定全国人民代表大会固然是制定法律的机关，但是它只是制定一些最基本的大法，同时赋予全国人民代表大会常委会制定法律的权利，常委会立法的权利增加了。这条规定，从实践来看是非常重要的，能保证法律不断地完善和完备。第四点，"总纲"内增加一条"国家在必要时得设立特别行政区"。这一条规定对香港、澳门以特别行政区的地位回归祖国，有特别重要的意义。1982年宪法虽然作出了一些很重要的新规定，但是这时改革开放才起步。后来在1988年和1993年根据新的情况、新的发展、人们新的认识，又对1982年宪法作了若干处重要的修改。比如说，国家实行社会主义市场经济。经过这些修改以后，我国现行宪法不能完全说就是1982年宪法。宪法是国家的根本法，它应该有必要的稳定性，不能轻易改动。但是如果发现有错误的内容，当然必须尽快排除。国家的生活、社会的生活实际有了新的发展，人们对于国家、社会的发展有了新的认识，也会使得对宪法作某些修正。因此，对现行宪法不排除以后仍需要作这样那样的修改，任何国家都有这种情况。但是总的来说，现行宪法继承了1954年宪法的传统，总结了过去50年来国家生活丰富的经验（包括其中走过许多曲折的道路所得到的正反两方面的经验），符合实际，是适合于国家社会生活向前发展的一部好的宪法。]

（四）参与起草香港、澳门特别行政区基本法

这两个基本法的起草又历时8年。在参与中央文字工作的"大秀才""大笔杆子"里，既参与党的第二个《决议》和党的十二大报告的起草，又参加国家大宪法和香港、澳门基本法的起草，胡绳是独一无二的"一支笔"。

（1）参与起草香港特别行政区基本法。胡绳在参加1982年宪法起草后不久，中英两国政府首脑在北京签署关于香港问题的联合声明。声明宣布，中国政府决定在1997年7月1日对香港恢复行使主权，英国将在同日把香港交还给中国。声明还宣布了中国政府对香港的基本方针政策，体现了"一个国家，两种制度"的构想。这样，为时两年的中英两国政府关于香港的谈判圆满结束。1985年3月，全国人大常委会会议决定，聘请胡绳为人大常委会委员长会议特邀顾问。4月，六届全国人大三次会议通过成立中华人民共和国香港特别行政区基本法起草委员会的决定。6月，六届全国人大十一次常委会通过香港特别行政区基本法起草委员会名单。香港特别行政区基本法起草委员会正式成立，主任委员姬鹏飞，副主任委员有8位——香港方面4位，内地方面也是4位（以胡绳居首，此外还有王汉斌等）。

中央为什么请胡绳参加这项重要工作呢？除了他是大理论家、大学问家外，还因为1949年全国解放以前，他曾两次在香港居住和工作过。第一次是在抗日战争时期的1941年初春离开重庆，到香港帮助邹韬奋编辑《大众生活》。这次他待了半年多时间。第二次是在解放战争时期的1947年春天，国民党军占领张家口后，国共谈判彻底破裂，他从上海撤退到香港，待了一年多时间。1948年10月回到内地，抵达党中央所在的河北西柏坡。在内地的党内高层学者中，有胡绳这样经历的人不多。他对香港社会和制度的了解是别的许多高层学者所不及的。

胡绳对能参加香港特别行政区基本法起草委员会的工作感到很光荣。他接受香港《文汇报》记者采访时兴奋地说：作为一个从事理论工作和历史研究的人，能够参与制定一个史无前例的香港特别行政区基本法，是人生千载难逢的历史机遇。从某种意义上来说，比前几年参加《中华人民共和国宪法》的制定困难得多，因为它要体现"一国两制"原则。香港特别行政区基本法同其他法律都很不同，在法律史上可说是一个创举。这需要全体委员既具备强烈的现实感，又要有丰富的想象力，才能完成这个创造性工作。

1985年7月初，香港特别行政区基本法起草委员会举行第一次全体会议，确定基本法起草工作的大致规划和步骤，计划用4至5年时间完成基本法起草工作，于1988年初提出基本法（草案）征求意见稿，在香港和内地广泛征求意见，然后进行修改。在1988年底或1989年初经全国人大常委会审议后公布基本法（草案），进一步广泛征询各方和香港各界的意见，再次进行修改。经过这样的"两上两下"，于1990年上半年提请全国人大审议通过并颁布香港特别行政区基本法。会议还决定委托在香港地区的委员共同发起筹组有广泛代表性的香港特别行政区基本法咨询委员会。7月5日，邓小平、胡耀邦、李先念、彭真会见全体"草委"（起草委员会委员）。从此，胡绳履职，开始了历时约6个年头的关于香港特别行政区基本法的调研、起草、考察、修改和定稿工作。

香港特别行政区基本法起草是一项非常复杂、细致、艰难的工作。基本法最重要的是贯彻"一国两制"原则，既要处理好中央与香港特别行政区的关系，又要充分照顾香港的历史和现实状况；既要明确香港社会制度的特殊性质，又要规定好香港与内地往来必须遵守的法制；既要解决好港英当局遗留的历史问题，又要继续保持香港的繁荣稳定等等。为此，基本法起草委员会第二次会议上成立5个专题小组来具体研究有关重大问题，并且在1986年11月召开的香港特别行政区基本法起草委员会第三次会议上，讨论中央与香港特别行政区的关系专题小组工作报告，以及香港特别行政区区旗、区徽图案的征集和审定办法，中央与香港特别行政区关系的问题，香港居民的基本权利和义务的问题。1987年8月，香港特别行政区基本法起草委员会第五次会议成立基本法总体工作小组，负责对基本法各章条文草稿进行总体上的调整和修改，草委会副主任胡绳参与主持总体工作小组工作。为了征求香港各界对香港特别行政区基本法的意见，胡绳率领草委会成员赴港进行实地调研考察。在港期间，与厂商会、总商会、香港的政治学家、全国人大代表及政协委员，基本法咨询委员会法律组、政治体制组、经济组、科教文组等举行座谈，参观了联合交易所、贸易发展局等单位。他向媒体发表谈话说：我们是来听取香港各界对基本法起草委员会专题小组所提出的初步条文的意见的，我本人也希望借此机会看看香港的新面貌。《大公报》报道说：基本法起草委员会副主任、起草委员会基本法总体工作小组召集人胡绳，曾于1941年及1947年在香港居住过一段短时间，如今旧地重游，发觉许多事物都变了。

1988年是胡绳投入香港特别行政区基本法起草工作最忙碌的一年。在4月举行的基本法起草委员会第七次会议上，胡绳作了关于基本法起草委员会总体工作小组的工作报告。会议讨论决定公布香港特别行政区基本法（草案）征求意见稿。基本法（草案）征求意见稿公布后，草委会在咨委会的配合和协助下，在香港和内地开展了为期5个月的征求意见活动。胡绳同草委会其他领导成员一起，再度赴港听取各界人士和社团的意见。草委会回京后，胡绳又向全国政协常委会作了关于《中华人民共和国香港特别行政区基本法（草案）征求意见稿》的说明。这一年，胡绳有两个多月时间多次来回奔波于北京、广州、香港开会讨论、调研考察、修改草案。

经过几年的紧张工作，基本法文件的起草基本达到预定的目标要求。1990年2月13日至17日，香港特别行政区基本法起草委员会举行第九次会议，对各专题小组的修改提案进行了深入讨论。5个专题小组分别开会，根据委员们的意见对各专题小组的修改提案作必要的修改和完善。会议以无记名投票方式对专题小组提出的 24 个修改提案进行表决，均获全体委员三分之二以上的多数通过。会议决定，通过体现"一国两制"构想的《中华人民共和国香港特别行政区基本法（草案）》，评选出的区旗和区徽图案（草案），都提交全国人大常委会审议。会议最后一天，邓小平会见出席会议的委员并即席讲话，高度评价基本法是一部具有历史意义的法律著作，是一个具有创造性的杰作。是年 3 月 20 日至 4 月 4 日，七届全国人大三次会议通过香港特别行政区基本法（包括 3 个附件和区旗、区徽图案），通过关于设立香港特别行政区等相关决定。至此，香港特别行政区基本法起草委员会圆满地完成全国人民代表大会交给的起草任务。胡绳参与的香港特别行政区基本法起草工作，才画上圆满句号。

（2）参与起草澳门特别行政区基本法。1987 年 4 月 13 日中国和葡萄牙两国政府签署《中葡关于澳门问题的联合声明》，中国政府将于 1999 年 12 月 20 日恢复对澳门行使主权。

在 1988 年决定公布香港特别行政区基本法（草案）征求意见稿的同时，第七届全国人大一次会议决定成立中华人民共和国澳门特别行政区基本法起草委员会，负责澳门特别行政区基本法的起草工作。是年 9 月，七届全国人大常委会第三次会议批准澳门特别行政区基本法起草委员会名单，主任委员为姬鹏飞，副主任委员为胡绳、王汉斌、马万祺等 10 人。随即，澳门特别行政区基本法起草工作启动。

有了参加起草香港特别行政区基本法的经验，参与澳门特别行政区基本法起草工作方便许多。1989 年 5 月上旬，澳门特别行政区基本法起草委员会举行会议，初步讨论基本法的结构内容，确定基本法结构的起草办法，并审议通过基本法起草委员会的工作规则。11 月中旬，澳门特别行政区基本法起草委员会第三次全体会议在广州举行，审议并通过《中华人民共和国澳门特别行政区基本法结构

（草案）》和《中华人民共和国澳门特别行政区基本法起草委员会关于设立专题小组的决定》，并成立中央与澳门特别行政区的关系、居民的基本权利和义务、政治体制、经济、文化与社会事务等5个专题小组。1990年6月上旬，澳门特别行政区基本法起草委员会举行第四次全体会议，审议中央与澳门特别行政区的关系、居民的基本权利和义务、政治体制、经济、文化与社会事务5个专题小组提交的工作报告，对澳门特别行政区区旗、区徽的征集工作进行初步讨论。12月中旬，澳门特别行政区基本法起草委员会第五次全体会议在广州举行，重点讨论中央与澳门特别行政区的关系、经济、文化与社会事务3个专题小组草拟的条文，初步讨论居民的基本权利和义务、政治体制2个专题小组草拟的条文，审议并通过文化与社会事务专题小组起草的《中华人民共和国澳门特别行政区区旗、区徽图案的征集和评选办法》。1991年7月9日至13日，澳门特别行政区基本法起草委员会举行第七次全体会议，讨论修改并通过《中华人民共和国澳门特别行政区基本法（草案）征求意见稿》，决定从7月中旬至11月中旬公开咨询意见，以便作进一步修改。

1992年3月上旬，澳门特别行政区基本法起草委员会第八次全体会议在广州举行。会议审议通过《中华人民共和国澳门特别行政区基本法（草案）》，决定报请全国人大常委会审议公布，并再次广泛征求意见。会议对区旗、区徽评选委员会推荐的三套区旗、区徽图案进行了评选。以上多次会议，胡绳都参与主持。是年5月15日至22日，他同草委会委员一起赴澳门征求对基本法（草案）的意见，并参观考察。先后与咨询会，中央与澳门特别行政区关系及政治体制组，总商会，澳门的人大、政协成员（全国的和省的），"关注基本法小组"（分属各团体各界）举行座谈会，听取他们对澳门特别行政区基本法（草案）的意见和建议。他在参观1844年中美签订《望厦条约》签字处时赋诗一首："坛坵荒村浪得名，瓜分危局祸潜生。百年事逐涛声去，石案犹存说旧情。"那时，签字处是个小荒村，现已为澳门市区，尚存圆形石桌，传系签署条约处。胡绳作为近代史研究大师抚今追昔，不胜感慨。

1993年1月12日至15日，澳门特别行政区基本法起草委员会举行第九次全体会议，胡绳主持闭幕会。会议将经过修改的《中华人民共和国澳门特别行政区基本法（草案）》、区旗和区徽图案（草案），以及为全国人大草拟的《关于澳门特别行政区第一届政府、立法会和司法机关产生办法的决定（草案）》和《澳门特别行政区基本法起草委员会关于设立全国人民代表大会常务委员会澳门特别行政区基本法委员会的建议》等文件提交人大常委会审议。16日，江泽民等领导人在人民大会堂接见澳门特别行政区基本法起草委员会全体委员，祝贺澳门特别行政区基本法（草案）顺利完成。3月，八届全国人大一次会议通过《中华人民共和国澳门特别行政区基本法》，包括附件和区旗、区徽图案，及各项相关决定。5月中旬，胡绳率草委会一行再赴澳门，参加澳门特别行政区基本法咨询委员会基本法研讨会，会见澳门总督，共祝澳门历史揭开新篇章。至此，胡绳参与澳门特别行政区基本法起草委员会工作圆满完成。

胡绳从1953年至1993年，作为中央"一支笔"参与起草中央文件和领导人讲话等活动整整40年。论参与时间之长，涉及范围之广，顾问方面之多，似没有出其右者。这是胡绳作为学界大师为别人难以企及的光辉一页。

第三章

1940—1981：《从鸦片战争到五四运动》
——以马克思主义观研究中国近代史的力作

胡绳之所以为胡绳，在新中国成立以来的半个多世纪里，他的成就，有两个重要方面。一方面，他是我们党的两代领导核心的"一支笔"，长期参与党中央的文字工作，充任起草中央重要文件和重要讲话的"大秀才"，为党的重要文献的形成和阐述，宣传马克思主义、毛泽东思想、邓小平理论做出了重要贡献。另一方面是个人著书立说，在以《帝国主义与中国政治》为代表对中国近代历史研究和新中国成立后对近代史专题研究的基础上，从 20 世纪 70 年代中期还身处逆境中就开始写作《从鸦片战争到五四运动》巨著（于 20 世纪 80 年代初出版）。20 世纪 90 年代在组织编修《中国共产党历史》上卷的同时，主编了《中国共产党的七十年》这一印数达 800 多万册的皇皇大作。他正值"粗知天命"时，顺应历史潮流，紧跟时代步伐，发表了大量政论性学术论文，汇集成《马克思主义与改革开放》一书出版，此书被誉为"很有影响、很有深度、很有新意"，达到"中国社会科学最高水平"的力作。这几本大书，成就了胡绳作为大师的晚年辉煌。

《从鸦片战争到五四运动》是改革开放后以马克思主义观研究中国近代史的第一部巨著。说《从鸦片战争到五四运动》是巨著，不是就其篇幅（70 多万字）言，而是就其分量言。因为目前绝大多数的中国近代史教科书类著作大体沿袭了它的思路，采用了它的基本观点。这说明它的含金量很高。在这个意义上，我们说它是改革开放以来中国近代史学科（1840—1919）按照传统观念讲得比较完整的开篇之作，不为过。

一、数十载的酝酿、写作和出版

这部巨著能面世,并不是突然从天上掉下来的馅饼。它经历了 20 多年的思想酝酿、资料积累,又经过 6 年多的艰辛写作才一飞冲天的。它的酝酿、写作和出版大体分为三个阶段。

第一阶段:思想萌动,酝酿写书(1940—1960)。胡绳回忆说,在 1940 年鸦片战争 100 周年时,22 岁的他写了篇论文《论鸦片战争》,这是他研究近代史的开端。他在《帝国主义与中国政治》获得成功后,就萌生了要研究中国近代史完整过程的念头。1953 年初,胡绳调到中央高级党校,担任培养理论工作干部的第一部主任。第一部的教学完全靠苏联教授,没有任何关于中国内容的系统课程。当时他想,总得有一点讲中国情况的课,于是自告奋勇地来讲中国近代史,每星期讲一次。为了便于讲授,他写了提纲,编了讲义,发给学员,就这样讲满了两个学期。他离开高级党校后还去讲过若干次中国近代史。胡绳说,当时写的《中国近代史提纲》有 4 万多字,没有正式出版;但在编写和修改《中国近代史提纲》的时候,已打算以此为基础展开写成一本书。"这份提纲可以看作是 1981 年出版的《从鸦片战争到五四运动》这部书的最早的设计。"[①] 当时听课的学员,后来也成为著名学者的丁伟志回忆说,给他们班授课的中国教员中有众多名家,但是就学员的反映而言,最受欢迎的则首数胡绳讲的课。别的老师课讲得再好,也是着重在讲"是什么",胡绳却是着重在讲"是什么"背后的"为什么"。他并不是简单地灌输知识,也不是简单地宣布他的判断和结论,而是耐心地解剖历史事实,细致地展示他在作出判断和结论之前,是如何运用马克思主义进行独立分析的。原《红旗》杂志副总编辑马仲

---

① 《胡绳全书》第 5 卷,人民出版社 1998 年版,第 6 页。

扬写道:"他(胡绳)的讲课之所以吸引人,不仅在于掌握了准确而丰富的资料,而且结合时代的需要,联系历史实际和学员的思想实际,进行各种深入分析,让学员思考和讨论。"①

为什么胡绳将《中国近代史提纲》讲稿看作《从鸦片战争到五四运动》的最早设计呢?这是因为他的讲稿虽然只有4万多字,但它的体系框架却是《从鸦片战争到五四运动》的雏形。前者有五章二十节,后者乃五编二十七章,从结构安排和章节标题内容看,有如少年和成年人的关系,后者是前者的放大,更高更壮更实更强,但轮廓和模样没走形。特别是他在写这个讲稿过程中产生了关于中国近代史的分期问题的想法,开始形成三次革命高潮的概念。这对他要写大书是一个很大的动力源。他在1954年2月出版的《历史研究》创刊号上,发表《中国近代历史的分期问题》一文,比较系统地论述了他的这一观点,在学术界引起热烈讨论。他在《从鸦片战争到五四运动》序言中说,写《中国近代史提纲》后,他逐渐地对这段历史形成一些看法,为初步说明这些看法,写了《中国近代历史的分期问题》,这篇文章主要是提出三次革命高潮的概念。在有了这样的看法后,就开始想按照这种看法写出一本书来。以后多年间虽然做了些收集资料的准备工作,还写了个别段落的稿子,却一直没有能动笔写这本书。据说,他在1959年9月1日的日记中曾表露了当时的心境:今日又动念写关于近代史的书,拟写三卷书,先进行太平天国,且定出了十章的题目。定此类计划几年来已多次矣,此番能有成否?9月4日写道:究竟是否要进行此工作,尚觉踌躇。1960年3月15日还写道:改完了《中国近代史提纲》,不可以把它扩充成一本书吗?为什么他"尚觉踌躇"呢?因

---

① 马仲扬:《六十年的战友情》,载《思慕集》,社会科学文献出版社2003年版,第29页。

为当时参加中央写作班子进行中苏"论战"的任务很重,往往连周末都加班加点,要铺开摊子另写书,实在太难了。

第二阶段:顽强坚持,终圆梦想(1969—1981)。"文化大革命"是一个特殊年代。1969年,胡绳随红旗杂志社的干部到河北石家庄郊区的《红旗》杂志五七干校劳动改造。他作为"走资派",是重点审查对象,分在"革命群众"之外的"另编组"干重体力劳动,如起猪圈、挑污水、拉车、搬沙、刨树,进城到石家庄拉煤块、石灰、泔水等。郑惠回忆胡绳情况时写道:"那时他已是五十出头的人了,何况他从小生长在城市,从来没有受过体力劳动的训练。他在下放的头几个月里,经受劳动磨炼的艰苦几乎是超限度的。但他硬是咬着牙一步一步熬了过来,逐渐由不会到会,由不堪重负到胜任愉快,体力日见增强,心情也较为开朗了。"① 他除了干高强度的劳动外,还要参加政治运动,接受大小会批判,写个人检查交代和外调材料等,成天累得"贼死"。但这样艰危困苦的处境并没有使他丧失奋斗意志,仍然想着写书。他在1970年的《梦回故寓》诗中表示:"犹思挥笔追班马,不用频嗟发已华。"他不服老,壮志犹存——想写近代史书,追赶我国古代史学鼻祖司马迁、班固。他后来回忆:"那时,也曾忽发'奇想',以为不妨着手考虑写这本久已蓄意要写的书,甚至写了部分的提纲,但在那样的特殊的生活条件下,写书终于不过是个空想而已。"②

1973年是胡绳个人历史的重要转机。他"终获'解放'",6月下旬回京,在收拾好离开了4年的家之后,进行身体检查,索取被封存的一些必要的书后,8月初重读《帝国主义与中国政治》,扩充修改《中国近代史提纲》,9月就动笔开写了。他刚恢复工作,就出席党的

---

① 郑惠:《程门立雪忆胡绳》,中央民族大学出版社2003年版,第137页。
② 《胡绳全书》第6卷,人民出版社1998年版,第24页。

十大,到国务院教科组联系学部,参加四届全国人大文件起草工作。他开始忙起来了,但仍然利用业余休息时间写作。郑惠在2002年10月谈到过胡绳写书的艰难情景:胡绳利用"文化大革命"后期从干校回到北京较为松动的政治环境,着手写《从鸦片战争到五四运动》。为此,他向有关中央领导同志专门写报告。李先念同志叫他的秘书打电话答复表示同意,说写出以后请人看看,听取意见后再考虑出版。这一段虽然相对来说有较为宽裕的时间,但也还是在参加一些大的政治活动和实际工作之余断断续续地写成的。日后我读到他的日记,才惊讶于他当时是如此之用功,其笔耕之勤奋令人叹服。他抓得很紧。在起草文件编选毛著的空隙,哪怕一天晚上只写几个字也坚持写作,常常写到凌晨三四点,有时已经躺下,想起问题又起身写作,很辛苦。他找过几个助手,但有的写得不行,甚至基本重写的情况也是有的。他还有个时间表,在阶段性工作完成后,回过头接着写。什么时候写第一章,什么时候写第二章,很细致。他还给自己定了目标,今年一定要把第几章写完。有时是用旧稿子,有时一个晚上都没有理清头绪,一个字都没写。

  郑惠讲的情况很真实。据说,胡绳的日记对他写书的情景有翔实记载。如最初写书的那一段时间的日记:1973年9月23日(星期日),一天未出门,开始写绪论,只得六七百字,固然有客打扰,但也是因为涉及面广而尚未掌握好,欲以简单文字写出颇不易也。9月24日,下午晚上在家,无客来,总算写了一千多字的稿了,进展甚胜。9月26日,上午电话催到紫光阁开会,下午又到紫光阁,晚上想续写稿,但是写了半句就写不下去,只好睡觉。9月27日,有客来,一天还是一个字也没有写。9月29日,整理书,上架,一天写作甚少。9月30日(星期日),早晨居然写得了一小节。10月2日,在家整理书籍,大体就绪。10月4日,今天居然写了二千字,改写一段,加写一段，绪言第一节完。（后改为第一章）。1975 年底"反击右倾翻案风"刮起来后，胡绳所在的国务院政研室处于风口浪尖，天天搞政治运动开"批判会"、写检讨材料，耽误很多时间，写作中断 5 个多月。他在 1977 年 2 月 18 日的日记中总结道：回顾一下，1973 年 9 月开始，到 1974 年 1 月搞了五章，1974 年 8 月到 1975 年底虽有间断，但又搞了九章，1976 年最惨，只搞了二章，今年又搞了一章，共得十七章，33 万字。这时，他的写作已完成将近全书的一半。

这个进度不算慢。在那样艰难的条件下，3 年多时间写了 30 多万字，对于一个接近花甲的老人来说相当不易。但是，胡绳并不满足，决心在有空隙时还是抓紧近代史，不再旁骛其他，齐赫文斯基①之书有 64 万字，他的书当亦如之，全书当有 70 万字。他开足"马力"，继续"奋蹄"，要抽空、挤时间全力为之。1978 年 2 月和 3 月因忙于五届全国人大的文件工作，未能写作。他在日记中写道："田园将芜"，为之心焦。而后写作时断时续，抽空为之。于是，他常常写到后半夜，甚至筋疲力尽、生病也坚持写。到 1979 年，初稿写作大部完成，一面从绪论开始统改，并征求毛办近代史小组几位同志的意见，重新写或补写若干部分（有些部分反复重新开头，最难的是第一章）；一面继续写第五编的最后二章，至次年 1 月 25 日将初稿改完。

1980 年 2 月，胡绳对他的写作进度有一个比较全面的总结。"我的这本书是在 1973 年 9 月开始写的，那一年的四个月里写了开头的四章。以后的几年里不可能用全部时间和精力来写这本书，因而在 1974 年到 1975 年只写了九章，即第五到第十三章；1976 年到 1977 年又写了七章，即第十四到第二十章，其中有四章是在别的同志提供的资料

---

① 谢尔盖·列奥尼多维奇·齐赫文斯基是俄罗斯著名汉学家，与胡绳同龄，生于 1918 年 9 月，长期研究中国近代历史，出版有 10 多部著作。1972 年主编的《中国近代史》被译成中国、英国、法国、波兰等多国文字，其中文版有 64 万字。

和初稿的基础上改写的","1978年写了第二十一章到第二十五章共五章,1979年除了整理修改已写成的各章稿子外,写了最后的两章。总之,这本书是六年多的时间内断断续续写成的"①。经过10多年艰辛奋斗,皇天不负苦心人,孕育整整40年的"孩子"终于呱呱坠地了。

大师处处显现大师的范儿。稿子交出版社后,胡绳还尊重编辑意见继续修改,丝毫没有那种"大腕"的派头。人民出版社责任编辑邓卫中回忆道:"在按出版程序审读书稿的过程中,我这个'初生之犊'不揣冒昧,对书稿中的一些地方直接用红笔做了修订。有老同事告诫我:应当先用铅笔提出处理意见,待作者(尤其是大名家)首肯后,再用红笔为妥。然而,没想到我的粗浅之见,大多被作者采纳了。在《从鸦片战争到五四运动》出版以前,胡绳先生在该书的序言中,对包括我在内的一些同志表示感谢,认为'给了本书作者以很大帮助',我实在愧不敢当,再三推谢,但胡绳先生坚持不同意我删掉我的名字,并通过他的老友孙洁人同志转告我:就这样定了。胡绳先生的人品、学问,都是'真'和'诚'的典范。这在我同他并不频繁的每一次接触中,都深切地感受到他的至真至诚。"②

第三阶段:三个本子,影响巨大(1981—1997)。《从鸦片战争到五四运动》于1981年6月出版后,获得广大干部和社会各界的欢迎,被认为是一本既有学术价值,又朴素通俗的历史著作,既不同于那种刻板枯燥的教科书,也不是空洞无物的宣传品,而是向广大人民群众特别是青年人进行爱国主义教育的生动教材。有的读者向作者倾诉读后感:《从鸦片战争到五四运动》一书有骨架有血肉。它的骨就是运用马克思主义即辩证唯物主义和历史唯物主义的基本立场、观点和方法

---

① 《胡绳全书》第6卷,人民出版社1998年版,第22—23页。
② 邓卫中:《为人真诚的大学问家》,载《思慕集》,社会科学文献出版社2003年版,第58页。

研究近代中国前半期即旧民主主义革命时期的历史。它的血肉就是丰富的内容和大量的材料。有的读者还说：许多史书因缺少典型而感人的事例，光有"树干"，没有"枝叶"，使人读之感到枯燥。而您的书"粗""细"结合，"粗干"使人把握主要史实，"细处"则动人情感，让人愿意读。11月下旬，《解放军报》总编辑华楠等给胡绳打电话，请求缩写《从鸦片战争到五四运动》一书作为军队读本。

1981年12月9日，老一辈革命家王震在纪念一二·九运动46周年座谈会上推荐该书，号召广大干部和青年认真阅读胡绳的这本优秀著作，"学习历史，发扬爱国主义精神"。王震关于《从鸦片战争到五四运动》的谈话，由新华社、《人民日报》等予以报道，《红旗》《中国青年报》刊出全文后，陆续有书评发表。为了推动近代史学习，方便部队官兵和青少年阅读《从鸦片战争到五四运动》一书，红旗出版社出了简本；为方便老同志阅读，上海人民出版社出了4号字的大字本。3个版本多次重印，印数累计300余万册。外文出版社1991年还出版了英文译本。

1995年，胡绳修订再版《从鸦片战争到五四运动》，对初版中发现的史实错误作了改正，对表述不精准的作了修正，对文字差错作了校正。但总的体系和基本论点没有变化，并在再版序言中进一步强化了书中的几个重要观点。有的学者评论道："《从鸦片战争到五四运动》从1981年初版到1997年再版，作者始终坚持了他在探讨中国近代史发展基本规律时所使用的马克思主义基本原则和方法，坚持了他在表述中国近代史发展基本规律时所提出的一系列重要意见。有些具体的结论，学术界或者还将会有种种讨论，但是他在研究中提出的一些重要指导原则，我以为是值得学者们认真加以参考的。"[①] 这个评价是客观的。

---

① 张海鹏：《追求集》，社会科学文献出版社1998年版，第428页。

二、《从鸦片战争到五四运动》的学术成就

《从鸦片战争到五四运动》不仅具有吸引学习近代史读者眼球的可读性，销量数百万册，而且在学术上获得了巨大成就。研究者可以不赞同它的某些观点，但它是研究中国近代史难以绕过去、不能不参考的经典之作。

（1）《从鸦片战争到五四运动》构建了以马克思主义观研究中国近代史并为学界认可的比较权威的体系框架。关于中国近代史的著作不少，体系构建乃见仁见智，各有特点。有的学者在这方面动了不少脑子，颇有建树。但学界比较认可的，还是以《从鸦片战争到五四运动》居首。为什么会这样呢？该书的体系框架至少有这几个特点：

第一，比较鲜明地展现了历史与逻辑的统一。这个统一展现在该书的许多方面，既在书的行文之中，也在结构安排上。现从编、章、节的标题表述看，也很明显。该书有五编，其绪论实为一编。一是从历史起点看。绪论第一章是历史起点与逻辑起点统一的典范。这章标题"十九世纪四十年代以前的中国"，是个讲历史的标题，它的三节标题则为逻辑性标题，先讲"经济基础"，再讲"专制主义的政权"，最后落脚到"农民革命"，紧扣本书的主体内容。这个设计显然展现了马克思主义的历史观。二是从历史进程看。第一编"鸦片战争和太平天国农民革命"拉开了本书的历史帷幕，其六章内容是通过把历史与逻辑紧密结合展开叙述的。第二编"半殖民地、半封建统治秩序的形成"相对于第一编而言，是个典型的逻辑性标题。其前两章以逻辑性标题来叙述这个历史段内容的色彩很浓。第三、四两编是历史性的标题，但其章、节标题都体现了历史与逻辑的紧密结合，内容叙述往往通过简明的逻辑概括来勾画或者浓缩其丰富的历史内容。三是从历史尾声看。第五编"向新民主主义革命的过渡"是个逻辑性的标题，最后两

章的叙述也是历史与逻辑的紧密结合。这样，完全可以说，作者将历史与逻辑的统一思想贯穿了全书。

第二，比较鲜明地展现了主体事件与非主体事件的统一。该书是以三次革命高潮为主体来写近代中国历史的。但是，作者并不是孤零零地突出这个主体，任意地去割断历史联系，而是前有厚实铺垫后有徐缓延伸，使三次革命高潮这个主体自然而然地突出展现。第一编写鸦片战争和太平天国农民革命，安排了六章。鸦片战争是爆发太平天国农民革命的历史前提，用两章来论述，一章写鸦片战争本身，一章写战争以后中国社会的变化，完全有必要。写太平天国革命从兴起到失败安排了三章，既反映这场农民革命从兴到亡的全过程，也突出主题；其间插了一章写第二次鸦片战争，既符合历史实际，也很自然地将封建统治者与帝国主义列强怎样认"敌"为"友"的历史演变展现出来了。这一编既突出第一次革命高潮，也完整地再现了近代中国头四分之一世纪历史的全貌。第二编讲洋务运动，这是近代中国的重大历史事件，尽管不属于该书三次革命高潮的主体，但作者并没有因此压缩篇幅。为将这一事件的前因后果说清楚，安排了五章，为读者对它进行评价提供了充分的历史事实。第三编和第四编是写第二次和第三次革命高潮的，各安排了六章，将这两次革命高潮的来龙去脉作了比较透彻的分析，即将革命高潮本身讲清楚了，也将那时的中外关系、社会经济政治状况作了相当充分的剖析。全书二十七章的设计是紧凑的，比较严谨地展现了近代中国的发展变化——怎样一步一步沦为殖民地半殖民地，走向半封建半资本主义的历史全貌叙述得精当到位。该书能让读者得到这样一个完整印象是很难得的。

第三，比较鲜明地展现了历史的本然与历史的所以然的统一。这是该书的一大特点，也是一大优点。许多史书往往只告诉读者历史的本然，将历史事实叙述得明白了然，但是这段历史为什么会是这样的，却往往缺乏交代，或者语焉不详。因此，那些要较深入了解和学习近代史的读者很不满足。一本史书如果只是限于传播历史知识，那是远远不够的。前述作者讲近代史课为什么受欢迎，凡与作者有过接触的都知道，他的口才并非很出色，他不是演说家，也不擅长宣传鼓动，他的优势就在于讲得深，既交代清楚历史的本然，又给予历史所以然的答案。比如，第二十五章对辛亥革命的总结就很深刻："辛亥革命的失败是由于资产阶级、小资产阶级领导者具有他们自己克服不了的弱点的缘故，是由于中国广大下层群众——主要是农民的革命力量得不到正确和坚强的领导，没有能充分发挥出来的缘故。人民，首先是人民中的先进分子，从失败中受到了教育。辛亥革命的失败预示着中国人民反帝反封建的革命斗争将要进入新的阶段，在更高的水平上继续展开。"① 这样的结论就具有强大的思想力量。

第四，比较鲜明地展现了"史"与"论"的统一。我在前面讲《帝国主义与中国政治》时，就说过"史论结合"是胡绳著述的一个重要特点。这个特点在《从鸦片战争到五四运动》中发挥得淋漓尽致。在1959年9月酝酿写这本书时，他看了一些近代史的书后就表示，他要写的书，有的部分"新论点似不多，材料亦不可能重新大量搜集，恐怕要在论述方法与行文上取胜"。这本书的确是这样，它的优势不是抛了许多别的书上没有的新史料，而是对许多重要史料选择精准、使用得当、分析深刻、论有新意。这就是许多读者都感觉到的，该书有史有论、有骨有肉、有粗有细、有文有质。比如，我们在前面讲到1992年5月胡绳赴澳门征求对澳门特别行政区基本法草案意见时，参观《望厦条约》签字处不胜感慨赋诗"瓜分危局祸潜生"。他为什么会有如此感慨呢？在本书第三章第六节作者对鸦片战争后签订的《南京

---

① 《胡绳全书》第6卷（下），人民出版社1998年版，第890页。

条约》《望厦条约》《黄埔条约》有精辟论述。作者写道：美国总统获得英国人迫使清朝政府签订《南京条约》的消息后，立即派特使模仿英国经验带着3艘炮舰来华，到达澳门望厦村，以炮舰相威胁迫使清政府签订了《望厦条约》。这个条约开启了使中国进一步沦为半殖民地的"三个第一"：一是半殖民地中国的"关税协定"制度是由《望厦条约》确立起来的；二是半殖民地中国的领事裁判权是由《望厦条约》进一步确立起来的；三是西方各国列强在半殖民地中国获得的"利益均沾"原则是由《望厦条约》提出的。紧随其后，法国人也仿效，强迫清政府签订了《黄埔条约》。胡绳在分析了这三个条约后指出："经过鸦片战争，英、美、法这三个西方的主要资本主义强国迫使中国开始套上了不平等条约的枷锁。他们用武力打开了中国的门户，为的是要奴役这个古老的国家。使中国沦为半殖民地的各种恶劣制度在这些条约中初步奠定了基础。这场战争和这些条约充分暴露了封建统治者完全没有能力抵抗外国资本主义的侵略。在战前，封建统治者为保卫自己而在对外贸易上设立的种种防范全部崩溃。从此，中国社会不可能不发生历史上从未有过的一系列的变化。"[①] 这番宏论是在别的近代史书上难以看到的。这就是胡绳著作的论从史出、史论结合的魅力。

（2）《从鸦片战争到五四运动》怎样坚持以三次革命高潮为主线。"三次革命高潮"是胡绳的一个非常重要的创见，也是他对中国近代史学科建设的重大贡献。有如前述，这个思想肇始于1954年发表的《中国近代历史的分期问题》。胡绳认为：中国近代史是充满了阶级斗争的历史。中国近代史著作的基本任务，就是要通过对具体历史事实的分析，来说明在外国帝国主义侵略中国的条件下，中国社会内部怎样产生了新的阶级，各个阶级间的关系发生了些什么变化，阶级斗争的形

---

① 《胡绳全书》第6卷（上），人民出版社1998年版，第66页。

势是怎样地发展的。按照中国近代史的具体特征，可以基本上用阶级斗争的表现来做划分时期的标志。以此为标志，就要注意到中国近代史中三个革命运动高涨的时期。革命运动高涨的时期，乃是社会力量的新的配备通过激烈的阶级斗争而充分地表露出来的时期。在中国近代史上这三次革命高潮中阶级力量的配备和关系是各不相同的。这正是中国近代社会经济结构的发展过程中的各个不同阶段的集中反映。第一次革命高潮是1851—1864年的太平天国运动，第二次革命高潮是中日甲午战争后发生的1898年的戊戌维新运动和1900年的义和团运动，第三次革命高潮是自1905年同盟会成立到1911—1912年的辛亥革命。1955年2月，胡绳在全国政协会议全国委员会组织的中国近代史讲座报告会上的报告《中国近代史绪论》中进一步阐发了这个思想。他根据马克思主义唯物史观，鲜明提出"人民是中国近代史的主体"的观点，并批驳了那种将外国侵略者和反动统治人物当作中国近代史主角的错误论调。他指出：中国近代史是中国人民的历史，中国人民是中国近代史的主角。在那个时期，无产阶级还没有成为独立的政治力量，人民的主体就是农民阶级和民族资产阶级（包括城市小资产阶级）。胡绳将这一观点明确，就使三次革命高潮的立论有了更强力的理论支撑。据此，他进一步指出：拿中国农民进行的革命运动和资产阶级进行的革命运动为主要线索进行研究，"就可以看到在中国近代史中革命阶级和反革命阶级以及各个阶级之间如何互相结合，如何互相对立，也就可以看出中国近代史的真正面貌"①。它充分表明"近代历史的真正主人不是外国侵略者，不是那些反动的统治人物，而是广大的人民。把人民的革命斗争看作是中国近代史的基本内容，就能比较容

---

① 《胡绳全书》第2卷，人民出版社1998年版，第227页。

易地看清楚中国近代历史中各种政治力量和社会现象"[1]。这样，该书就不是人为地生硬地要突出人民主体，而是历史实际的客观使然。

如果说20世纪50年代前期，关于三次革命高潮的思想还处于立论的初步阶段，那么在《从鸦片战争到五四运动》中，三次革命高潮则作了展开论述，成为该书的主线和主体。该书二十七章，是以三次革命高潮为主线贯穿起来的，充分地阐述了它们的由来、发展和结局。说它们是主体，在五编中有三编内容是直接讲三次革命高潮的，在章节里直接与间接地涉及三次革命高潮的就更多了。更重要的是作者在该书序言和相关文章中对涉及三次革命高潮的一些不同看法作了回应，进一步强化了三次革命高潮思想。胡绳认为，对三次革命高潮的提法提出异议的主要是在第二次革命高潮时期。一个是对义和团运动的评价，另一个是与此相关联的对洋务运动的估价。此外，对辛亥革命也有这样那样一些议论。下面，看看胡绳是怎样深化他的认识的。

关于义和团运动的评价。胡绳指出，有两种看法：一种是认为作者对义和团运动反帝斗争的革命意义估计不足。这是20世纪五六十年代比较多的一种意见。改革开放后这种意见少了。在20世纪80年代，学术界的另外一种看法比较普遍，认为义和团运动够不上称为一次革命高潮。胡绳回复道："在我看来，在充分估计义和团运动的反帝斗争意义的时候，必须看到它具有的严重弱点；同时，也不能因为在当时的历史条件下，义和团运动不可能发展为一个健康的反帝斗争，就把它的历史地位抹杀掉。义和团虽然是传统的农民斗争形式的继续，但是把打击的矛头直接指向帝国主义侵略势力，而且义和团运动时期已经有了资产阶级倾向的政治力量。包括戊戌维新和义和团运动在内的

---

[1] 《胡绳全书》第2卷，人民出版社1998年版，第230页。

第二次革命高潮时期是中国近代史历史中的一个重要环节。"① 这个分析是符合历史的、公允的。在该书的再版前言中，胡绳批驳帝国主义对义和团运动的诬蔑时，再次强调他的观点："帝国主义者常常以义和团为例，把近代中国人民的反帝斗争诬蔑为'排外'。1899年勃兴的义和团运动是帝国主义侵略激起的反抗斗争，但因为没有先进阶级的领导，所以带有排外的色彩。但经过义和团之役后不久，中国人民已经超越了初期的幼稚的斗争时代，懂得排外不是出路。中国人民反抗帝国主义的侵略和压迫，推翻帝国主义代理人的统治，并不是要'排外'，而是因为只有这样，中国才能作为一个独立的国家和世界联系，才能在和世界的联系中不是处于被侮辱、被损害，受人支配的地位。"② 我们应当怎样以马克思主义历史观来评价义和团运动？胡绳的这段分析是一个精彩的示范。

关于洋务运动的估价。改革开放后，要求对洋务运动重新认识的呼声鹊起，认为近代中国历史的进步潮流应当是"洋务运动——戊戌维新——辛亥革命"。胡绳不同意这种看法，明确指出："本书不认为有理由按照'洋务运动——戊戌维新——辛亥革命'的线索来论述这个时期的历史的进步潮流。"他很欣赏章太炎对近代历史的一段概括："以前的革命，俗称强盗结义；现在的革命，俗称秀才造反。"③ 胡绳说："我们不妨借用他这个聪明的说法。太平天国时期是'强盗结义'，不是'秀才造反'；到了戊戌维新和义和团时期，还是'强盗结义'，而'秀才'已开始接近'造反'，不过'秀才'是不愿把自己卷入'强盗结义'中的。到了同盟会时期，已是'秀才造反'为主，而且'秀才'还想运用'强盗'的力量。——三次革命高潮时期形势的不同，

---

① 《胡绳全书》第6卷（上），人民出版社1998年版，序言第25页。
② 《胡绳全书》第6卷（上），人民出版社1998年版，再版序言第11—12页。
③ 《胡绳全书》第6卷（上），人民出版社1998年版，序言第25—26页。

就发动力量来说,基本上就是这样。当然,所谓'强盗'和'秀才'是都有一定的阶级含义的。"① 这段论述也很高明。它形象地说明了三次革命高潮的主体演变,也说明洋务运动既非"强盗",也非"秀才",因此,它尽管具有开启"近代化"的意义,但称不上推动近代中国历史发展的主线和主体。在另一篇文章中,胡绳还指出:"近年来学术界又有一种看法,认为在五四运动前,中国近代历史的进步潮流是从'洋务运动'(指封建官僚办工业)到维新运动到辛亥革命。这种看法抹杀了农民革命在近代中国历史中的作用。"② "封建官僚的洋务派,撇开他们在政治上的反动不论,专就经济上说,也是对民族资本的发展起阻碍作用的。对于有历史进步作用的维新运动和革命运动,办洋务的封建官僚并不是先驱者。"③

关于辛亥革命的历史地位。在《从鸦片战争到五四运动》出版后,胡绳陆续发表文章深化了对辛亥革命的评价。1981年适逢纪念辛亥革命70周年,胡绳应邀参加一些重要学术研讨会,先后发表了3篇讲话,从不同角度阐发辛亥革命的意义,并对有的问题作了深刻辨析。最重要的有几点:一是辛亥革命的反帝问题。从文献史料看,辛亥革命没有提出反对外国帝国主义的口号,指导辛亥革命的同盟会的纲领中,也没有反帝国主义的内容。但胡绳认为,中国资产阶级领导的这一次推翻清王朝的民主主义革命,在实质上是反对外国帝国主义的。资产阶级革命派坚决主张推翻维护帝国主义的清朝政府,努力通过革命使中国成为一个独立国家。这样,他们在实际上站到了同帝国主义对立的立场上。"我们不能因为资产阶级革命派的这些弱点,便否认辛

---

① 《胡绳全书》第6卷(上),人民出版社1998年版,序言第26页。
② 《胡绳全书》第3卷(上),人民出版社1998年版,第300—301页。
③ 《胡绳全书》第3卷(上),人民出版社1998年版,第301页。

亥革命具有反帝国主义的性质。"① "帝国主义列强之所以鼓励参加辛亥革命的'温和'势力，并且支持袁世凯取代清朝政府，篡夺革命果实，正是因为辛亥革命在本质上具有反帝国主义的性质。"② 二是辛亥革命有没有反映广大人民群众的要求。西方国家的许多学者认为，辛亥革命是醉心于西方文明的知识分子把同中国社会格格不入的民主共和强加于中国，并不反映中国广大人民群众的要求。胡绳指出："这种说法是完全错误的。辛亥革命提出的反帝反封建的要求是植根于中国人民群众中的，它和农民的革命运动有一定的联系，民主共和国的口号立即得到广大群众的拥护，这些都足以驳斥这种说法。按照这种说法，改良派的君主立宪论好像更适合于中国。但是改良派的失败，改良派的先导地位不能不让位于革命派，而且改良派在辛亥革命后日益在政治上堕落，这些都足以证明推崇改良派而贬低革命派是站不住脚的。"③ 三是孙中山的主观社会主义思想。这是胡绳对孙中山研究近 40 年的一个重要成果。胡绳认为：孙中山的主观社会主义是他的思想的一个重要特点，是在中国近代的社会历史条件下产生的，也是他的思想发展的一个新境界。孙中山强烈地希望中国富强，同时又热切地希望为人民谋幸福，使人民不受剥削压迫。如何使这两种善良的愿望同时实现，从西方国家的经验中，他感到这里存在着严重的矛盾。为解决这种矛盾，就产生了他的主观社会主义思想。这是一种什么样的思想呢？胡绳指出：孙中山一方面欢迎俄国十月社会主义革命，另一方面看到俄国革命成功后出现的社会激烈冲突和残酷斗争，又感到社会主义革命是可怕的事情，应该竭力设法避免。"如何避免呢？就是趁中国产业还未发展，在还没有产生社会主义革命的条件时，及早实行社

---

① 《胡绳全书》第3卷（上），人民出版社1998年版，第316页。
② 《胡绳全书》第3卷（上），人民出版社1998年版，第316页。
③ 《胡绳全书》第3卷（上），人民出版社1998年版，第300页。

会主义。"胡绳说,这就是不要社会主义革命的社会主义,"名义上要社会主义,实际上是发展资本主义"①,即主观社会主义。这种主观社会主义,一方面是不切实际的幻想,世界上不可能有不要社会主义革命的社会主义,这同他早先既想发展资本主义,又要避免资本主义祸害的想法如出一辙,当然是种空想。但是,另一方面又要看到,他的这种思想"也是中国共产党人曾经有过,通过实践才逐步加以克服,甚至现在还在克服着的。孙中山和中国共产党人同样生活在中国现代的社会历史条件下,因而某些想法有共同性,这是不奇怪的"②。但是,中国共产党人毕竟克服了孙中山的弱点,抛弃了他的主观社会主义,坚持科学社会主义,"走了一条经过新民主主义革命的胜利而达到社会主义的路。这当然不是孙中山所能预料的,然而的确使他的良好的愿望成为现实。中国共产党领导人民所进行的民族民主革命,是孙中山事业的继承和发展"③。胡绳关于孙中山的主观社会主义新思想的提出和这段评析,既多了认识辛亥革命的一个维度,也将孙中山的思想与中国共产党人对他的事业的继承和发展关系作了新的提升。这是胡绳三次革命高潮思想的一个重要发展。

胡绳关于三次革命高潮的思想愈来愈坚定,他在辨析那些不同意见后明确表示:"在学术界一些同志提出不同看法的洋务运动问题上和辛亥革命问题上,原书的基本观点大概不会改。"④

(3)《从鸦片战争到五四运动》对几个重大问题的把握。胡绳在通读和修改这本书的过程中,对事关中国近代史的几个重大问题如何把握,曾有较多考虑。在该书的再版序言中,他作了论述;后来又由

---

① 《胡绳全书》第3卷(上),人民出版社1998年版,第386—389页。
② 《胡绳全书》第3卷(上),人民出版社1998年版,第390页。
③ 《胡绳全书》第3卷(上),人民出版社1998年版,第393页。
④ 《胡绳全书》第3卷(下),人民出版社1998年版,第533页。

《人民日报》在两年内对再版序言的论述作了两次摘发。他本人还将其节录部分以《中国近代史研究中的几个问题》为题,收入《马克思主义与改革开放》文集中。可见,这几个问题非同一般。

第一,关于阶级和阶级斗争问题。胡绳说:"我写这本书是使用阶级分析的观点和方法。其所以使用这种观点和方法并不是因为必须遵守马克思主义,而是因为只有用马克思主义阶级分析的观点和方法,才能说清楚在这里我所处理的历史问题。""当然不应当把任何社会现象都用,或者只是用阶级根源来解释,不应当把任何社会矛盾都说成是敌对阶级之间,或这个阶级和那个阶级之间的矛盾。把马克思主义阶级分析的观点简单化、公式化是我们所不取的。"① 中国近代史中发生的多次革命无疑是阶级斗争的最高形式,即便是辛亥革命这样的革命也存在许多缺点,但胡绳指出:"我的观点是,即使是有严重缺点的、不成熟的、有许多负作用的、一时没有得到完全成功的革命,如果它是适应于阶级斗争向前发展的形势而发生的,它就不能不被认为是必要的,是推进社会历史进步的。"②

第二,关于改良问题。有人认为改良是比革命更好的方法,所以不应当推崇革命。胡绳不同意这种看法,指出:"历史事实是,在社会政治发展中,改良的道路走不通的时候,才发生革命。对于革命和改良,不能脱离具体的历史条件而作抽象的价值评估。就这本书叙述的范围而言,在和旧势力的斗争中,改良主义是有积极的进步意义,而且在客观上有为革命作前驱的作用。但是改良主义又有否定革命的作用。所以在中国近代历史上改良主义常常是有两面性的。在革命的形势已经出现的时候,在革命的烽火已经兴起的时候,改良主义的立场

---

① 《胡绳全书》第6卷(上),人民出版社1998年版,再版序言第4—5页。
② 《胡绳全书》第6卷(上),人民出版社1998年版,再版序言第5页。

如果不有所改变,它的斗争锋芒就不是指向旧势力,而是指向革命。旧势力也会利用改良主义来抗拒革命。"①

第三,关于对外开放问题。有人认为,对外开放在近代中国早已有之。胡绳也不赞同这种观点。他指出,鸦片战争后100年间,中国是作为半殖民地国家向世界开放的,即使如此,那时外国资本对中国的投入也是很低的,况且那些资本几乎都是从对中国的剥削和敲诈而来。外国资本"投入中国只是加强了剥削和压榨,阻碍了民族经济的发展。那时的进出口贸易为数很少,而且基本上是输出农产品和矿产品,进口机器制造的产品。那种开放只能使中国处于贫穷落后的状况"②。还有一种看法认为,帝国主义应当使中国独立,扶助中国走向富强,从而才能扩大与它们的经济交往,这才是对它们最有利的。对于这种看法,胡绳一针见血地指出:那是一种幻想。怎么能指望帝国主义使中国获得独立呢?它们也不希望中国跟它们一样富强。否则,怎样来将别人的财富攫为己有呢?"帝国主义在中国历来是一面想使中国对外开放,一面又压迫中国,使中国保持落后和贫穷,因而实际上对外开放的程度极低,甚至并不开放。这是依靠帝国主义解决不了的一个矛盾。只有中国人民用自己的努力来争得民族的完全独立,用自己的力量从中国的具体情况出发来发展中国经济的时候,这个矛盾才能解决。"③

第四,关于以现代化为主题与以阶级和阶级斗争观点来叙述中国近代历史的关系问题。胡绳认为,以现代化问题为主题来叙述和说明中国近代的历史的这种观点是可行的。从1840年鸦片战争以后,几代中国人为实现现代化做过些什么努力,经历过怎样的过程,遇到过什

---

① 《胡绳全书》第6卷(上),人民出版社1998年版,再版序言第6页。
② 《胡绳全书》第6卷(上),人民出版社1998年版,再版序言第7页。
③ 《胡绳全书》第6卷(上),人民出版社1998年版,再版序言第7—8页。

么艰难，有过什么分歧、什么争论，这些都是中国近代史中的重要题目，以此为主题来叙述中国近代历史显然是很有意义的。但是，"以现代化为中国近代史的主题并不妨碍使用阶级分析的观点和方法。相反的，如果不用阶级分析的观点和方法，在中国近代史中有关现代化的许多复杂的问题恐怕是很难以解释和解决的"[1]。在胡绳看来，从19世纪后期到20世纪初期的中国，现代化就是资本主义化。中国的资本主义化既是中国国内各种社会力量的对比和斗争，还有外国帝国主义的侵略势力的促使。实际上，"最早促使中国走向某种程度的现代化的不是别的什么力量，就是帝国主义。说只是某种程度的现代化，是因为帝国主义在全世界所到之处，按照自己的面貌来改造一切社会制度落后的民族和国家，但并不是要使它们真正成为和自己完全一样，而只是使那里发生以有利于自己实行殖民统治为严格范围的朝向资本主义的变化"[2]。因此，以现代化为主题来写中国近代史，仍然离不开阶级和阶级斗争的观点。

第五，关于殖民地化能否实现现代化问题。20世纪80年代曾经有一种观点：如果中国当过几十年殖民地，就会实现现代化。胡绳尖锐地指出：这是极端无知的昏话。在第二次世界大战后获得独立的许多国家，原来都经历过长期的殖民统治，有的甚至三四百年，但是没有一个国家实现了现代化。"在殖民统治时期，帝国主义主人支配着殖民地及其人民的命运。从帝国主义主人的利益出发，各种妨碍民族进步发展的前资本主义的社会关系被有意地保留下来。资本主义在那里是有所发展，但只是在有限的范围内，而且得到好处的只是殖民地主人和当地人民中的极少数人，在取得独立以后这些国家无一例外地都

---

[1]《胡绳全书》第6卷（上），人民出版社1998年版，再版序言第8—9页。
[2]《胡绳全书》第6卷（上），人民出版社1998年版，再版序言第9页。

处于贫穷落后的状况。"①

第六，关于中国近代史中的现代化两种倾向问题。胡绳认为，不能离开具体历史条件抽象地提出现代化问题。外国资本主义势力侵略中国以后，既不允许中国统治势力闭关自守，也不允许它原封不动地保持封建社会原样。帝国主义的压力会刺激中国人民追求新的道路。"在这种情况下，中国近代史的现代化问题不可能不出现两种倾向。一种倾向是在帝国主义允许的范围内的现代化，这就是，并不要根本改变封建主义的社会经济制度及其政治和意识形态的上层建筑，而只是在某些方面在极有限的程度内进行向资本主义制度靠拢的改变。另一种倾向是突破帝国主义所允许的范围，争取实现民族的独立自主，从而实现现代化。这两种倾向在中国近代史中虽然泾渭分明，但有时是难以分辨的。"胡绳说，本书"仔细地将上个世纪60年代至90年代的洋务派官僚和资产阶级改良派加以区别。那时的洋务派官僚是上述的第一种倾向的最早的代表人。那时的资产阶级改良派是后一种倾向的先驱"②。

胡绳对以上几个问题的把握，是马克思主义历史观在研究中国近代史的创造性运用。《从鸦片战争到五四运动》之所以成为以马克思主义观点研究近代中国历史的经典之作，与对以上几个问题的把握息息相关。它实实在在地体现了马克思主义的立场观点方法。这是我们后辈晚学研究中国近代史和中共党史应当努力学习的。

---

① 《胡绳全书》第6卷（上），人民出版社1998年版，再版序言第9页。
② 《胡绳全书》第6卷（上），人民出版社1998年版，再版序言第10页。

三、续篇《胡绳论"从五四运动到人民共和国成立"》的新论

胡绳在《从鸦片战争到五四运动》出版后立即着手考虑写它的续篇《从五四运动到人民共和国成立》。但是,天不遂人愿,最后只是发表了关于此书的多次谈话和由该书课题组根据他的谈话写成的若干篇论文。两者以《胡绳论"从五四运动到人民共和国成立"》一书出版。该书也有许多精彩内容。

(一) 胡绳对《从五四运动到人民共和国成立》的筹划和启动

中国近代史的分期问题,一直是胡绳非常看重的问题。在1954年初发表的《中国近代历史的分期问题》中,他明确指出:"正确地解决了分期问题,就是从中国近代历史的复杂的事实中找到了一条线索,循此线索即可按照发展程序把各方面的历史现象根据其本身的逻辑而串连起来。"[①] 那时,他虽然是将五四运动作为划分旧民主主义革命和新民主主义革命两个时期的界碑,从而将中国近代史和中国现代史区别开来,但是在1956年后,陆续有学者提出将1949年新中国成立前后作为划分界线的观点后,他也在考虑这个问题。

《从鸦片战争到五四运动》出版后半年,1980年12月中旬,我那时还在中央文献研究室工作。胡绳对我们帮他善后这本书的近代史小组几个人说决心写"从五四到全国解放",还说,同邓力群和李琦(中央文献研究室主任)谈了,让我们继续帮他工作。在他留存的材料中,还有"从五四到全国解放"的笔记——第一编至第五编题目,第一编五章题目(一)铭康(二)则民(三)仲泉,即分别由陈铭康、郑则民和我三人承担。笔记还写道:前一书(即《从鸦片战争到五四运

---

① 《胡绳全书》第2卷,人民出版社1998年版,第155—156页。

动》——引者注）除绪论与末编外，每编一般是六章，每章二三万字。这一本（即《从五四到全国解放》——引者注）如每编六章，共三十章，60万－70万字。据说，胡绳1981年1月初的日记还载有考虑有关写《从五四到全国解放》的计划，整理书架，拣出写近代史续编可用的材料，与铭康等谈写《从五四到全国解放》一书，安排第一编的工作。显然，他已经在构思新著的体系框架，并要准备动手写作了。

1981年三四月间，胡绳到广东、广西参加纪念太平天国起义130周年学术研讨会，首次亮明了将中国近代史下限移到新中国成立前的观点。他在广东的会上说："我们过去一般把中国近代史规定为从鸦片战争到五四运动的一段时期。其实，按照社会性质来说，整个中国近代史应该是从第一次鸦片战争到1949年民主革命的胜利，这是半殖民地半封建社会历史时期。"[①] 4月下旬，胡绳写信复《广西日报》记者进一步谈了这个看法。记者发文转述他的看法，胡绳认为："历史分期的根据，应当是社会的性质。鸦片战争以后直到中华人民共和国成立以前，中国一直是半殖民地半封建社会。中国人民在这一时期的历史任务，也一直是反帝反封建的资产阶级民主主义革命。虽然有旧民主主义革命和新民主主义革命这两个阶段，但旧民主主义革命所要解决的问题在新民主主义革命中才得到彻底解决，所以把这109年划为一个历史时期是比较合理的、科学的。"[②] 1997年6月，胡绳为《近代史研究》创刊100期题词时再论这个观点，重提了一个建议：把1919年以前的80年和这以后的30年，视为一个整体，总称之为"中国近代史"，是比较合适的。这样，中国近代史就成为一部完整的半殖民地半封建中国的历史，有头有尾。1949年中华人民共和国成立以后的历史

---

① 《胡绳全书》第3卷（下），人民出版社1998年版，第503页。
② 杞愚：《西江夜雨访胡绳》，《广西日报》1981年5月11日。

可以称为"中国现代史",不需要在说到 1840—1949 年的历史时称之为"中国近现代历史"。胡绳的这个建议立马获得许多学者赞同。金冲及撰文表示:胡绳的这个看法,"已成为史学界绝大多数学者的共识。把这 109 年的历史作为一个整体,打通起来研究,从而得出许多新的认识"①。

胡绳在 20 世纪 80 年代以后的情况,如同 20 世纪 50 年代一样,不是写作"专业户"了,必须从事写作以外的其他许多工作。这样,直至 1995 年 2 月,他才重新考虑"从五四到全国解放"的写作问题。那时,他的身体开始出现异常,再加上其他工作仍不少,于是,他找已经离休的丁伟志、徐宗勉(他过去的秘书)来帮他进行这个写作。他对他们说,写完《从鸦片战争到五四运动》之后,本来还想接着写下去,写《从五四运动到人民共和国成立》,已经积累了一些想法,可是事务缠身,始终没能动笔。如今还想把这本书写出来,但精力已经不济,无法独立完成了。丁、徐二人当即表示愿意协助撰写这本书。3月,胡绳带着丁、徐二人赴湖北、河南考察,沿途与他们作了 9 次谈话,启动了"从五四运动到人民共和国成立"的谈话之旅。1998 年 10 月在北京又与他们,还有陈文桂,共三人作了 次谈话。此后,胡绳身体越来越不好,还忙于其他工作,再没继续这样的谈话了。丁、徐等人立即组成课题组,根据胡绳谈话抓紧写作,并将部分撰稿送他审阅。胡绳看了少量稿子,提了修改意见,但大量的文稿没来得及看。这 部分有五章二十五节。课题组经过反复整理、修改、编辑,将胡绳谈话和未定的五章,还有相关专题,编辑成《胡绳论"从五四运动到人民共和国成立"》一书,于 2001 年初出版。这算是胡绳的遗稿了。

---

① 《六十年的回顾》,《光明日报》2009 年 10 月 1 日。

（二）胡绳 10 次谈话的新论

胡绳关于"从五四运动到人民共和国成立"的 10 次谈话，约 3 万字。绝大多数谈话不长，但创见迭出，新论不少。作为一代思想大家、理论宗师，胡绳非常注重出思想、讲新话。他在 1981 年广州举行的纪念太平天国起义 130 周年学术研讨会上讲中国近代史研究的六大问题，首先就强调中国近代史研究需要创新，研究新的问题，提出新的论点，发现新的资料。他说："历史研究从根本上说，是要通过对已往的历史的认识而更好地认识现实。所以我们虽然绝不能根据现实的需要去随便改造历史，但又要结合现实的需要进行历史研究，并要在研究中有所创新。"[①] "我们按照历史本来的面目去说明历史，但又从实际需要出发着重说明那些应该着重说明的问题。这和任意剪裁历史的主观主义是截然不同的。已往的历史之所以需要反复研究，并且能够有所创新，我想，根本点就在这里。"[②] 他认为历史的真理是需要反复加以申述的，需要结合当前的实践，对那些值得重复的正确结论，进行有充分科学根据的、有说服力的论证。"虽然好像说的是老话，但仍可以有新意，这里也就包含着创新。"[③] 他与丁、徐二人谈话时，开门见山地说："这本书要讲出一点新的意思。"[④]

胡绳的 10 次谈话，是漫谈式、自由体，尽管每次谈话有各自的主题，但一些重要问题前后都会涉及。许多新论散见各篇谈话中，将这些新论加以梳理，最重要的，有这样几点：

一是关于中国社会的"半殖民地"和半独立。这是我们过去很少研究的一个问题。胡绳作逆向思维，提出这个问题并指出：所谓"半

---

① 《胡绳全书》第 3 卷（下），人民出版社 1998 年版，第 502 页。
② 《胡绳全书》第 3 卷（下），人民出版社 1998 年版，第 503 页。
③ 《胡绳全书》第 3 卷（下），人民出版社 1998 年版，第 504 页。
④ 《胡绳全书》第 7 卷，人民出版社 2003 年版，第 45 页。

殖民地",就是半独立。半殖民地半封建中国的统治者不完全是帝国主义走狗,他们有半独立的性格。袁世凯自己将5月9日接受日本关于"二十一条"最后通牒这一天定为国耻日,要大家不忘国耻。当然,他接受了"二十一条"卖国协定,这是基本面。吴佩孚就其反对日本来说,确有爱国一面,所以共产国际开始找他建党,以为他是进步的。张作霖被日本人炸死,也是因为不甘心完全当日本人的走狗,日本人对他不放心。蒋介石也有半独立性格,不然,共产党怎么可能同他合作抗日呢?这些统治者有一些对付帝国主义的办法,其中之一就是利用帝国主义之间的矛盾。蒋介石甚至利用美国与中共的矛盾,例如赶走史迪威。他看透美国在根本上是反对共产党的,所以敢于在这类事情上顶撞美国。当然,"旧中国统治者是从经验上懂得利用矛盾,保持半独立,他们不能从根本上维护民族独立,不是真正反对帝国主义的侵略"①,"他们利用矛盾常常是靠一个去对抗另一个,兴许有人在主观上也想保住一些国家权益,或减少一些损失,但结果多半适得其反。所以,旧统治者也只是半独立,不是从根本上站在维护民族独立的立场上"②。毛主席最善于利用矛盾,"最高明的一着,是利用美苏矛盾,促使美国恢复和中国的关系(指1972年尼克松访华,实现中美关系正常化——引者注)。不过,毛主席的利用矛盾,是以维护国家主权、民族利益为原则的,这与旧统治者不同"③。胡绳提出这个问题,有助于我们研究这段历史要辩证地看待一些问题,既要把握历史事件和人物的基本面,又要努力避免简单化、绝对化。

二是关于帝国主义和中国工业化。在20世纪80年代,有一种观点在年轻人中间走红,说帝国主义的压迫有利于中国的进步。胡绳批

---

① 《胡绳全书》第7卷,人民出版社2003年版,第49页。
② 《胡绳全书》第7卷,人民出版社2003年版,第49—50页。
③ 《胡绳全书》第7卷,人民出版社2003年版,第49页。

驳道：这很幼稚。帝国主义到中国来，虽然没有灭亡中国，中国还是半独立，但帝国主义实际上也是中国的统治者。帝国主义到一个落后国家来，总是维护这个国家的落后势力，不肯轻易地去掉它、改变它，以便利于其侵略和压迫。例如，非洲一些国家受帝国主义统治有一个世纪甚至更长时间，至今却仍然十分落后。但另一方面，帝国主义进来了，总要带来一些新的东西，总要使旧的状态发生某种变化，以适应它自己的需要。比如，列强到中国来修铁路、搞点工业等，是因为这些有利于它对中国的掠夺和控制。单搞工业，虽然是资本主义性质的工业，但不等于是搞资本主义化。冯友兰过去说过这样的意思：如果让洋务派搞工业一直搞下去，中国就会整个地改变，实现现代化。胡绳说，这似乎是唯物史观。其实，事情不是这样简单的。"工业化有两条道路。一条是在不根本妨害帝国主义和封建主义的范围内发展工业，这就是半殖民地半封建的发展工业的道路。走这条路，实际上是不可能实现工业化、现代化的。另一条是首先反掉封建主义和帝国主义侵略势力，在这个前提下发展工业，才能真正实现工业化、现代化，或者资本主义化。这就是革命的道路。"[①] 所以，"说帝国主义的压迫有利于中国的进步，没有那回事"[②]。

三是关于"中间势力"和"三个角色"。这是胡绳谈话的一个核心内容，他的多篇谈话都涉及这个问题，因而是胡绳谈话最有分量、反响最大的新论。胡绳谈这个问题牵涉面广，这里着重介绍他谈得较多的中间势力的政治倾向和中间势力与实业救国问题。

首先，关于中间势力的政治倾向。胡绳说，讲这段历史，一般主要讲国民党和共产党，讲它们之间的矛盾斗争，这是两极。其实，在

[①]《胡绳全书》第7卷，人民出版社2003年版，第52页。
[②]《胡绳全书》第7卷，人民出版社2003年版，第50页。

这两极中间,还有一大片,这就是中间势力,除国、共两个角色以外的第三个角色。属于两极的人都是少数,中间势力占大多数。中间势力是些什么人?包括知识分子、工商界、搞工业的、搞教育的,等等。过去说,资产阶级是中间力量,工农、小资产阶级属于共产党一边的,是革命的依靠、基础。实际上工农、小资产阶级只是革命的可能的基础。就阶级说,它们是革命的,就具体的人说,它们当中大多数在政治上处于中间状态,不可能一开始就都自动跟共产党走。要做很多工作,才能使他们跟共产党走。1927年大革命为什么失败?就是因为中间势力大多数偏向国民党。后来抗日起来了,才发生根本变化。胡绳说,中间势力的特点就是动摇、不断分化,分化的结果,大多数站到共产党一边,站到国民党那边的也有,但很少。中间力量中,知识分子很多人都是先右倾,后来才"左"倾。中间势力尽管占大多数,但"形成不了独立的政治力量,不是倒向这一边,就是倒向那一边,最后总的说是站到共产党一边。中间力量有不少代表性人物,他们影响一大片"[1],"革命能胜利,是因为我们党把中间势力拉过来了,如果中间势力都倒向国民党,共产党就不可能胜利。中间势力的作用很重要,我们党内有些人还不懂得这一点。这本书要着重讲一讲中间力量"[2]。

其次,关于中间势力的分化和变动。胡绳说,中间势力"可以是新民主主义革命的后备军,也可以成为旧民主主义的力量,甚至跟着国民党走。决定他们分化、变动的有两个重要因素"[3]。胡绳分析道:"一个是民族主义。有的人开始对共产党有疑虑,甚至反共,是因为把共产党看成是苏联的走狗,蒋介石国民党也这样宣传,而中共党内王明等'左'倾机会主义恰恰提出'保卫苏联'的口号,很失人心。在

---

[1]《胡绳全书》第7卷,人民出版社2003年版,第48页。
[2]《胡绳全书》第7卷,人民出版社2003年版,第45页。
[3]《胡绳全书》第7卷,人民出版社2003年版,第57页。

30年代'左'倾最厉害的时候，我们党是很孤立的。到了抗日战争时期，共产党深入敌后坚持抗日，大得人心。而国民党对抗日消极，把心思用来对付共产党和人民。所以中间势力发生变化，大多倒向中共一边。另一个是发展经济。国民党上台后，忙于打内战，不去努力发展经济，不关心人民疾苦，又不敢反帝，使许多原来跟着它走或对它抱有希望的人深感失望，终于离开了它。"[1] 胡绳指出：像邹韬奋、胡愈之这样的人，开始也是要走资本主义道路，不是要搞社会主义，但他们"从资产阶级民主主义变过来，靠近共产党，甚至参加党，也是因为对国民党完全绝望的缘故"[2]。

再次，关于中间势力与实业救国论。胡绳认为，中间势力自发顺着地是要走资本主义道路的。中间派中有些人认为不需要彻底反帝、反封建，不需要革命，只要发展工业，就能解决中国问题，因此主张大家都去搞工业，反对人们参加革命，这就同革命、同共产党发生了矛盾。胡绳说，他们搞工业这件事本身是进步的，应予肯定。但他们反对革命，主张大家都走工业救国或教育救国的路，就是搞改良主义，这是错误的，不能不批评。如果接受这种主张，革命就搞不成功，反帝、反封建问题就无法解决，靠办工业、办教育解决不了这个问题，这个问题没解决，中国的工业、教育也不可能真正发展起来。正是在这一点上，中间势力与共产党存在着矛盾。所以，毛主席很有分寸地说，工业救国论、教育救国论的破灭是一个好消息。为什么是好消息呢？就是因为这种认识破灭了，他们就可能转过来理解、同情革命，这有利于反帝反封建。胡绳强调："这里否定的是这种认识而不是这些人，因为这些人主观上还是爱国的，要救国的，不是反动的，只是主

---

[1] 《胡绳全书》第7卷，人民出版社2003年版，第57—58页。
[2] 《胡绳全书》第7卷，人民出版社2003年版，第58页。

张的路子不对。这样来看,我们就可以对这些中间势力,从理论上作些深入的分析。"①

鉴于中间势力的极端重要性,胡绳要求这本书既要写武装斗争,又要描写、分析中间派的各种活动,写它的发展、分化,直到后来其中绝大多数人站到共产党一边,决定了革命的胜利。当然,也要写共产党、国民党这两头,写它们与中间派的关系。"这本书要写'三个角色',以及它们之间复杂和变化着的关系,而不是只写两个角色,两军对垒,这样内容就会丰富得多。"②

四是关于五四运动时期的社会主义问题论战。五四运动后,随着马克思主义在知识界的不断传播,属于资产阶级改良派的梁启超、张东荪与马克思主义者之间发生了关于社会主义的论战。胡绳在多次谈话中讲起这次论战。一次说,过去我们将这场论战简单化了。梁、张的基本意思是:中国现在还没有条件搞社会主义革命。因为中国受帝国主义压迫,资本主义经济发展不起来,工人阶级还未真正形成。最迫切的问题是先发展资本主义,使多数人变成劳动者,解决人民的生计问题,"借资本阶级以养成劳动阶级为实行社会主义之预备"③。胡绳认为:"这种看法应当说是触及到了要害问题,在方法上还有点唯物主义味道。"④ 在这场论战中,"陈独秀虽然反驳了梁、张的看法,实际上没有驳倒他们。现在来看,梁、张的看法有很多是不对的。革命事实上也胜利了,但他们根据中国的实际情况提出了一些重要问题。这些问题当时在理论上没有得到解决,是靠后来的实践才解决的"⑤。另一次,胡绳说:"梁启超、张东荪反对当时搞社会主义革命,主张先

---

① 《胡绳全书》第 7 卷,人民出版社 2003 年版,第 70—71 页。
② 《胡绳全书》第 7 卷,人民出版社 2003 年版,第 72 页。
③ 《胡绳全书》第 7 卷,人民出版社 2003 年版,第 46 页。
④ 《胡绳全书》第 7 卷,人民出版社 2003 年版,第 46—47 页。
⑤ 《胡绳全书》第 7 卷,人民出版社 2003 年版,第 47 页。

发展资本主义，也不能说是反动的，因为资本主义在当时是进步事物。过去流行一种看法，好像有了马克思主义、社会主义之后，凡是与它不同的、反对它的思想就一定是起反动作用的，这显然不符合实际，也讲不通。"① "在旧中国，发展资本主义是进步的主张，不能认为凡是不同意马克思主义，不赞成当时搞社会主义的就都是反动的。问题在于资本主义道路一直走不通。"② 还有一次，他说，中国共产党刚成立的时候，发生过社会主义问题的论战。论战中梁启超、张东荪就讲中国现在不能搞社会主义，还搞不了社会主义，好像不配，主要是因为中国现在太落后，现在不配搞社会主义，将来才能搞，现在还是要搞资本主义。陈独秀、李达等人去反驳。我们过去的书上照例说，这一斗争是共产党人取得胜利。现在看，恐怕很难说取得胜利。"这两种意见，反而是梁、张的意见'接近马克思主义'，他们说中国现在不能搞社会主义，陈独秀等人的答复顶多就是说，现在社会主义是世界潮流，我们不能再反过来走资本主义道路，实际上并没有从中国的实际情况出发驳倒梁、张的意见。然后到了第二年，共产党自己也懂得了，苏联的同志来也一再说，中国第一步还要搞资产阶级民主革命，而不是搞社会主义。"③ 陈独秀等人才把思想转过来，党的二大决议才有了中国革命要分两步走的思想。

这场争论触及的要害究竟是什么问题呢？就是能不能跨越资本主义搞社会主义。梁、张认为不可能。陈独秀等当时回答不了。胡绳说，这个问题直到毛主席的新民主主义论才开始解决。毛主席提出中国革命要分上、下篇，上篇就是搞新民主主义革命，下篇才是搞社会主义。只有做了上篇，才能做好下篇。他在《论联合政府》中说，中国目前

---

① 《胡绳全书》第 7 卷，人民出版社 2003 年版，第 57 页。
② 《胡绳全书》第 7 卷，人民出版社 2003 年版，第 47 页。
③ 《胡绳全书》第 7 卷，人民出版社 2003 年版，第 77 页。

不是资本主义多了,而是资本主义少了。"这种话在此之前恐怕共产党内无人说过。甚至到今天我们还在解决、回答如何跨越资本主义阶段建设社会主义的问题。"①

胡绳上述关于社会主义论战的新论,在研究这段历史时很值得认真思考,对过去的认识不能不进行一些修正。

五是关于五四新文化运动和胡适的政治倾向。胡绳对胡适的研究较早,写过多篇文章。早在1937年3月,胡绳才19岁就发表了《胡适论》。全民族抗战以后,他也评论过胡适。但是,胡绳论胡适,影响较大的还是1955年批判胡适的两篇重头文章——《论胡适派腐朽的资产阶级人生观》和《唯心主义是科学的敌人》。如龚育之所评论的,"三四十年代胡绳论胡适,论得比较公允;五十年代胡绳批胡适,批得有深入可取之处,但是不够公允"②。胡绳这次谈话可谓晚年论胡适了,具有反思回归公允的意义。对于中间势力的认识,既然是胡绳多次谈话的重点,而胡适是被胡绳作为中间势力的一个典型代表人物来谈论的,因而在这10次谈话中论及胡适的有7处之多。归纳起来,胡绳主要谈了这样三点:

首先,胡绳对"问题与主义"之争的性质作了新的界定。过去五四新文化运动这场争论被说成是"论战",并成为新文化运动左右两翼分化的标志。它一分化,胡适一派人就好像变成了敌对势力。胡绳说,实际情况不完全是这样。新文化运动产生分化,新旧并存。胡适派虽然可以说是新文化运动的右翼,但这个"右"是相对于左翼说的,二者都属于新文化运动的范围。而就全社会、就全国的政治分野来看,胡适派实际上属于中间力量,不是反动派,而是"不革命的民主派"。

---

① 《胡绳全书》第7卷,人民出版社2003年版,第47页。
② 龚育之:《送别归来琐忆》,载《思慕集》,社会科学文献出版社2003年版,第275页。

胡适与李大钊间的"问题与主义"之争,过去把它讲成是敌对双方的斗争,事实上还是朋友之间的争论,双方都是反对封建主义旧思想、旧势力的。胡适的意思无非是主张改良,不赞成革命。胡绳还讲道:后来胡适提倡好政府主义,李大钊也参加在宣言上签名,不能说李大钊签名是犯了错误。好政府主义至少是认为目前的军阀政府是坏政府,而且是主张改革政治,主张和"恶势力作战",不过是用和平改良的方法罢了。这种主张可以批评,但说它如何反动显然是不对的。胡适"坚持反对复古,实际上是反封建(虽然他不承认'封建主义'这个名词),在这一点上马克思主义者可以同他联合"①,"总之,对五四新文化运动的分化要重新加以解释"②。

其次,胡绳对胡适的"大胆假设,小心求证"作了新的解读。胡绳认为,中间势力的政治倾向有两面性,在思想文化方面也有两面性。他们既反对马克思主义,反对革命文化,也反对封建文化。因此,他说:"抹杀他们反对封建主义旧文化的贡献是不对的。即使是胡适派也是如此。"③ 还说:"胡的实验主义,也并非全无道理。其实胡讲的并不都是西方的实用主义哲学,如说凡事都要问一个为什么,这有什么错呢?又如,'大胆假设,小心求证',恐怕也应当说是对的。所谓'大胆假设'是有所根据的,不是随意乱想;'小心求证'的意思是要做到实事求是,不能抓到一点就作判断。自然科学都是先要提出假设,然后一个一个去求证的。应该说这是一种科学研究的方法,用这八个字来概括也许不那么准确、周到,但比较通俗易记。"④

再次,胡绳对胡适有盖棺之论。前已论及,胡绳认为中间势力的

---

① 《胡绳全书》第7卷,人民出版社2003年版,第52页。
② 《胡绳全书》第7卷,人民出版社2003年版,第57页。
③ 《胡绳全书》第7卷,人民出版社2003年版,第58页。
④ 《胡绳全书》第7卷,人民出版社2003年版,第58—59页。

一个重要特点就是动摇，左右摇摆。这个特点在胡适一生中非常明显，摇来摆去，具有典型的两面性。一面是追求民主、人权，反对复古，反对专制独裁，因而同旧势力，也同国民党蒋介石有矛盾；另一面不反帝、不反对美国，特别是反对革命、反对共产党，因而又和国民党混在一起。

对前一面，胡绳认为胡适在"问题与主义"之争后向右转，成为"不革命的民主派"。不仅如此，1927年国民党背叛革命后，胡适还在摇摆。他"开始同情蒋介石清党反共，后来又同国民党进行人权斗争，尽管最终屈服了，但始终保持一定的独立，直到晚年在台湾还因批评国民党受到围攻"[①]。龚育之在纪念胡绳的文章中对胡适一生与国民党的关系演变作过考察，也是对胡绳论胡适的补充。这里讲的胡适"同国民党进行人权斗争"有两段历史。头一段是20世纪20年代末30年代初，胡适同他人在刊物上发文对国民党剥夺个人人权的专制行为表示不满，遭到国民党围攻，并被迫辞去中国公学校长职务。而在这时，宋庆龄、蔡元培、杨杏佛等发起成立中国民权保障同盟，胡适参加同盟并被推选为北平分会主席。胡绳对此评论道："胡适这类人，因为要走资本主义道路而反对国民党专制独裁，我们党就应当团结而不该排斥他们。当时，宋庆龄就做得比较好，团结胡适一起参加人权保障同盟，争取团结他还是对的。"[②]后一段是在20世纪五六十年代，胡适回到台湾定居后，他参与创办并不时在上面发表文章的《自由中国》杂志被国民党当局强令停刊。国民党当局还逮捕了刊物的主持人雷震（也对政府有不同政见）。胡适向媒体发表谈话：一种杂志为了争取言论自由而停刊，也不失为光荣的下场。这就是胡适"直到晚年在台湾

[①] 《胡绳全书》第7卷，人民出版社2003年版，第48页。
[②] 《胡绳全书》第7卷，人民出版社2003年版，第70页。

还因为批评国民党受到围攻"的事。

对胡适反对革命、反对共产党，同国民党混在一起的另一面，除上面提及的"同情蒋介石清党反共"外，胡绳还有两处讲到。一处说胡适"最大的毛病是不承认帝国主义的侵略，说问题出在'五鬼闹中华'"①。另一处说胡适这类人"不反帝，不从根本上反封建，结果和国民党混在一起"；"他最大的毛病是不反帝，特别是不反美国帝国主义。日本要灭亡全中国了，他当然也抗日，但七七事变前还参加了汪精卫的'低调俱乐部'，认为抗日是高调。这样他就倒向国民党一边"②。在这里，读者最希望了解的是，我们党为什么在即将夺取全国革命胜利之时将胡适列入国民党战犯名单。龚育之解读道：在抗战胜利之际，毛泽东对胡适表示了善意，托访问延安的国民党参政员，也是胡适的得意门生和好友傅斯年"代问老师胡适好"。但胡适没领情，将内战责任推给共产党，极力为国民党辩护。在北平解放前夕，毛泽东还希望胡适留下，让他当个图书馆长。胡适不仅没有留下，到南京后还哭求美国人帮助蒋介石进行反对共产党的战争。1948年底公布的战犯名单并没有胡适，但在解放军渡江之前，胡适又受国民党政府委托赴美乞求美援。解放军解放南京后，他还表示："不管局势如何艰难，我始终是坚定地用道义支持蒋总统的。"③这样，毛泽东在《丢掉幻想，准备斗争》中才公开点名批评他。应当说，毛主席为争取他作了不少等待，但他这时比较顽固地倒向国民党一边了。中共将他列入战犯名单，也是他咎由自取。

胡适在20世纪四五十年代倒向了国民党一边，后来为争取人权、民主又批评国民党，乃至遭到围攻。他从美国回到台湾后很不顺心，

---

① 《胡绳全书》第7卷，人民出版社2003年版，第52页。
② 《胡绳全书》第7卷，人民出版社2003年版，第71页。
③ 《胡适传》，人民出版社1993年版，第461页。

还保持了一点独立性。因此，胡绳给胡适的最后结论是"胡适，直到他的晚年，还应当说是属于中间势力"①。这是胡绳在10次谈话中非常引人注目的一个新观点。

六是关于中国走资本主义道路的两次历史机遇。我们过去有时说，蒋介石那一套就是搞的资本主义，胡绳认为这样说不那么准确，蒋介石并没有使中国走上资本主义道路。在近代中国，有两次机会可能走上资本主义道路。一次是1924年到1927年的国共合作。按照国民党一大纲领，反帝反封建，对三民主义重新作了解释，平均地权、节制资本也增加了新的内容。如果这样一直搞下去，有可能走上资本主义道路。可是，国民党蒋介石连这样的资本主义也不想搞。农民运动一起来，他们就恐慌了，中途叛变，大革命失败了。抗战前十年，民族资本有点发展，经济有点增长，但蒋介石没有真正搞资本主义，资产阶级是受压迫的，对国民党越来越不满。官僚资本大概就是这个时候开始露头的。到抗战时期，本来可以利用抗战来为发展资本主义创造一些条件，但蒋介石不但反对共产党，而且反对民主主义，这样，他不可能去搞资本主义化。另一次，胡绳说是1946—1947年旧政协的协定。我们中共做了国民党实行这个协定的准备，所以提出和平民主新阶段。他当时听延安来的同志说，我们要用选票代替子弹。不过，毛主席、党中央是两手准备的。协定既然签订了，准备由国民党实行是很自然的，我们党也做了参加联合政府的准备。政权当然以国民党为主，就只能是搞资本主义，里面会有一点新民主主义成分，因为我们党参加进去了。结果国民党撕毁了协定，没能走上资本主义道路。这两次机会都是产生在国共合作时期，但蒋介石都没使国家走上资本主义道路。因此，胡绳指出：对国民党统治时期，从1927年到1949年，我们

---

① 《胡绳全书》第7卷，人民出版社2003年版，第71页。

不能说它毫无作为，它"比北洋军阀时期还稍微进步一点；但不能说真正为现代化做出什么成绩了，因为它并没有真正为资本主义发展开辟道路"①。

七是关于统一战线怎样成为中国共产党的一大法宝。胡绳10次谈话的重点是中间势力，能否争取、团结和联合中间势力，是革命胜败的关键。对于他所倾心的书怎样写出新意，胡绳别具匠心地提出要写"三个角色"，这是他思索了好长时间的结果。对于共产党来说，怎样团结中间势力，做好把他们拉过来的工作呢？胡绳说，这就是统一战线。中国革命为什么能胜利？一个是靠武装斗争，再一个就是靠统一战线，当然还有党的建设。毛泽东总结出三大法宝："这个总结很了不起。武装斗争是不为中间派赞同的，搞武装斗争，又要搞统一战线，二者看似不相容的，但在抗战时期把二者统一起来了，相容了。"②"二大法宝并用，也得到了中间派的拥护。"③

胡绳认为，党的统一战线主要就是做中间力量的工作，包括知识分子。"知识分子问题也就是中间力量问题，统一战线问题。"④ 共产党成立时还认识不到这些问题，后来认识了，在"左"倾时期又反复，直到遵义会议后才改变过来。胡绳在谈话中讲这段历史时说："马克思主义、社会主义力量是新事物，最有前途，但当时人数很少，影响也很小，不可能独霸新文化、新政治，还需要和旧民主主义联合。"⑤"共产党和基本上属于资产阶级民主主义的中间势力之间，不是完全对立的关系，而是有批评、有联合的关系。这种联合对新力量的发展有利。例如，在20年代，为什么要实行国共合作呢？因为当时孙中山、

---

① 《胡绳全书》第7卷，人民出版社2003年版，第78页。
② 《胡绳全书》第7卷，人民出版社2003年版，第63页。
③ 《胡绳全书》第7卷，人民出版社2003年版，第63页。
④ 《胡绳全书》第7卷，人民出版社2003年版，第63页。
⑤ 《胡绳全书》第7卷，人民出版社2003年版，第57页。

国民党是中间势力的旗帜,中共和国民党合作,就能扩大中共的影响。"①尽管国民党成分复杂,还是要同它合作。"如果不和国民党合作,单靠中共自己的努力,是不可能迅速形成革命局面的。"②大革命失败后,大部分中间力量离开了革命,疏远了共产党,但也有一些人很坚决,继续支持革命,靠近中国共产党。其中,最坚决的是宋庆龄。胡绳说,宋庆龄是个很杰出的人。蒋介石上台后,让戴季陶找宋庆龄谈话,要她改变立场。宋的立场非常鲜明、坚定,拒绝戴的威胁利诱。这很了不起,对于宋庆龄,"在历史上就应当给以相当的地位"③。

胡绳讲到20世纪30年代"左"倾时期,说那时领导人犯革命急性病,排斥中间势力。李立三急于搞革命转变,提出一省两省首先胜利,建立工农兵小资产阶级苏维埃政权,实际上是把资本主义、资产阶级抛开。他甚至设想,中国革命一胜利,立刻会影响到全世界,全世界革命起来了,就推翻帝国主义,把所有帝国主义都打倒。"这一条意见把第三国际惹恼了:你中国革命变成了世界中心了,能引起世界革命,还要我共产国际干什么?世界革命得由第三国际领导。李立三的问题,是因为讲世界革命触犯了第三国际。以后王明来了,他除了不讲世界革命以外,其余完全是李立三的老一套。"④

胡绳认为:"王明时代,送上门来的'统战'都不要。1931年本已出现了建立统一战线的时机,但'左'倾领导人不加利用,丧失了时机。"⑤ 这里讲的就是福建事变。1933年10月至11月,参加"围剿"红军的国民党军第十九路军宣布抗日反蒋,成立福建人民政府,

---

① 《胡绳全书》第7卷,人民出版社2003年版,第58页。
② 《胡绳全书》第7卷,人民出版社2003年版,第58页。
③ 《胡绳全书》第7卷,人民出版社2003年版,第57页。
④ 《胡绳全书》第7卷,人民出版社2003年版,第81—82页。
⑤ 《胡绳全书》第7卷,人民出版社2003年版,第63页。

并与红军部队签订了反日反蒋协定和边界交通条约,相互停止军事行动,确定边界,恢复交通贸易关系。人家还给苏区运送了大量食盐、药品和军械等急需物资。这使蒋介石的第五次"围剿"遭到重创,中央苏区的危困境遇得到很大缓解。随后,蒋介石派中央军去镇压福建人民政府。这时,如果红军配合国民党第十九路军侧击蒋介石的入闽部队,共同打蒋,就有可能粉碎国民党军对中央苏区的进攻。但是,"左"倾领导人不加利用,拒绝援助,结果丧失时机,唇亡齿寒。蒋介石全力实施"铁桶围剿"计划,进攻中央苏区首府瑞金,红军不得不战略转移,实行长征。

"左"倾时期对思想文化界的领导也是不合情理,反对中间势力。胡绳说,胡愈之在一次会上批评了"保卫苏联"口号,党刊上就以敌对态度批他。"左"倾中央把知识分子弄得很"左",经常要党员、进步作家、文化人举行飞行集会,不搞创作,不做文化工作。刊物上登的都是打倒这个,打倒那个,以及"保卫苏联"一类文字。后来中央搬到苏区去了,上海文化界反而发生了好的变化。脱离了"左"倾中央的领导,文化界党员开展工作,进步文化人便搞起了文化事业,如电影、文学等都很有生气。这就团结了一大批知识分子,扩大了革命影响。这"比'左'的宣传要好得多,是摆脱'左'的错误的第一步"。胡绳强调,这样自发地表现出的反教条主义趋向,反映了当时一个大的变动。对于"上海文化界的变化,书中要好好地写一下"①。

胡绳认为,遵义会议后中国革命发生了大转变,能有这个大转变,统一战线起了很重要的作用。他说,毛主席"第一个从理论上自觉地、明确地提出了反教条主义"②。红军到达陕北后,抗日问题突出了。这

---

① 《胡绳全书》第7卷,人民出版社2003年版,第63—64页。
② 《胡绳全书》第7卷,人民出版社2003年版,第61页。

时，党不管你信仰什么主义的，只要抗日，就团结你。"现实的问题不是要资本主义还是要社会主义的问题，而是要不要反帝、反封建的问题。因此，共产党不应当排斥要求发展资本主义的中间势力，而是应当与他们联合。当时，毛主席把主义问题撇开，只讲抗日，在实际问题上建立统一战线。"① 这非常英明。抗日战争全面展开后，毛主席对中国国情的认识越来越深刻。他提出新民主主义的主张，其认识水平高过了党内其他人。"在此之前，共产党人一直把资本主义看作是反动的事物。毛主席第一个说中国资本主义不是多了而是少了，还要发展它，只有经过这个阶段才能搞社会主义；而眼前要使资本主义有发展，就必须推翻帝国主义和封建主义的统治。"② 这就更需要团结那些要求发展资本主义的中间势力，做好统一战线工作。从抗日战争到解放战争，是我们党的统一战线工作做得最好的时期。大批中间的力量参加过来，政治力量的对比发生了很大改变。胡绳说："这就是人心向背起了决定作用。所以新中国成立时，毛主席、党中央很慎重，一定要等民主党派人士来北平再正式宣告成立，为此还推迟了成立的日期。"③ 毛主席一再表示："要吸收他们参加政权，不是搞苏联式的苏维埃政府。"④

由此，胡绳提出在《从五四运动到人民共和国成立》这本书讲的这30年里，对党的统一战线这个法宝要进一步强调，"对于国民党统治22年间那些要走资本主义道路或总的倾向于资本主义的人，就可以重新作出估价"⑤。

八是关于国民党的性质、黄金时代和失败垮台的原因。国民党的

---

① 《胡绳全书》第7卷，人民出版社2003年版，第69页。
② 《胡绳全书》第7卷，人民出版社2003年版，第69页。
③ 《胡绳全书》第7卷，人民出版社2003年版，第72页。
④ 《胡绳全书》第7卷，人民出版社2003年版，第57页。
⑤ 《胡绳全书》第7卷，人民出版社2003年版，第69—70页。

历史很长，按以往一般简单的说法，国民党是资产阶级政党。胡绳认为，这也不能说错，但笼统地讲它是资产阶级政党也不行。"中国资产阶级很复杂。毛主席把它分成两部分是有道理的，就政治上说，情况还更复杂得多。"① 国民党代表着资产阶级中不同层次的人，是个复杂的集团。总的来说，带有资产阶级倾向。"蒋介石为首的主流派，1927年后成为大资产阶级的代表，是官僚资产阶级。他们维护地主阶级的利益，不敢真正反帝，和帝国主义有密切联系。"②

怎样认识国民党的黄金时代？胡绳说，国民党在大陆统治22年，到台湾后说它的"黄金时代是抗战前10年"。胡绳不赞同这种观点，辨析道：它的黄金时代应是与中共的两次合作时期。在这10次谈话中，胡绳对此没有详说，但在此前的文章中作过论述。他写道："此'黄金十年'实为无穷阴影所覆盖。以言统一，此十年间不特国共两党内战不已，国民党内各派系、各地方实力派互争雄长，甚且导致大规模内战。以言经济，很难说这十年有多大成绩。"③ 胡绳根据国民党方面1948年公布的材料指出：据1937年统计，那时工业制品自给率，除丝织品、植物油、火柴、烟草、小麦粉、灰泥土制品及陶制品等外，其他工业制品均不能自给。其中，重工业产品自给率极低，石油汽油只有0.2%、钢铁5%、机械23.5%、车辆16.5%；所谓较发达的轻工业，如棉纺织品只有79%、玻璃制品53%、砂糖40.4%、纸类38%、毛及毛织品27.6%、染料7.4%，说明诸多重要产品也不能自给。"至于农村之破产，灾荒之频仍，民有饥色，路有饿殍，流离失所，辗转沟壑者数以百万计，游民乞丐充斥城镇，虽中产阶层亦有民不聊生之叹。凡此种种，莫非实况。对外，中国仍处于半殖民地的地

---

① 《胡绳全书》第7卷，人民出版社2003年版，第65页。
② 《胡绳全书》第7卷，人民出版社2003年版，第65页。
③ 《胡绳全书》第3卷（上），人民出版社1998年版，第402页。

位。而沈阳北大营枪声一响,瞬间东北沦亡,华北告急,将帅束手,阁臣仰屋,益使十年中之后五年黯然失色。"①

为什么说国民党的黄金时代是国共合作时期呢?胡绳写道:"卢沟桥事变后……全国抗战由此而兴,民族危亡局面由此而得转机,国民党之威望亦由此而大增。谓为黄金时代之开始,岂不更为恰当?回顾抗日战争初期,国民党当局确有与民更新之气象。民主稍见开放,群众运动稍得开展,国民党与共产党由内战对立转而为团结抗日,国民党内部之团结一致殆亦前所未有(汪精卫一派投敌可置不论)。团结抗日之格局既定,虽历尽波折,而百转千回,终能维持到底。在国民党当政期间,中华民族取得百余年来第一次抗御外国侵略之完全胜利。"②"所惜者,国民党未能善用此黄金时代"③,"国民党之所作所为令广大原沦陷区之箪食壶浆以迎王师者觖望之深"④。然而终须承认,国民党执行团结抗日方针直至抗战胜利,"实为国民党对民族之一大功"⑤。

胡绳上述两段的文气有点特殊。这是他 1984 年为准备赴美参加有台湾学者共同研讨国民党历史的学术讨论会而写的文章中的论述,故"半文半白"。尽管如此,胡绳将国共合作时期视为国民党的黄金时代的观点是清楚的。其潜台词是:所以有这个黄金时代,不言而喻,另一半功劳属于中国共产党。

对于国民党的失败垮台,胡绳认为止是在国民党所说的抗战前 10 年那个所谓的"黄金时代"埋下了它最后垮台的根子。在胡绳看来,国民党的失败有两个大的原因。一个是在农村无所作为。首先是没有

---

① 《胡绳全书》第 3 卷(上),人民出版社 1998 年版,第 403 页。
② 《胡绳全书》第 3 卷(上),人民出版社 1998 年版,第 403—404 页。
③ 《胡绳全书》第 3 卷(上),人民出版社 1998 年版,第 404 页。
④ 《胡绳全书》第 3 卷(上),人民出版社 1998 年版,第 404 页。
⑤ 《胡绳全书》第 3 卷(上),人民出版社 1998 年版,第 404 页。

搞土地改革，对农业没有认真抓过。这同毛主席对比就看得更清楚。新中国刚成立，百废待兴，又抗美援朝，还非常重视农业搞了土地改革，注意治水，抓治淮、荆江分洪，这是抓生产力。中国封建统治者有重视农业生产、注意治水的传统，毛主席吸取了这个传统。蒋介石不怎么抓农业，虽搞了些计划，但都是空的，没有真正去做。"蒋介石在农村问题、土地问题上毫无作为，这样实际上就把广大农村让给了共产党，其失败是必然的。"① 另一个是没有真正发展资本主义。胡绳指出：本来，蒋介石上台，资本家、中间派大多数是支持的，对他抱有很大希望，以为可以走上资本主义道路。可是，蒋却没有做出什么来。它要"在不触动帝国主义和封建主义的范围内搞资本主义，十年间经济虽有所增长，但资本主义并没有发展起来，没有为资本主义发展创造条件。这时期内战连年，灾荒不断，盗匪横行，社会秩序极不安定，整个国家处于混乱状态，资本家极为不满"②。到抗战时期，本来也可以利用抗战来为发展资本主义创造一些条件，而且毛主席已提出中国应发展资本主义，"可是就在这时候，蒋介石却公开提出不但要反对共产党，而且要反对民主主义。这样他当然不可能去搞资本主义化"③。

　　胡绳说，这里还牵扯到国家统一、民族独立、反对帝国主义、实行民主、允许党外有党等诸多问题。这些问题都和农村问题、发展资本主义经济问题有关。这是两个"大题目"，"蒋介石不去抓这类大题目"④，就无法统一，也不可能解决其他问题，失败是注定了的。

　　九是关于以现代化为线索写中国近代史需要研究的四个问题。胡

---

① 《胡绳全书》第7卷，人民出版社2003年版，第68页。
② 《胡绳全书》第7卷，人民出版社2003年版，第67页。
③ 《胡绳全书》第7卷，人民出版社2003年版，第55页。
④ 《胡绳全书》第7卷，人民出版社2003年版，第66页。

绳多次表示他不反对以现代化为主题写中国近代史，并且认为这是可行的、很有意义的。他也期盼这样的著作早日问世。这次谈话的最后一个问题就是集中讲他对以现代化为线索贯穿近代史的若干想法。他着重谈了四个问题。

第一个问题是现代化必须和民族独立问题连在一起，中国现代化不能离开独立。胡绳说，这是个世界性问题，一个国家不独立，能否实现现代化？对此，胡绳举印度为例进行论证。他说，殖民地也可以有某种程度的现代化。印度是殖民地时，甚至有相当程度的现代化。但是，"一个总括的事实是，所有的殖民地在它的宗主国统治下面，宗主国总要想法在那里搞点现代化，这个现代化总是不彻底的。可以搞些工厂，发展经济，但一定是这样：许多前资本主义的东西它要保留着。所以那种现代化必定是极不平衡的"①。至于中国，帝国主义进来了，总要你有某种程度的现代化，否则它的枪炮、火车、轮船谁买？所以它要推动政府有某种程度的现代化。"这个程度就是维持中国封建的落后的统治，在这个前提之下，搞点现代化，希望这个政府还能够生存，而且能够统治全国人民，并从全国人民中间收集财富，用来向外国买东西。至少它应该完成这个任务。帝国主义是只限于这个范围内要你现代化。"② 因此，在中国，"要真正现代化，顺利发展，首先必须解决民族独立问题，作为一个独立的国家去发展现代化"③。胡绳还说，近代中国以来，应当承认，洋务派是第一代讲现代化的人，只不过它讲现代化只是在帝国主义要求的范围内进行。第二代是康、梁维新运动，实际上是资产阶级改良主义派，从第一代分化出来的，提出独立问题了，提出反对帝国主义压迫的政治问题了，第一代根本不

---

① 《胡绳全书》第 7 卷，人民出版社 2003 年版，第 74 页。
② 《胡绳全书》第 7 卷，人民出版社 2003 年版，第 75 页。
③ 《胡绳全书》第 7 卷，人民出版社 2003 年版，第 76 页。

讲这些，只讲洋枪洋炮之类。从第二代里又分化出第三代资产阶级革命派，就是孙中山这一派，要革命反帝了。第三代里又分化出第四代，就是无产阶级革命派，要搞社会主义的现代化。"所谓一代比一代前进，至少有一个标志就是民族独立问题，在独立的前提下来发展现代化。"①

第二个问题是资本主义和社会主义的关系。胡绳认为，大体上说，一直到辛亥革命时候，在中国要求发展资本主义，按资本主义方针来搞现代化，都是有积极意义的。五四运动以后，社会主义潮流来了，认为中国的现代化不能靠资本主义，要靠社会主义现代化。中国共产党成立时就宣布实行社会主义，到第二年才改。因为按照中国国情，还不能马上搞社会主义，第一步还是要搞资产阶级民主革命，为资本主义发展开辟道路。相当一段时期，资本主义、社会主义这两个东西混淆在一起，在实践中间变成很复杂的问题。胡绳说，"五四"以后的30年，问题倒不在于谁讲社会主义现代化讲得厉害，"真正在于是否要在中国给资本主义的发展开辟道路。于是变成这样一个问题：要现代化，就要为资本主义发展开辟道路。空讲社会主义没用，空讲资本主义、民主也毫无用处，真正的问题是：是不是为资本主义的发展开辟道路"②。"毛主席的新民主主义，实际上是既要发展资本主义，又要解决反帝、反封建问题，这就解决了困难。"③

第三个问题是怎样才叫作真正为资本主义开辟道路。过去常说，在我们国家，一是要独立，反对帝国主义；还有一个是反对封建主义，解决土地问题。国民党在大陆时期，一不反帝，二不反封建，它并没有真正为资本主义发展开辟道路；倒是到台湾后，发展了资本主义，

---

① 《胡绳全书》第7卷，人民出版社2003年版，第76页。
② 《胡绳全书》第7卷，人民出版社2003年版，第78页。
③ 《胡绳全书》第7卷，人民出版社2003年版，第69页。

走上了现代化道路。为什么在台湾能搞现代化？胡绳认为："在这两个根本问题上有些进展。一个独立，一个土地改革。"①蒋氏父子到台湾后，一面依靠美国，一面又向美国争取更多的独立性。因为美国需要他这个棋子对抗大陆，他争取半独立性地位的本钱更多了些。他们到台湾初期搞了土地改革，用年产3倍的价格收买所有地主的土地，不是给钱、黄金，而是给股票，其股值是土地年产的3倍。然后把土地都分给农民。农民也不是白拿，每年拿年产的十分之三交给政府，交10年，刚好是3倍，政府就把买地的钱全部收回了。这样一举三得。农民高兴，交10年后土地归自己，有了生产积极性。当局解决了经济困难，基础开始稳定。地主有了股票，随着升值也赚了钱。但是，这个办法在大陆行不通。地方太大，土地太多，买不起，那时也不兴股票。胡绳说："这个例子恰好证明了我们的理论：在中国要搞现代化，第一要争取独立，第二要反封建，搞土地改革。"②

第四个问题是中国共产党在这个问题上站在什么立场。这也涉及前面讲过的发展资本主义问题。成立中国共产党本来是要搞社会主义，当时没想到革命还要分两步走，先要进行资产阶级民主革命，然后才能搞社会主义。尽管党的二大讲了，但在实践中"怎么认识资产阶级民主革命，怎么认识社会主义前途，这个问题总是闹不清楚"③。胡绳说，是毛主席的新民主主义论"第一次澄清了这个问题"，"毛主席强调了，胜利后又不是资本主义，又不是社会主义，是新民主主义"④。他"甚至说新民主主义就是新资本主义。在共产党内不忌讳讲资本主义，甚至讲让资本主义有发展前途的，就是毛主席"⑤。但是，毛主席

---

① 《胡绳全书》第7卷，人民出版社2003年版，第79页。
② 《胡绳全书》第7卷，人民出版社2003年版，第80页。
③ 《胡绳全书》第7卷，人民出版社2003年版，第82页。
④ 《胡绳全书》第7卷，人民出版社2003年版，第82页。
⑤ 《胡绳全书》第7卷，人民出版社2003年版，第82页。

的这个思想后来有变化。他在党的七届二中全会讲的，在共和国初期讲的，特别是在"文化大革命"中讲的，对资本主义的认识越来越不一样了。"这就证明，在中国革命实践中资本主义和社会主义是什么关系，中国几代人一直没闹清楚，一直为它苦恼。"① 胡绳说："共产党的确是很为难啊，它的任务就是搞社会主义，无产阶级的阶级任务是建立社会主义，结果你倒要它为资本主义发展开辟道路，实在是个很难讲清楚的问题。形势发生了大变化，这个问题却越搞越糊涂了。到了改革开放以后，这个问题应当重新清理了。"② 在谈话中，胡绳提出了问题，没有回答问题。但是，改革开放以后，他也理清了这个问题，写了好几篇文章，为我们党重新认识这个问题做出了重大理论贡献。

胡绳要撰写《从五四运动到人民共和国成立》一书的愿望虽然没有最终完成，但是他留下的10篇谈话，至少有上述那么多新论，这也是了不起的成就。如有的学者所说：胡绳晚年重新思考这一段同我们的关系最密切的历史，对此书的构想提出了许多闪光的新思想，许多值得我们深思的问题，依然不失为一份宝贵的史学遗产。

---

① 《胡绳全书》第 7 卷，人民出版社 2003 年版，第 84 页。
② 《胡绳全书》第 7 卷，人民出版社 2003 年版，第 84 页。

第四章

1990—1991：《中国共产党的七十年》
——"党史工作空前的独一无二的成就"

《中国共产党的七十年》"是党史工作空前的独一无二的成就"。编写《中国共产党的七十年》，是那时的中共中央党史工作领导小组为迎接党的70周年生日给中央党史研究室下达的任务。胡乔木是领导小组副组长，非常重视这项工作。1991年7月下旬，他在身患不治之症后的养病期间，不顾劳累，竟然以不到5天的时间快速看完书稿中最难把握的第七、八、九共三章约20万字，并且批注了许多意见。他对书稿的写法很满意，喜悦之情溢于言表。8月3日，他约胡绳面谈，称赞了这部书稿。胡绳打电话告诉编写组同志："今天早上去乔公那里，谈了两个多钟头。乔公对书稿作了很高的评价。他说，这在以前没有过。现在另找一个班子写也写不出这样一本书来。告诉玉泉山的同志们，这一本书是党史工作空前的独一无二的成就。"[1]

　　《中国共产党的七十年》究竟取得这样高的成就没有？领导认可是一头，还要看广大干部群众这一头。市场发行是检测风向标。它出版后仅一个月就发行500多万册，创造了中共党史著作的新纪录。这说明它的确"是党史工作空前的独一无二的成就"。

---

[1] 郑惠：《程门立雪忆胡绳》，中央民族大学出版社2003年版，第153—154页。

一、写作机缘和编写的过程

中央党史研究室于 1980 年成立，首任主任是胡乔木。1982 年，胡绳接任。中央党史研究室一直以编写中共党史为主要任务，经过近 10 年努力，在《中国共产党历史》上卷稿进入最后统改阶段时，1990 年 3 月，中央党史工作领导小组提出尽快写一本比较完整的中共党史简本的任务。当时，中央党史研究室召开全国党史工作部门负责人座谈会。中央党史工作领导小组副组长薄一波在会上传达 1988 年 8 月中央党史工作领导小组第二次会议精神，指出写出一部正式的、好的、真实的中共党史，对于教育今人和后人，有着重大的现实意义和深远的历史意义，这是一件刻不容缓的大事。副组长胡乔木在讲话中，提出党史工作要加强真实性、科学性、战斗性，要用科学的态度、科学的方法、科学的论证来阐明有关我们党的历史的各种根本问题。组长杨尚昆接见与会同志，希望尽快写出一部完整的中国共产党的历史，回答为什么要坚持共产党的领导，为什么要走社会主义道路，为什么要实行共产党领导的多党合作制等问题。胡绳主持座谈会，着重讲了如何加强新中国成立后的党史研究。他说，对这段历史的研究比较薄弱。尽管有了《关于建国以来党的若干历史问题的决议》，但对具体问题怎么看，需要加强研究。许多事情不是成功的就一切都好，错误的就一切都不好，对经验教训的总结要科学。

这次会后，中央党史研究室根据中央党史工作领导小组意见，集中力量编写一本篇幅不太大，便于普及，让更多人阅读的简明中共党史。胡绳谈到这本书的编写情况时说："中央党史研究室在 1990 年下半年集中力量编写《中国共产党的七十年》，准备把它作为党史简本，纪念即将到来的建党 70 周年。胡乔木同志很支持这个做法，还打算自己主持这部书的定稿工作，为此他在 1990 年 8 月 27 日约了几位有关的同志讨论这事。但是，由于健康状况，他不可能按预定计划来进行这项工作。"①

胡乔木 1990 年 8 月 27 日的谈话是怎么回事呢？金冲及参加了编写这本书的全过程，并且出版了《一本书的历史：胡乔木、胡绳谈〈中国共产党的七十年〉》。他写道：胡绳、邓力群参加了这次谈话。胡乔木比较系统地谈了如何写好这本书的要求，讲了三个问题：

一是不能平铺直叙，要对党的历史做总结性回顾，回答社会关注的重大问题。胡乔木说，要写一部 70 年的历史，如果平铺直叙，像老的党史写法一样，不可能吸引今天的青年和思想界的注意。这个稿子一方面要对党的历史做总结性回顾，有肯定、有评价、有批评；另一方面，要答复青年中间一些重要的跟党史有关的思想上的问题和一些错误的、歪曲的看法。要使人看了对中国共产党的历史有一个新的理解，对中国共产党为什么经过种种曲折后能够取得成功，感到确实有说服力。"如果整个都是叙事，就达不到这个目的。一部书应该是一篇长的论文，不可避免地带有论战性；等于一个党史的演说家在演讲，不是一个教员在课堂上讲课。要引起广泛的兴趣。"②

二是不能写成一部流水账，要深入地说明我们党跟许多国家的党不一样的特点。胡乔木说，许多外国的共产党都没有像中国共产党那样做群众工作。我们党一开始就搞群众运动，在工厂、机关和学校建立基层组织。在大城市，党员就到工人中间去，有的自己做工，更多的是办工人夜校、工人俱乐部、工会，两三年内就发动工人去斗争，得到工人的信任。建党时那么小的一个党，很快形成那么大一个局面，这在中国历史上是没有过的。建党时期是这样，以后也是这样，一定"要用

---

① 《胡绳全书》第 3 卷（下），人民出版社 1998 年版，第 737 页。
② 金冲及：《一本书的历史：胡乔木、胡绳谈〈中国共产党的七十年〉》，中央文献出版社 2014 年版，第 34—35 页。

比较的观点来讲这个问题。这是中国历史上特有的,与欧洲不同"①。

三是不能老说那些说过多少遍的话,要有些新的材料、议论,真正对人有启发。胡乔木说,中国共产党初期,最好能找到统治阶级对共产党的描写,除了公开的以外,还有档案材料。共产党很快就吸引了许多不同来历的人,虽然是早期,已经证明它是中华民族的核心。如果写成一部超小型的党史,就不会涉及这些材料。书虽然小,但要将党的历史写得波澜壮阔,"要有些议论,真正对人有启发。比如老说那些说过多少遍的话,读者不会有兴趣,我们也没有兴趣。我们在观察历史,历史需要不断重新观察,每次观察要有新的内容。历史是非常丰富的,可以从许多角度来观察","要宣传党的 70 年,就要看到它的丰富性和复杂性,不是老一套,重播一遍,要确实说出些新东西"②。

胡乔木在这次谈话后,被确诊患有前列腺癌。1990 年 10 月,胡绳开始按照胡乔木谈话要求,接手主持《中国共产党的七十年》(以下简称《七十年》)编写工作。参加编写的执笔者主要是党史研究室同志,金冲及(中央文献研究室常务副主任)是那时唯一的外援,由胡乔木指定参加这项工作。金冲及讲,《七十年》编写大纲拟出后,并没有花很长时间讨论,就由执笔者分头撰写初稿。执笔者也没有受编写大纲约束,自己做主,大约两个多月就写出来了。11 月上旬,胡绳陆续找每章执笔者谈稿子修改意见。金冲及谈及第一次召集他们谈话的情况时写道:胡绳一开始就说"写《七十年》,我有点力不从心。总体上是一本书,要有人通盘修订。第一步,先将民主革命时期写出来。我还是当总编辑,但我时间少,精力也不成。现在已经有了稿子,如

---

① 金冲及:《一本书的历史:胡乔木、胡绳谈〈中国共产党的七十年〉》,中央文献出版社 2014 年版,第 37 页。

② 金冲及:《一本书的历史:胡乔木、胡绳谈〈中国共产党的七十年〉》,中央文献出版社 2014 年版,第 38 页。

何修改得稍好一些"①。从此，胡绳就开始主编这本书了。

这时距离计划的1991年7月1日前出版的时间只有半年。还在此半年前，胡乔木看了大纲就对胡绳说："眼看写《七十年》时间很紧张，我很着急。……看了提纲，觉得要写好这本书很不容易。书要写得有分量，要照顾大局，还要有点分析。要使人看了后觉得是内行人说的，是懂得情况的人说的。"② 半年后，胡绳看了初稿，也很着急。于是他实施了五大举措来解燃眉之急：

一是请外援。除金冲及已参加外，还邀请龚育之（时任中宣部副部长，1991年初春开始参加编写和定稿工作）和王梦奎（时任国务院研究室副主任，1991年6月下旬参与修改第九章）两人参与编写和修改稿子工作。三大外援齐上阵，有助于解决"是懂得情况的人说的内行话"这一难点。

二是集中写。金冲及回忆，1991年1月，《七十年》的初稿都已写出，准备参加修改的人员大体也已确定，决定集中到玉泉山工作，预计在半年内完成。这次修改的幅度非常大，许多部分接近重写。执笔修改的分工如下：第一、三、四、五章，金冲及；第二章，沙健孙；第六、七章，龚育之；第八章，郑惠；第九章，胡绳（第一、二、七节），沙健孙（第三节及第六节前半部分）、王梦奎（第四、五节及第六节后半部分）；结束语，胡绳。郑惠回忆："1991年1月到8月，龚育之、金冲及和我一直住在那里集中精力看材料、研究和写作。胡绳在开始时是每周来一两次，后来也长住下来了。"③ 胡绳日记载有：1

---

① 金冲及：《一本书的历史：胡乔木、胡绳谈〈中国共产党的七十年〉》，中央文献出版社2014年版，第44页。

② 金冲及：《一本书的历史：胡乔木、胡绳谈〈中国共产党的七十年〉》，中央文献出版社2014年版，第28页。

③ 郑惠：《程门立雪忆胡绳》，中央民族大学出版社2003年版，第153页。

月9日下午在家"看党史稿,准备到玉泉山谈,明日起写书(《中国共产党的七十年》)者集中玉泉山"。1月10日,做到玉泉山的准备。1月11日下午到玉泉山,龚育之、金冲及、沙健孙、郑惠10日已到此。

三是反复谈。金冲及对此有详细记载。金冲及写道:参加改稿人员到玉泉山集中的第二天下午,胡绳在山上举行第一次会议。胡绳已经看了好几章的初稿,谈的内容很宽泛。在改稿过程中,胡绳可以说是全力以赴。他不仅反复阅读各章的初稿和改稿,随时动手进行修改,而且举行了十多次讨论会,有时是上下午连续举行,主要是由他讲话。一般来说,第一次是看了某一章的初稿后,谈了他认为应该怎样修改的意见,然后由负责修改该章的人进行修改;第二次或第三次是他看了改稿后再次谈还需要做哪些修改,经过负责修改的人再次修改,最后由他自己动手,仔细修改定稿。

四是逐字改。主编胡绳不是"甩手掌柜",也非那种只管宏观框架和政治把关的"大编导",而是连文字标点符号都仔细斟酌的细心"总理"。金冲及非常感动地写道:"我原来自以为还比较注意'咬文嚼字',但在书稿的头两页上,他就提出三条意见,都是文字性的,也就是我文字不通的地方。""第二页稿纸上,我原来写着:'辛亥革命前统治着中国的清皇朝是一个卖国的、专制的、极端腐败而深受人民痛恨的政权。'胡绳一面看,一面对我说:'辛亥革命前统治中国的清皇朝',就该包括康、雍、乾时期,对那个时期总不能说它是卖国的、极端腐败的吧!只能说到它的晚期如何如何。他接着又说:但专制这一点,不能说到晚期才有的。于是,他提起笔来,把这一段改写成:'封建专制主义的清皇朝统治中国已有二百年,在面临外国帝国主义侵略的严重形势下,不能采取任何有效的自强措施,反而压制任何使中国政治和社会有所进步的趋势,完全顺从帝国主义的意愿,听任它们宰割中国。清皇朝的末期已成为一个卖国的、极端腐败的、扼杀中国的生机因而深受人民痛恨的政权。'后来,他又删掉了第一个'任何',把第二个'任何'改为'一切',再删掉下一句中的'完全',避免把问题说得绝对化。我真从内心佩服他看得细,改得好。""当然,这并不是说他在修改文稿时只注意文字问题,他的主要用力所在,始终在全书的指导思想、基本思路和框架以及一些重要问题的论述上。这里把他所做的这些细小的修改写出来,主要是想说明像他这样的大师在审改稿件时对一些文字细节也决不轻易放过。这种对工作一丝不苟、极端认真负责的态度,实在值得我们很好地学习。"①

五是统全稿。经胡绳提出意见多次修改后的各执笔人的稿子,仍交给他来统改定稿。统全稿,不是他一个人关起门来独自定稿。首先,要与胡乔木不断联系,商讨一些重大问题。在持续近一年的编写过程中,胡绳和胡乔木一直在认真地思考,不断提出许多问题来探讨。他们作为党史许多重要事件的亲历者、党史研究者和党史工作领导者,系统地发表了对中国共产党历史的意见,谈话的内容几乎涉及这70年党史中的各个重要问题。当然,随着实践和认识的发展,对于有些问题,他们的看法也会有变化。但是,《七十年》书稿的重大格局和关键论断,胡绳要与胡乔木取得一致意见。尽管胡绳是主编,但他非常尊重和注重采纳胡乔木的意见。其次,他还广泛阅读国内外关于这段历史的出版物,更充分地了解目前对这段历史的研究状况,做到心中有数,参考借鉴,有的放矢。在执笔人根据他的意见做修改的时间,他看了好几本外国学者写的关于中共党史的书籍,包括在20世纪70年代访问过他的特里尔写的《毛泽东传》,还有麦克法夸尔的《"文化大革命"的起源》、迈斯纳的《马克思主义、毛泽东主义与乌托邦主义》

---

① 金冲及:《一本书的历史:胡乔木、胡绳谈〈中国共产党的七十年〉》,中央文献出版社2014年版,第268—270页。

等。再次,他充分发扬民主作风,广泛听取和吸收改稿执笔人的合理意见和建议。他与各改稿人都进行过多次谈话,对改稿充分交流看法。包括对经他改过的文字,如果改稿人觉得有什么不妥当的地方,也可以提出来请他再做修改。只要说得有道理,他总能接受采纳。最后,他不仅统改全部书稿,还亲自动手写了第九章的部分小节和最后的结束语。到了定稿阶段,对以前讨论过的一些重要问题,包括文字性问题,在哪一页上的哪一句话应该怎样改一下,他仍然提出来要继续修改,决不因为赶时间而敷衍过去。这本书没有赶在七一前匆忙出版,就是坚持时间服从质量的要求。金冲及回忆道:对接近定稿的前五章,本来已经过反复的字斟句酌的推敲,胡绳还细心地找出了有哪些疏漏的和提法不当的地方。我们从中可以看到作为主编的他,在定稿时那种一丝不苟的高度负责的精神。王梦奎说,胡绳同志为这部新时期最有影响、发行量最大的党史著作倾注了大量心血。

二、胡绳对改稿提出的若干重要思想观点

胡绳是党史大家,首先是党史思想大家。因为他学识渊博、涉猎广泛,又勤于钻研、动脑深究,往往在一般人认为不是问题的地方能提出问题。这就是大师的深厚内功。他主持编写、修改《中国共产党的七十年》,也充分展现了这一深厚功力。他提出的思想观点很多。金冲及在他的书中作了详细记载,其他当事人也有不少回忆。在这里,我尽量将那些散见于各处的胡绳的思想观点作点梳理、归纳、提炼和概括,以期最大限度地符合或接近胡绳本人的想法。有的观点在"从五四运动到人民共和国成立"谈话中讲过的,就不再论列了。前面没讲到的思想观点,就其大者,有下面一些。应当说明的是:这里梳理的胡绳的观点毕竟是他几十年前讲的,有的看法也不能不受当时历史

的和认识的局限，可能不尽妥当；有的看法前后也有发展变化；即使是正确的和比较正确的一些看法，由于见仁见智，也可能不无商榷之处。这里论列出来，算一家之言吧。

依各章顺序，有如下一些主要观点：

（一）关于第一章"中国共产党的创立"

在改稿过程中，胡绳主要讲了三点：

一是俄国十月革命对中国的影响首先要强调"内因"。胡绳说，毛主席在《论人民民主专政》中讲从向西方学习转向俄国学习是在特定历史条件下写的。向西方学习就是向资本主义学习。为什么要讲转向俄国学习呢？有当时的特殊历史背景。中国革命即将胜利，斯大林对中国共产党不放心，强调这一点是讲给苏联人听的。"十月革命一声炮响，给中国送来马克思列宁主义"，严格地讲，用语不一定准确，当然也不丧失原则。这句话多少有些简单化了。此前，中国发生过农民革命，特别是辛亥革命，要说明那是在什么环境下为了解决什么问题而进行的革命，但是解决不了问题。毛主席说辛亥革命是完全意义上的资产阶级民主革命，但它为什么不能成功？就在于它有弱点。这以后的社会是个什么混乱状况，它证明资本主义的道路走不通。在这种混乱中，先进的知识分子感到中国要找新的出路。他们对社会主义怎么看？有了马克思列宁主义以后还有一个艰苦的历程去消化它。中国发生了辛亥革命，说明中国社会存在尖锐的阶级斗争，人们要去解决这些问题就要有新的指引。在这种情况下，十月革命才能对中国发生大的影响。讲阶级斗争，是中国的客观存在，不是将马列主义的观点硬加于中国社会的。强调"内因"，"主要要说明党的成立有它的社会需要、社会基础"[①]。

---

① 金冲及：《一本书的历史：胡乔木、胡绳谈〈中国共产党的七十年〉》，中央文献出版社2014年版，第47页。

二是参加党的一大有 13 人，正式代表为 12 人。胡绳说，参加会议的有 13 人，但不是代表有 13 人。包惠僧当时在广州，陈独秀叫他也来。金冲及在此作注道：乔木曾给毛主席写过一封信，说现在有两种说法，一种说是 13 人，另一种是李达说的 12 人。毛主席看后批道："12 人"。胡绳说，陈公博、周佛海二人不是在共产党变成汉奸的，而是在国民党变成汉奸的。鱼龙混杂，不只是党刚成立时的事，历来如此。这时情况非常复杂。像陈公博、周佛海，没有多久就脱党了，他们是脱党以后才当汉奸的，我们党不能负责。讲五四运动初期是一场反封建的启蒙运动，好像启蒙只是反封建而已。中国最早讲启蒙，梁启超是一个大师，救亡与启蒙是联系在一起的。他也讲民主，但民主是从救国出发的。如果只说启蒙就是反封建，不太准确。启蒙实际一直在做。在 20 世纪 30 年代，叶圣陶他们写文章反对日本侵略，那也是启蒙。所以讲启蒙不要定义为只是讲反封建的启蒙。

三是对中国工人的状况要做一点分析。胡绳说，中国工人运动中的情况挺复杂的，有各种帮会，有官办的工会。搞工人运动，党跟工人群众的结合，也要对中国工人的状况做一点分析。只说中国没有工人贵族，不够。党能进入工人运动，把他们掌握在党手里，是艰苦的斗争。不是工人都会自觉地跟党走的。农民中间这种复杂情况倒是很少，工人不同。省港大罢工，一开始也不全是共产党领导的，要稍说一些情况。跟工人的结合，不是那么简单的事情，有些话要斟酌，不能讲得太满了。比如说"革命胜利取决于有没有一个工人阶级的党"，这就讲得简单了，"是不是有了这样的党就能胜利？至少得改成革命胜利首先要有这样一个党，不要说取决于有没有这样一个党"①。

---

① 金冲及：《一本书的历史：胡乔木、胡绳谈〈中国共产党的七十年〉》，中央文献出版社 2014 年版，第 49 页。

（二）关于第二章"在大革命的洪流中"

胡绳认为，大革命失败要更多强调党处在幼年时期。他说，如何总结大革命的经验？这是一个惨痛的教训。现在时间久了，应该用客观、冷静的分析来说明，也不是光责备陈独秀。要说明初期的共产党，一下子卷入那么大的运动。党在工人运动中还有点经验，农民运动只是初步搞了一点，而同那些政客官僚做斗争没有经验。一方面搞斗争，可能产生一种倾向，要退出国共合作，像陈独秀、蔡和森都有过这种主张。在当时这个也不行。另一方面要合作，又没有办法，只有妥协。那时，共产国际对殖民地半殖民地怎么搞革命也没有经验。对大革命后期的错误怎么发生的，要冷静一点分析。党在幼年时期解决不了这样复杂的问题。主张反击是个别人，正说明党还不成熟。如果把大革命失败的一切责任都推给陈独秀，也不公平。他也主张过退出国民党，这不能说右。他还有个尊重第三国际问题。第二国际是有责任的，要讲一点。陈独秀犯有右倾错误，但不能把责任推给陈独秀一个人。要不就"左"，要不就右，这么复杂的政治局势，幼年的党怎么应付得了？与此相联系，对武汉时期的方针斗争、西北路线、党的五大等历史也要冷静地分析。一方面，是幼年时期的党不能解决这些问题；另一方面，党又从中积累了对以后发展有益的经验。

（三）关于第三章"掀起土地革命的风暴"

胡绳讲了四点。

一是大革命失败后，搞了土地革命，把统一战线丢了。胡绳认为，那时党的领导思想，主要是从李立三到王明，强调武装斗争来解决问题，他们把统一战线丢了。但这样说不等于广大党员干部在统一战线方面没有做任何工作。喊打倒帝国主义，严格地讲，这个提法不是很科学。你打不倒帝国主义，主要是推翻帝国主义在中国的统治。找到一条农村包围城市、武装夺取政权的道路，这很不容易。要谈一下

"左"倾的问题,要彻底地批,同时也要说明"左"的方针不是能够控制所有人的。因为它违反了客观规律,而事情得按照客观规律的逻辑来进行。有些党组织自发地按照客观规律办事,客观事实使得有些地方党组织对工作做了一些局部的调整,虽然没有彻底把路线问题弄清楚,但有些人已经开始这样做了。讲农村包围城市,要把这时的农民战争同过去的农民战争区别开来。以前是旧式的,现在是党领导的。"苏联、共产国际不懂这个道理。当然,农民也有它的弱点。但当时只能走这条路,政策稍微有点偏就发生问题。"①

二是对革命的发展不要夸大,要恰如其分。胡绳说,在第二次国内革命战争的时候,不好说革命已经很大地影响全国。当时搞苏维埃,好多人不明白。知识分子处于动摇状态,怀疑的人多得很。农民有他的狭隘性,信息很少,对其他地方的事情不知道。如果过分夸大那时革命产生的影响,那就没有争取群众的艰苦任务了;也不好说明抗日战争党的影响比土地革命战争时期要大得多。所以,如果说十年内战已经把群众吸引过来,那就夸大了,这反而降低我们党在抗日战争中争取群众的艰苦任务。"整个讲,对革命的发展不要夸大,要恰如其分。"②

三是说"左"倾错误使白区损失百分之一百,讲得太绝对了。胡绳说,20 世纪 30 年代初期,"左"的错误很严重,党在上海的领导机关被破坏,不能再搞"左"的一套了。但党员个人还在做工作,不能不自力更生,适应客观环境的需要来打开局面。通过合法途径,左联做了很多统一战线的工作,团结了许多进步作家。还有很多党外人士

---

① 金冲及:《一本书的历史:胡乔木、胡绳谈〈中国共产党的七十年〉》,中央文献出版社 2014 年版,第 140 页。

② 金冲及:《一本书的历史:胡乔木、胡绳谈〈中国共产党的七十年〉》,中央文献出版社 2014 年版,第 48 页。

在帮助我们,好多进步人士还在党这一边。像宋庆龄,他青年时代就觉得这个人非常了不起。白区的党员对中间派做了好多工作,开明书店在那个时候做了好多事情。文艺、文化运动这部分要好好写,统一战线工作做得很好,各方面很有一些新气象。最困难的时候,甚至章士钊还帮助过我们,杨度还入了党。那时的文化工作虽然在"左"倾思想的领导统治下,但全按"左"的做,做不通。许多党员根据实际情况突破了"左"倾框子。在1934年的《申报》上,艾思奇因李公朴的关系做了个读者问答,在这个基础上就办读书生活出版社,出版了《大众哲学》,宣传马克思主义。尽管没有一个理论去反对教条主义,但在实际上慢慢地冲破教条主义,没有完全受"左"倾思想的束缚,在某些方面克服了"左"的关门主义。

　　四是对"左"倾思想的阶级根源不能简单地归结于小生产。胡绳在向中央党史工作领导小组汇报时强调了这一点。他说,这本书在组织材料与论述中还是有点新意的。注意写了大革命时的右,土地革命时的"左"。"一般有些人将它归结于小生产,我们没怎么采用这个公式。《关于建国以来党的若干历史问题的决议》在讲错误的根源时说了小资产阶级,这样说的前提是无产阶级总是正确的,一犯错误就是资产阶级、小资产阶级的思想。无产阶级也可能犯错误,形势看偏了也会犯错误。"[1] 胡绳的这个观点在《七十年》出版后的一篇文章中做了发挥。他写道:"为什么会产生'左'呢?这个问题党史界、理论界有一种解释,就是说,中国是小资产阶级众多的国家,'左'的错误是小资产阶级思想的反映。""我们在《中国共产党的七十年》这本书里,也没有这样写,没有用这个说法。""小资产阶级在中国很复杂,可以

---

[1] 金冲及:《一本书的历史:胡乔木、胡绳谈〈中国共产党的七十年〉》,中央文献出版社2014年版,第183页。

产生各种倾向，不见得一定就产生'左'的东西。"① "而且这种说法好像有一个前提，就是只要站在无产阶级立场上，站在马克思主义立场上，就一定不会犯错误；一旦有了错误，就是小资产阶级思想或资产阶级思想造成的。这也不大说得过去。站在无产阶级、马克思主义立场上的人，即使真是站稳了，还可能由于对形势的估计不准确，由于看事情在认识上有偏差，于是造成这样或那样的错误，甚至可能是严重的错误。不能说错误都是产生于小资产阶级思想或者资产阶级思想。那样解释虽然简单，但对分析和解决实际问题不仅无益，而且有害。"②

（四）关于第四章"抗日战争的中流砥柱"

对这一章，胡绳谈的问题较多。他认为，抗日战争是中国共产党真正成熟起来的一个时期。这是党的历史上一个非常重要的发展阶段。围绕这个问题，他主要谈了以下五点看法：

一是抗日战争的领导权，说共同领导也不是不可以。胡绳讲，抗战有一个争夺领导权问题。能否说抗战都是你共产党领导呢？如果这样讲，那么蒋介石也归你领导？他错的，你也要负责？事实上，他在领导，因为他是合法政权，有200万军队。没有他，抗日战争搞不起来。就我们党来说，也要领导抗战，尽管开始只有三四万军队，但抗日有政治上的优势。都要领导抗战，所以，必须国共合作。这也是为什么必须逼蒋抗日的道理。我们党把民族的旗帜拿到手了，最后他的领导作用就被我们限制住了。总的说，抗战不是按照他的方针进行下去的，而是我们共产党的政策才能使抗战坚持到底，也限制了投降、倒退和分裂。我们党影响了各派政治势力。这个本子虽不能做大段的

---

① 《胡绳全书》第3卷（上），人民出版社1998年版，第148页。
② 《胡绳全书》第3卷（上），人民出版社1998年版，第148页。

论述，但总要有个看法。这样叙述才有倾向性。抗日战争中两个力量，一个是蒋介石领导的，还有一个是我们党领导的。我们的方针政策是符合实际的，对抗战有指导意义的。从这个方面看，"说共同领导也不是不可以，但是中间是有斗争的"①，"中国的抗日战争在东方历史上是空前的，在世界历史上是伟大的"②。

二是抗日战争使全国人民真正认识了共产党。胡绳说，抗日战争对中国革命的影响很大。民族独立这个口号能团结最大多数的人，比土地革命苏维埃时期反封建斗争能团结更多的人。那时，我们进行武装斗争，又要实现统一战线，而中间分子中一些人反对武装斗争。搞武装斗争确实吓倒了一些人，使资产阶级害怕。何况党的政策有过错误，因而对中间阶层的影响比较小。抗日战争给了统一战线和武装斗争结合的机会。在抗战前，要做到这样很不容易，那时或"左"或右。抗战给了两者真正结合的机会，当然也要你会掌握。这个时期，结合的条件好多了：武装斗争是对日本；对国民党要斗争，但用得不好，摩擦太厉害也不行。在民族斗争中，搞统一战线有最广泛的群众基础。抗战时大量地影响中间层、各阶级阶层，才能奠定革命胜利的基础。如果没有抗日战争，中国革命不是不能胜利，恐怕要艰难得多。抓住民族矛盾非常重要。我们党是真正全心全意为民族解放斗争的最坚强力量，过去人们还不认识。这要有实际的表现才行。经过抗日，我们把民族抗战的旗帜拿到手，通过爱国主义形成最广泛的统一战线，我们党就是保卫民族的大党形象。到了1944年，柳亚子说世界的光明在莫斯科，中国的光明在延安。这说明共产党的影响大了。抗日战争是

---

① 金冲及：《一本书的历史：胡乔木、胡绳谈〈中国共产党的七十年〉》，中央文献出版社2014年版，第61页。

② 金冲及：《一本书的历史：胡乔木、胡绳谈〈中国共产党的七十年〉》，中央文献出版社2014年版，第136页。

"整个新民主主义革命中很重要的事,它才使全国人民真正认识了共产党"[1],"共产党要使全国人民认识它,成为抗日战争的核心力量,可不是一件容易的事情"[2]。

三是把整风运动只当成克服困难的一个环子,就把它的意义降低了。1941年、1942年,解放区非常困难。毛主席将开展的整风运动和大生产运动,比喻为克服困难的两个环子。胡绳说,当时这样讲是可以的。现在还继续这样讲,说整风运动是克服困难的一个环子,就把它的意义降低了。好像只是针对1941、1942年的困难,才要整风。胡绳认为,可以脱开两个环子的说法,对整风要强调它的意义,说明党的思想建设的重要性。过去对犯错误的干部包括领导人,都是"残酷斗争、无情打击"。通过整风,找到了一个好的办法,就是总结历史经验教训,纠正错误,统一思想认识。整风提出"惩前毖后、治病救人"的方法,反对"残酷斗争、无情打击"的做法,这就很重要。整风这种形式,更重要的是反对主观主义,提倡实事求是,使思想摆脱各种"左"倾,摆脱共产国际的坏的影响。在我们党的历史上,整风是很大的事,真正从思想上解决了许多根本性的问题。当然,一次整风,也不是完全解决了问题,但没有整风,就很难解决。对党的建设来说,这个时候解决了中国共产党自己的指导思想,把马克思主义和中国实际相结合,"使党真正成为一个中华民族的党"[3]。这是一个非常关键的问题。

四是抗战使中国共产党成为一个成熟的大党。胡绳说,中国革命有两个目标,就是反帝反封建。土地革命时,主要担负起反封建的任

---

[1] 金冲及:《一本书的历史:胡乔木、胡绳谈〈中国共产党的七十年〉》,中央文献出版社2014年版,第84页。

[2] 金冲及:《一本书的历史:胡乔木、胡绳谈〈中国共产党的七十年〉》,中央文献出版社2014年版,第83页。

[3] 金冲及:《一本书的历史:胡乔木、胡绳谈〈中国共产党的七十年〉》,中央文献出版社2014年版,第89页。

务，团结的范围小一些。在穷乡僻壤，反帝这个口号某种时候等于没有。"左"倾路线时，提出武装保卫苏联，团结的范围更小了。抗日时期，反帝成为最迫切的问题，党充分表现出是为民族斗争的先锋队。这种力量的扩大，和在全国政治生活中的作用，是以前不能相比的。大革命时期，党很幼稚。土地革命时期，党在全国的政治力量和地位与这个时候不同，犯了几次"左"倾错误，说明也很幼稚。抗战开始后，党不断总结过去的经验，成为一个成熟的大党。共产国际七大提出反法西斯统一战线，有三个国家搞了统一战线。一个是法国，一个是西班牙，都失败了。只有中国成功了。法国是多列士，西班牙实际上是陶里亚蒂，他们基本上是右倾的。共产国际七大反"左"也对，但又往右倾。如果中国按照王明的办法去做，一样要失败。王明右倾，同样有一个轻视中间派的问题。他认为这些中间派是三人成党、五人成派，能有什么作用？还是国民党重要。所以，只看重国民党，不将中间派放在眼里，不知道通过他们可以把很大部分中间力量团结过来。王明在犯"左"和右两个错误的时期都不懂这个问题。抗战开始后，中国摆脱了共产国际。当然，遵义会议后在某种意义上也可说摆脱了，但组织上仍然摆脱不了，思想上也摆脱不了。共产国际后来的态度也有变化。没有共产国际，中共六届六中全会很难解决问题。1943年共产国际解散了，"中国共产党能够在组织上思想上脱离共产国际的支配，这非常重要，不然事情很难办"①。从世界各国看，共产国际的解散也不等于就能独立解决问题。这以后，许多党仍受苏联支配。我们党真正成熟了，毛主席克服了王明的错误。怎么抗战，怎么建党，终于能按照自己的主张来做了。"共产党真正有一套，确实是在抗日时期

---

① 金冲及：《一本书的历史：胡乔木、胡绳谈〈中国共产党的七十年〉》，中央文献出版社2014年版，第89页。

实行了马克思主义与中国实际相结合，中国革命的一套理论，从新民主主义到社会主义。"①

五是对付蒋介石，只有毛泽东，但毛泽东思想不等于毛泽东的每一个想法。胡绳崇敬毛主席，但非常理性、辩证。他说："毛主席厉害，他从延安走的时候，说我到重庆去，如果他要打，你们就打，越打得好我越安全。"② "对付蒋介石，只有毛泽东，别人还不行。1945年毛主席到重庆，周恩来本来还有点担心他同外界隔离那么久了，可是毛一到重庆就应付裕如。"③ 毛主席的这种气概、智慧和胆略是罕见的。胡绳还认为，毛泽东成为党的领袖同党的成熟一样是有一个过程的；毛泽东非常有创造性，但对毛泽东思想也要科学认识。他说："领袖也有个成熟过程。不能说毛主席早点当就好了。就是当，是否就那么成熟？他也要经过一个过程。有了两次失败的教训，又总结了抗日战争的经验，就成熟了，有了一套。"④ 有些外国人说毛泽东是民族主义。但这个民族主义不是狭隘的，他是真正为中华民族奋斗的，这是非常了不起的。整风运动以后，中国共产党解决了自己的指导思想问题，这是党成熟的标志。为什么叫毛泽东思想？"要给马克思主义的基本原理同中国革命实际相结合命一个名，就提出了毛泽东思想。"⑤ 毛泽东思想，就是马克思主义基本原理和中国实际相结合。没有这个结合，中国革命就不能胜利。但是，"毛泽东思想不等于毛泽东的每一个

---

① 金冲及：《一本书的历史：胡乔木、胡绳谈〈中国共产党的七十年〉》，中央文献出版社 2014 年版，第 93—94 页。

② 金冲及：《一本书的历史：胡乔木、胡绳谈〈中国共产党的七十年〉》，中央文献出版社 2014 年版，第 100 页。

③ 金冲及：《一本书的历史：胡乔木、胡绳谈〈中国共产党的七十年〉》，中央文献出版社 2014 年版，第 51 页。

④ 金冲及：《一本书的历史：胡乔木、胡绳谈〈中国共产党的七十年〉》，中央文献出版社 2014 年版，第 92—93 页。

⑤ 金冲及：《一本书的历史：胡乔木、胡绳谈〈中国共产党的七十年〉》，中央文献出版社 2014 年版，第 135 页。

想法，它又是集体创造的，不是一个人的。用毛泽东是一个标志性的记号，他的确是代表"①。这个说法，他自己在党的七大讲了。党的七大总结了过去的经验，不单提出了抗战如何取得胜利，还为下一步发展奠定了基础，提出了抗战以后建立怎样的国家。胡绳说，共产党到这时有资格提这个问题了，毛主席的新民主主义的理论完备了。抗战开始时，党内议论要走非资本主义道路，但说不清楚。新民主主义论是很大的贡献。经过抗战，产生了自己的领袖和一批领导干部。有了正确的路线，广大的群众运动，武装力量强大了。这就能够独立地解决中国革命的问题。

（五）关于第五章"夺取民主革命的全国性胜利"

胡绳对这一章主要谈了两个问题：

一是民主建国和同时准备内战，对前一个目标的可能性有时候估计得高一点。胡绳说，抗战一结束，人民当然要和平。再打仗，人民不会同意，我们也没有力量，一开始也没有这样想。毛主席到重庆，一直到1946年6月，我们一直在争取和平，后来打仗也是为了争取和平道路的实现。对蒋介石发动全面内战，当然要有所准备，但要适应人民的要求，走民主建国的道路。为了争取这种可能，到1946年7月大打以后，还继续和平谈判。这时的谈判就是为了争取人心，使人民感到共产党没有别的办法了，非打不可。这也教育、争取了中间人士。那时，我们提出和平民主新阶段，就是想争取几年的和平建国，这不是假的，不只是表面上的策略，确实有这个想法，想走一个比较迂回的道路来实现新民主主义。即使大打以后，我们还称为自卫战争，也还是想等待一下是否有和平的可能。经过了和谈、政治协商，谈谈打

---

① 金冲及：《一本书的历史：胡乔木、胡绳谈〈中国共产党的七十年〉》，中央文献出版社2014年版，第89页。

打,这样许多艰苦的斗争,最后证明蒋介石不要和平、不要民主,把人民争取过来了,才提出打倒蒋介石,将自卫战争改为解放战争。解放战争是被迫的,不是一开始就准备与国民党打。从抗战结束以后要求和平,到共产党的军队消灭国民党的军队,这样的转变是很不容易的事情。党的两手政策很重要,解决了这个问题。

二是解放战争就是人民战争,这一点要强调起来。胡绳说,我们军队装备那么落后,打这样大的仗,就是靠人民。部队总有伤亡,为什么越打人越多?一个是农民参军,一个是俘虏兵一下子就转变过来参加解放军。还有枪械,大部分是缴美国人给国民党军队的,装备都是靠他们。这是别的国家没有的。淮海战役的胜利是靠农民用小车推出来的,没有现代化设备就靠人扛肩挑和小车。人民军队进了城,解放军都睡在马路旁的人行道上,上海是最突出的,老百姓真的感到是新的军队来了。这些要渲染一下。"解放战争是人民战争,这一点要强调起来。"[①]

(六)关于第六章"中华人民共和国的成立和向社会主义过渡的实现"

胡绳也谈了两个问题:

一是新中国成立初期有三大考验。胡绳说,新中国初期是什么情况?那是一个新的国家,我们的党、军队面临许多考验。第一是经济。国民党留下了一个烂摊子:恶性通货膨胀。你能不能管得了?这对新中国是个考验。第二是军事行动还没有结束。国民党几百万大军被打垮了,但剩下的还有在华南和西南的军队。还有大量的土匪。历史上没有一个朝代能解决土匪问题。这是个考验。第三是打败了帝国主义,但它还在,你能不能对付它?当时必须面对美国的直接侵略。这个问题解决不了,你就站不住。如果再加上第四点,就是你当权了,从被

---

① 金冲及:《一本书的历史:胡乔木、胡绳谈〈中国共产党的七十年〉》,中央文献出版社2014年版,第95页。

压迫的革命者变成了执政者,这也是一个考验,是长期的。三年恢复时期,前三个问题解决了。剿匪反霸真正形成了统一。抗美援朝解决了独立问题。斯大林真正相信中国,是在抗美援朝中。中国共产党看重民族独立,是个不甘心做附庸国的党。还有富强、民主问题,那就搞土改,调整工商业和早些时候的没收官僚资本,这就把经济搞起来了。为什么这样复杂的问题能解决?因为我们的党是统一的,后来出现了高、饶的问题,但总的讲,党是统一的,动员了人民群众。中国从来没有过这样一个统一的党,不然三个问题没法解决。三年解决了这些问题,这时才真正证明你能够站住,后来搞有计划的经济建设才有可能。

二是新民主主义不可能万岁。胡绳说,有人讲,革命胜利后,我们党面对着选择新民主主义还是社会主义。这不是选择问题,而是必然由新民主主义发展到社会主义。实际形势迫使我们这样做,效果是好的。如果不发生以后的一些问题,则是很好的。"新民主主义是不可能万岁的,一定要向社会主义过渡。"[①]

(七)关于第七章"社会主义建设在探索中曲折发展"

这是《七十年》中最难写的一章。胡绳说,1956年后的十年是非常复杂、也很重要的十年。要写好,难度很大。他谈的问题也多一些,主要谈了这样几点:

一是对这十年要有个总的估计。胡绳强调,不能把这十年写成都是"左"。那段时期还是有一定成绩的,比如水利建设,还有许多大型企业是那时建的。改革开放前三分之二的大企业是在那时开工或建成的,各地方比较普遍地建立了工业基础,形成了一大批生产能力。还要讲到那时有焦裕禄、王铁人、雷锋,群众的表现很好。总之,不能

[①] 金冲及:《一本书的历史:胡乔木、胡绳谈〈中国共产党的七十年〉》,中央文献出版社2014年版,第65页。

给人感觉好像这十年就是在为"文化大革命"开道。金冲及还讲,多次听胡绳说,美国的麦克法夸尔写了一本《"文化大革命"的起源》,把"文化大革命"前十年的全部历史说成无非在为"文化大革命"做准备,这太片面了,不符合事实。胡绳说,社会主义怎么搞,完全是新问题。照抄苏联的一套制度,不行。搞建设,面临许多问题:中国是个大国,经济落后。生产要发展上去,得调整生产关系。怎么把群众的积极性调动起来?容易搬用民主革命时期的经验,或者从某些抽象的公式出发,比如阶级斗争一抓就灵。其实,这也是过去的经验。新的经验没有,也没有完整的理论。大体有个方向,在实践中探索。既然是探索,就容易碰钉子,栽跟头。写这一章要有个总体把握。探索十年,取得经验。遭受的失败,也是可贵的经验。党的干部,特别是领导干部有一种欲望,要把中国搞好,建设搞成,但对搞社会主义建设那么艰难复杂,开始确实认识不够。碰了许多钉子,才逐渐有些认识,才想到要学习苏联人写的书。这十年遭受很大曲折,"一会'左'一会右,最后搞出个'文化大革命'来,那么大的损失。十年,再大转弯,给我们研究历史的人造成很大困难。这十年中的经验,也是三中全会的基础"①,"它不仅仅是为'文化大革命'做了准备,探索中间也有为中国特色社会主义做准备的成分"②。

二是探索就是要摆脱苏联那一套,探索的发展有两个趋向。胡绳说,美国学者讲苏联模式和探索中国式道路的问题,有点道理。我们的十年探索就是要摆脱苏联那一套。毛主席在《论十大关系》中把这一点讲清楚了。后来反对苏联的大国沙文主义和意识形态的争论,才

---

① 金冲及:《一本书的历史:胡乔木、胡绳谈〈中国共产党的七十年〉》,中央文献出版社 2014 年版,第 69 页。

② 金冲及:《一本书的历史:胡乔木、胡绳谈〈中国共产党的七十年〉》,中央文献出版社 2014 年版,第 112 页。

发展到与苏联关系破裂。新中国成立后,毛主席有两个很难下决心的重要决策。抗美援朝是一个,跟苏联大国主义的破裂也是一个。现在从东欧情况看,这个决策重要极了。东欧根本的一条是成为附庸国。如果中国成了苏联的卫星国,这个局面就不好了。不屈服于苏联的压力,我们党真正保持了独立自主。跟苏联决裂,是关系到民族命运的问题。当时干部中间对苏联存在很强的崇拜心情,毛主席做了许多工作,又经过慎重考虑。这跟打一场抗美援朝战争,同样难下决心。这个决策对我们国家发展的影响太重要了。这以后怎样搞建设,更是探索了。胡绳还说,从十年探索的发展来看,有两种趋向,一个是为"文化大革命"做了准备,一个是为党的十一届三中全会后的改革做了准备。到三年困难时期,"我们跌了一大跤,吸取教训,有些措施就慢慢接近1978年以后的做法,它也为'文化大革命'以后的探索作了一些准备"[1]。"两个发展趋向"论,所以不同于"两条路线斗争"说,就在于过去将路线斗争绝对化,路线正确就一切都正确,没有错误;路线错误就一切皆错,没有任何一点正确的东西。《决议》抛弃了这个模式,《七十年》讲这段历史深化了这个分析,认为党在探索过程中发生的两个发展趋向不是截然分开的,许多时候是相互渗透和交织的,不但共存于全党的共同探索过程中,而且往往共存于同一个人的认识发展过程中。胡绳在《七十年》出版座谈会上特别讲到这个新观点。

---

[1] 金冲及:《一本书的历史:胡乔木、胡绳谈〈中国共产党的七十年〉》,中央文献出版社2014年版,第109页。对于这一点,龚育之在纪念胡绳的文章中作了具体论述。他写道:把"文化大革命"前的十年称为"社会主义建设在探索中曲折发展"的十年,并论述了"十年探索中的两个发展趋向",这是《七十年》第七章及其第十节的标题所鲜明地表达了的。乔木在称赞这本书的新颖见解时说:"第七章'社会主义建设在探索中曲折发展',这段历史比较难写,现在对这段历史不但提出了许多首次发表的事实,而且作了比较确切的解释。"这个见解,当然也是根据《关于建国以来党的若干历史问题的决议》的分析,但是突出了"探索"中国自己的建设社会主义的道路这个主题,作出了有别于过去讲两条路线斗争的传统模式的关于"两个发展趋向"的新概括,这的确是有"新意"的。(参见龚育之:《送别归来琐忆》,载《思慕集》,社会科学文献出版社2003年版,第295页。)

他指出：这两种趋向在许多时候相互渗透，交织发展。后一种错误趋向，直接引导到"文化大革命"的灾难；前一种正确和比较正确的趋向，也正是"文化大革命"以后党的十一届三中全会以来的正确路线方针的先导。"从60年代的情况来说，错误的趋向暂时压倒了正确的趋向；但是从历史全局来看，正确的趋向终于战胜了错误的趋向，在1978年以后得到了广泛的发展。"①

三是1957年的反右斗争没有将思想问题和政治问题分开。胡绳说，1957年反右那个时候，社会主义刚刚开始搞。解放才7年，对社会主义的认识，谁都有些糊涂。许多知识分子对社会主义的认识也不那么清楚。有的人根据过去的经验在思考中国的发展前途会是个什么样子，有各种各样的议论。有些人倾向于资产阶级的民主主义，有这种思想说不上是右派。这里要分两个层次来讲：一种是政治上反动，一种是思想上搞不清楚。很多人是在思考问题，又没有实践经验，不同程度上受到资产阶级的影响，说了些错话，现在想起来是很自然的。那个时候的认识比较简单，没有将思想问题和政治问题分开。对他们本来应该引导，却使人家受到打击，这就错了。但说他们所有人都没有错误，也不对。有的人那时也许是认识问题，有的人改正了也许是很好的人，但也不一定证明当时他们是完全正确的。当然，有些人根本说不上是什么错误，不过是对机关领导提了些意见，就被上纲上线，说成是反党。对有些思想认识上的错误，也要具体分析，这在当时做得很不够。让人很感动的是，党内党外有一些人，虽然划了右派，信念始终没有动摇，这个了不起，应该写几句。也有的人确实是右。真正反党反社会主义的是极少数人，但他们影响了很多人跟着跑。改革开放给右派分子摘帽后，只剩下几个右派。对这个问题，胡绳认为："说根本没有，

---

① 《胡绳全书》第3卷（下），人民出版社1998年版，第587页。

那也不能这么说。政治上有错误,也有各种处理办法,不一定都是惩罚性的。后来没有分清各种界限。王蒙写的《组织部新来的年轻人》,毛主席说这是反官僚主义,后来不知为什么把他打成右派,就不好了。"[1]

四是毛主席的浪漫主义情绪在1958年发作了一下。胡绳说,在1958年,不少领导人的头脑都有点发热。刘少奇同志到南方去,他跟着去。刘少奇同志说,不要种那么多地,种一半就可以了。还讲"可以用三分之一的地种花草",大家太辛苦了,要注意劳逸结合。路上他只讲了这一个问题。一贯比较务实的是陈云同志。毛主席有务实的一面,也有浪漫的一面。搞"大跃进",浪漫主义情绪大发作了一下。毛主席讲一穷二白的"白",本来是指文化落后,后来成了"一张白纸可以画最新最美的图画",改换了概念。"大跃进"是错误的,搞大炼钢铁不行,危害太大,但不要把它讲成"路线"。还要讲到群众的积极性、党的积极性,在破除迷信、振奋精神方面起了积极作用。将"多快好省"作为总路线不行。讲"多快好省",意思无非是说要努力把社会主义搞好,这叫什么总路线?陈伯达起草文件时也感到这一点。后来中央加了很多解释,包括许多方面要实行两条腿走路的方针等。如果光讲鼓足干劲,那只要大家努力就是了。搞人民公社化运动很难说出有什么成就。合作化是有积极意义的,但还要搞升级就有问题了。毛主席开始对搞人民公社比较激进。他要办大社,觉得公有制要发展,就搞起人民公社。后来看到不行,就提出退到三级所有,但还是不完全放弃人民公社这个想法。他的农民气质很重,说"我最讨厌钱"。他有时在理论上承认商品,很强调;但实际上对自由市场等又不太赞成。毛主席有个本事,能把问题埋论化。他对形势变化的判断是很快的。

---

[1] 金冲及:《一本书的历史:胡乔木、胡绳谈〈中国共产党的七十年〉》,中央文献出版社2014年版,第144—145页。

他看到一个什么新的苗头,立刻就改变。1958年感到有"左"的问题了,开郑州会议一下子就变过来了。陈伯达迟钝,他就把陈伯达批了一顿,几次提到陈伯达代表"左"。那时候的错误是大家一起犯的,有的务实,有的浪漫,有时候一个人两种不同的倾向都有。不要处处写成毛主席错了,其他人都对。"毛主席的错误,一个重要原因是党对怎样建设社会主义缺乏思想准备"①,"不能把责任全推给毛主席一个人,这在当时是党内的潮流。这叫必然性通过偶然性来表现"②。

五是对于怎样建设社会主义,党的领导人都在探索。胡绳说,外国学者写中国的书,研究我们党的历史,往往臆测、推断的多,不是权力斗争就是派系斗争。美国的费正清就从延安领导人的分裂讲起,还有的从新中国成立对新民主主义的认识讲起,认为党内有不同派系。"我的观察,很难说那时刘、邓是一套,林彪、康生是另一套,实在看不出来。当时领导干部有两种倾向,一种是比较务实的,一种是有着浪漫主义的情绪。"③ 1956年准备党的八大报告的时候,开始时就有浪漫主义的东西,后来都不要了,重新搞。这个情绪很难说是两派的问题。好多人有时候这样看,有时候又那样看。麦克法夸尔他们分析,说中国共产党真正的两条道路是从党的八大开始的,一面是刘少奇、邓小平,一面是毛泽东。这要驳他。他就是从争夺权力的角度来讲的,实际情况不是那么回事。1961年以后领导人之间存在不同看法比较明显,也不是党内有两派在斗争,不存在两条路线。矛盾比较突出的是在七千人大会以后,但没有形成这一派反对那一派。我们准备七千人

---

① 金冲及:《一本书的历史:胡乔木、胡绳谈〈中国共产党的七十年〉》,中央文献出版社2014年版,第166页。

② 金冲及:《一本书的历史:胡乔木、胡绳谈〈中国共产党的七十年〉》,中央文献出版社2014年版,第67—68页。

③ 金冲及:《一本书的历史:胡乔木、胡绳谈〈中国共产党的七十年〉》,中央文献出版社2014年版,第110页。

大会报告，刘少奇同志看了初稿后说：这个不行，对错误这样轻描淡写，县委书记能满意吗？要加重一些。毛主席一看，说成立一个起草委员会。这个起草委员会包括了政治局的成员、大区的书记，每天讨论，对这个初稿攻得一塌糊涂，搞出来的新稿子大家也不是完全满意，刘少奇也有些看法。当时工作很紧张，但气氛还好。毛主席说：可以了。少奇，你不要照这个稿讲，你自己讲。这就是他在会上的"口头讲话"，对书面报告做了说明，也讲了他个人的一些看法。他们之间是又有共同点，又有矛盾。毛主席有时候确实把问题看得很严重，但并不存在有一派人起来反对。会议上争论也有，但没有成为两派。七千人大会后，开了个西楼会议，刘少奇、陈云、周恩来在一起。刘少奇让陈云在各部委的党组会上讲话，得到热烈鼓掌。但他也没有完整地、全局地提出一整套的东西。有些同志随风倒，不能说是品质问题，对新问题一时没有一定的主见。这个也可以试试，那个也可以试试。刘少奇同志也有摇摆，刚进城，他的天津讲话反"左"，但反右的时候也很厉害。周恩来总理是有些话不得不说，像1961年他问要不要提"三面红旗"，毛主席说不是我提的，是群众提出来的。周恩来总理再三考虑，还是在讲话中写上去了。总之，并不是两条路线、两种政治派别的斗争。否则，就不能解释为什么邓小平是"党内第二号走资派"，而后来毛主席还是要用他。胡绳认为，领导同志之间，一是个人的想法有不同，二是也有历史的疙瘩。彭德怀和毛主席之间可能有一些历史疙瘩。这种情况是有的，但讲派系却很难说。对这种情况，外国人很难懂，认为是权力之争。麦克法夸尔收集了很多小报，根据小报就总结出了"两条路线"。迈斯纳的基本观点，是刘少奇要依靠官僚机构和职业干部，而毛主席总是对党不满意，要依靠群众的力量。这两种力量在争斗。从反右开始，就出现了矛盾。毛主席提出靠党外的力量，把群众发动起来，搞"文化大革命"，不惜把党搞垮。他们按照这样的线索来写历史,是臆测。胡绳总结道:"这十年确实是在探索,整个党在探索,个人也在探索,有这样的,有那样的。""有务实的倾向,也有浪漫的倾向。""领导人有时候两方面兼而有之,最初基本倾向是务实。毛主席也是如此,有时候务实,有时候浪漫,最后浪漫倾向占了上风,甚至把不倾向浪漫的打倒,这是一个大悲剧。"①

(八) 关于第八章"'文化大革命'的十年内乱"

这一章的难度同样很大。胡绳谈的问题也多一些。

一是毛主席发动"文化大革命"的出发点不能说完全错,但将正确的东西推演到极端就错了;对不同意他的"左"的观点的领导人搞运动批判,就把事情搞乱了。胡绳说,毛主席想要搞社会主义,自以为是马克思主义的。现在看,毛主席有些观念是不是也还有些本来正确的东西却推演出错误的东西来。他的出发点不能说完全错,但真理夸大了一步就变成谬误,何况远不止一步。胡绳认为,毛主席经过了那么多的胜利,骄傲了②。伟大的胜利是跟个人领导分不开的,这是一方面。有人说他是秦始皇,但他并不像秦始皇那样以为他创立的政权可以万世永存。他老是担心政权靠不住,有亡党亡国的危险。还没有哪一个党的领袖像他这样子,也许列宁有类似的语言,其他党没有。他不是认为创立的事业已经那么稳固了,总觉得还有问题。他这个想

---

① 金冲及:《一本书的历史:胡乔木、胡绳谈〈中国共产党的七十年〉》,中央文献出版社 2014 年版,第 112 页。

② 胡乔木在审定书稿时讲到毛主席骄傲的具体情况时说:"我在书稿中加了几句话:八大二次会议以后新的探索,以南宁会议为开端,也有它有利的一面。大家解放思想,展开新的眼界,把条条框框敢于打破,重新判断过去的工作,创造新的工作方法;不利的一面是,把经济恢复以来的第一个五年计划时期丰富的、宝贵的、成功的经验踢开了。创造性的东西,不能把原来的基础撤开。这不是打破旧世界、建立新世界。对那个经验没有认真分析研究。另一个,改变八大路线,这是个重要问题。既没有经过代表大会、中央全会,政治局也没有进行平等的民主的讨论,难免助长臆想和冒进的结果,主要是难免助长了个人专断与个人崇拜。以后中央开会,没有八大以前那种比较民主的气氛。"(金冲及:《一本书的历史:胡乔木、胡绳谈〈中国共产党的七十年〉》,中央文献出版社 2014 年版,第 181 页。)

法是从抽象的历史经验提出来的，也把现实社会的有些问题看得太严重了。他接近和信任的人越来越少，对具体情况不了解，想法也就越来越抽象化。胡绳说，他提出了些重要的理论观点，如还存在无产阶级和资产阶级的斗争，但把问题看得太简单。新中国成立这么多年，我们掌权了，执政了，国际、国内的斗争还存在，比过去的情况更复杂。他看出跟资产阶级还有斗争，这是对的。但把无产阶级和资产阶级的斗争说成社会主义社会的主要矛盾就不对了。还是用老的公式：搞一个阶级推翻另一个阶级的斗争，这就脱离了建设社会主义这么多年的实际情况。胡绳指出：这个错误在哪儿？要分析。他对形势的估计夸大了敌情、放大了阴暗面，按照胡乔木的说法是人为地制造阶级斗争。当然，说无产阶级和资产阶级的斗争没有了，恐怕也不能这么讲。按照《决议》说法，是在一定范围存在。他说"资产阶级就在共产党内"。对这句话，有的人批：党是阶级的组织，怎么阶级还会在一个党里。这样批评不大行，这顶多是在字眼上抠。毛主席无非是说有些资产阶级的人物在党内。不能简单地批：党是无产阶级先锋队，怎么会有个资产阶级在党内呢？事实是"世界上不是有很多复辟，有些就是在党内吗？不是命题错了，而是跟实际结合上发生问题了"[①]。胡绳认为，毛主席的错误，总的是"左"倾。但他的思想中有些正确的东西。他的有些正确的观点，却往往推演到了极端。他总觉得他的一套思想，原有的干部贯彻不了，年老的一代搞社会主义不行，要换一批人，这就把问题推到极端了。胡绳说，刘少奇一向跟毛主席很好地合作，有错也检讨，没有反对过毛主席。为什么非要把刘少奇搞下来？毛主席怕刘少奇推翻他？没有这个可能。刘少奇、邓小平、周恩来对

[①] 金冲及：《一本书的历史：胡乔木、胡绳谈〈中国共产党的七十年〉》，中央文献出版社2014年版，第72页。

毛主席有的"左"的看法，是不大同意的。这是认识上的不一致，要说清楚。"这个问题不说明的话，人家就会觉得无非是共产党里面争权夺利。"① 胡绳指出：事实上也不是。否则，怎么解释邓小平在"文化大革命"后期重新出来？"毛主席在这一点上还是有很大功劳的。原来邓小平在群众中还没有那么高的威望。到1975年出来整顿，大见成效，再被打倒，这样他的威望就高了。不必讳言，这没有什么选举，是毛主席指定的。"②

二是发生"文化大革命"还有个错误方法问题，在社会主义条件下，搞自发的群众斗争必然天下大乱。胡绳认为，毛主席为什么发动"文化大革命"？是因为他当时感觉到，社会主义社会中还有特权等，一些干部有特殊化，开始揭露。他还是真心实意地想把中国搞好。他想依靠和发动群众，消除这些阴暗面。过去长期都是大搞群众运动、阶级斗争，认为这是成功的经验。大部分干部也是这样走过来的。胡绳说："'文化大革命'的方法是在群众运动的名义下，搞一个自下而上的、自发的各种斗争，放弃了党的领导。"③ 那时确实把群众发动起来了，也把一批混迹在党内没有改造好的怀有个人目的的"勇敢分子"鼓动起来了，把自发的破坏性搞出来了。党内某些野心家、阴谋家也存在，林彪、江青就是这样的野心家、阴谋家。林彪提出过什么路线？江青有什么资产阶级复辟的纲领？还有张春桥、姚文元、王洪文等。他们就是要利用革命达到个人的目的。林彪这个人复杂一点。胡绳指出，没有了党的领导，谁来领导？领导权就落到了这些人手中。他们

---

① 金冲及：《一本书的历史：胡乔木、胡绳谈〈中国共产党的七十年〉》，中央文献出版社2014年版，第72页。

② 金冲及：《一本书的历史：胡乔木、胡绳谈〈中国共产党的七十年〉》，中央文献出版社2014年版，第166页。

③ 金冲及：《一本书的历史：胡乔木、胡绳谈〈中国共产党的七十年〉》，中央文献出版社2014年版，第75页。

利用了毛主席错误的东西，加以极端化，把最落后的东西鼓动起来了。反"四旧"，是用封建手段，甚至还不是资产阶级的手段，有很大的破坏性。过去对社会主义不满的人，怀有二心的人，本来是由各方面管住的，你把他们统统放出来，自由活动，那还得了。而且还让他们互相结合，串联。谁在夺权？很难说都是坏蛋，但相当一部分是，许多群众后来就不参加了。毛主席以为，各种人放出来后，他能够收拾，控制得了，天下大乱可以达到天下大治。后来才渐渐发现红卫兵、造反派并不是他的思想和主张的忠实信徒，原以为两三年即可收场，总想使"文化大革命"有一个好的结局，但没能实现。胡绳说，毛主席本来对旧社会是很了解的，这方面却估计错了。搞"大民主"，使得坏人能当道，夺权，无政府主义泛滥；使得社会上的流氓、坏分子、党内的野心家乘机来掌握权力。认为大乱了才能大治，这是荒唐的，把依靠群众极端化了。"所以在社会主义之下，搞天下大乱这个局面，根本不行。"① 胡绳还讲到胡乔木对这一章的修改，特别强调必须完全否定这场所谓"革命"。他说，在第八章的末尾，原稿上说"'文化大革命'提供了不应该这样做的深刻教训"，胡乔木把这句话改为"提供了永远不允许重犯'文化大革命'或其他类似错误的深刻教训"②。这充分表明了胡乔木、胡绳两位大师完全否定"文化大革命"的鲜明性和彻底性。

三是"文化大革命"时期的主角是党、党员、党的干部，不能将这个时期的党史只写成毛泽东的错误史和林彪、"四人帮"的压迫史。胡绳说，要明确这部分不是写"文化大革命"史，而是写"文化大革命"中的党史。党史就要有相当篇幅讲党怎么样，要回答党员、干部怎么样，共产党员、领导干部受压迫时的状况怎么样，这个时候的党

---

① 金冲及：《一本书的历史：胡乔木、胡绳谈〈中国共产党的七十年〉》，中央文献出版社 2014 年版，第 76 页。

② 《胡绳全书》第 3 卷（下），人民出版社 1998 年版，第 742 页。

到底是怎么回事。那时总的情况是在错误支配下的,但要从取得经验教训的角度来讲错误。这才能说是党的历史。"不能把这个时期的党史只写成毛泽东的错误史和林彪、'四人帮'的压迫史。"① 胡绳特别强调:这个时期的主角是谁?"主角是党、党员、党的干部。"② "正面人物是谁?毛泽东有时候也当,有时候不是。应该是党的基本力量、党影响下的群众。"③ 胡乔木对书稿的意见是:"对正面人物要大树特树,被迫害致死、坚贞不屈的同志(刘、彭、贺、张、陶等)。被结合的干部,绝大多数在极端困难的条件下为党为国家任劳任怨地工作(以周、邓为代表)。还有广大干部和知识分子,他们是真正代表党、代表人民的。"④ "文化大革命"时党的组织涣散,不起作用,但党员还存在。党的部分权力被篡夺是事实,但是党没有完全消失它的力量,不能说完全瘫痪了。许多党员、领导干部,开始是怀疑,想不通,但在最艰难的时候,保持了革命意志。有的人考虑得越来越清楚。胡绳讲道,听说上海有一个工程师关在牛棚里,老在考虑长江大桥的问题。武汉长江大桥的晃动是不是允许的?他一出来就做实验,证明是可以允许的。这个事例很感人。"这些人是民族的脊梁。如果写党的历史,不表现这些内容,就不符合实际。"⑤ 胡绳还讲,诸如铁路建设、卫星上天、尖端技术还在发展,工人中的绝大多数也没有跟着跑。农村,总的不能说是乱的。这本身就是抵制"文化大革命"的力量。党的影响

---

① 金冲及:《一本书的历史:胡乔木、胡绳谈〈中国共产党的七十年〉》,中央文献出版社2014年版,第52页。
② 金冲及:《一本书的历史:胡乔木、胡绳谈〈中国共产党的七十年〉》,中央文献出版社2014年版,第52—53页。
③ 金冲及:《一本书的历史:胡乔木、胡绳谈〈中国共产党的七十年〉》,中央文献出版社2014年版,第54页。
④ 金冲及:《一本书的历史:胡乔木、胡绳谈〈中国共产党的七十年〉》,中央文献出版社2014年版,第178—179页。
⑤ 金冲及:《一本书的历史:胡乔木、胡绳谈〈中国共产党的七十年〉》,中央文献出版社2014年版,第53页。

也不光是党员,要多写些当时对"文化大革命"抵制的干部、党员的积极性,干了好多事情。在那种复杂的环境下,他们只能有这样的表现。"如果不写出来,那真是一片黑暗的历史了。"① 这个是主体。"真正作为历史主体的还是抵制'文化大革命'、坚持党的基本路线的干部、党员和人民,才能纠正'文化大革命'的错误。"② "总的思路应该如此,不然党史就成了破坏的历史,主角是林彪、'四人帮'。"③

四是"文化大革命"的发生不是必然的,但有曲折是必然的。胡绳认为,"文化大革命"是在社会主义政治基础、经济基础上的错误领导造成的。这个错误不能说没有历史原因。我们承认有封建的东西,有思想、政治上封建残余的影响。邓小平同志 1980 年关于党和国家领导体制的改革那个讲话,也讲了制度方面存在的缺陷。胡绳指出:为什么会出现林彪、江青这两个集团?这有多方面原因。"文化大革命"这样发展起来,诱发了一些人的私心、野心,怀有个人目的的人想捞一把,社会渣滓必然会乘机泛滥。造反开始时,很多人是盲目地跟随。后来,许多人逍遥了,造反派中很多人带有地痞流氓色彩。林彪、江青,你说他们代表地主、资产阶级利益?在"四人帮"那个时代,地主、资产阶级的日子并不好过。这些人就是他们不小的社会基础。党内领导层,集中出现了这两个集团。党内不纯,自古已然。这个时候没有了党的组织系统,党委被夺了权,就给它提供了一个社会条件。但就在这个时候,党还是没有垮,党员的信念依然存在。不少干部在受迫害的情况下,仍然保持了对党、对社会主义的坚定性。胡绳说:

---

① 金冲及:《一本书的历史:胡乔木、胡绳谈〈中国共产党的七十年〉》,中央文献出版社 2014 年版,第 54 页。

② 金冲及:《一本书的历史:胡乔木、胡绳谈〈中国共产党的七十年〉》,中央文献出版社 2014 年版,第 185 页。

③ 金冲及:《一本书的历史:胡乔木、胡绳谈〈中国共产党的七十年〉》,中央文献出版社 2014 年版,第 53 页。

"我们党有个特点，什么情况下，首先维护党的团结。在党的团结之下来解决党内的问题。苏联不是这样。在'文化大革命'中间，许多同志还是从维护党的团结出发来处理各种问题。这一点在国际上比较特殊。"[1] 这说明我们党是有生命力的，也是我们党能够纠正自己的错误、结束"文化大革命"、展开一个新的局面的重要因素。胡绳指出："中国搞社会主义，中国这样一个复杂的情况，又没有经验，经过这些曲折是不可避免的。但曲折那么大，有个人的因素。在这个意义上，'文化大革命'的发生不是必然的，但有曲折是必然的。"[2] "总的讲，'文化大革命'不过是个插曲。"[3]

五是美国对中国不可能不搞和平演变，但我们仍要实现中美关系正常化。胡绳说，美国的和平演变政策不是这两年新提出来的，在20世纪60年代初就提出了。这以前，毛主席讲民主个人主义跟这个问题很相近，就是没用这个词。新中国成立初期，有朝鲜战争，又要控制台湾，那个时候不是搞和平演变，而是要武力改变。20世纪60年代初，美国对华政策发生了变化，一派认为对华要松动一些，因为中苏发生裂痕，他们要促进中国的变化。美国内部有争论，至少是统治层的鹰派和鸽派之争。他们的目的一样，但手段不同。如果只看目的，他们是一致的。但这样看不够，确实在策略上提出了新的问题，是两种策略。就我们来讲，对对方营垒的任何矛盾要为我所用。只看他们的一致，看不到策略上的分歧，这是不对的。打没有硝烟的战争比打有硝烟的战争总要好一点。毛主席、周恩来总理注意到这个问题，就

---

[1] 金冲及：《一本书的历史：胡乔木、胡绳谈〈中国共产党的七十年〉》，中央文献出版社2014年版，第71页。

[2] 金冲及：《一本书的历史：胡乔木、胡绳谈〈中国共产党的七十年〉》，中央文献出版社2014年版，第75页。

[3] 金冲及：《一本书的历史：胡乔木、胡绳谈〈中国共产党的七十年〉》，中央文献出版社2014年版，第54页。

有了乒乓外交，基辛格、尼克松访华。他们当时是鸽派的主要代表。我们对他们的策略变化采取什么态度，还是要看到美国哪一种策略对我们有利。这一点，有点像蒋介石在抗战时从"剿共"到用"溶共"的办法来消灭共产党。而我们是宁可看到你采取后一种策略。如果不对美国的鸽派予以支持，我们的外部关系就得不到改善。所以，我们支持了尼克松。他采用这一套，对我们有利。我们没有办法改变美国的基本政策，但松动一点对我们有利，我们就要利用。同时，我们要清醒看到他们对中国的和平演变政策，他们会利用民主、自由、人权，利用西方资本主义的价值观、历史观对我们进行渗透。对此，思想上不能麻痹大意。说反对美国搞和平演变，准确地说是要抵制。因为你反对不了，只要和它在一起，我们还能叫它不搞和平演变？只能抵制。关键在于我们自己要清醒，要看到事情的两面性。和平演变，只要美国在，它总要搞。"世界观的渗透，是用各种方法的。只要开放，美国的这些就会来。"① 中美关系好转，是转入和平斗争。"今天，同美国和平共处，它实际上不可能不搞和平演变，但我们仍要实现中美关系正常化。"②

（九）关于第九章《开创社会主义现代化建设的新局面》

这一章是讲新时期。胡绳说，第九章的要求是要说清楚这些年是怎么走过来的，做了些什么事，它的历史地位怎样。写前面几章，还有《决议》作为依据，这里没有，增加了写作的困难。胡绳谈了这样几点：

一是两年徘徊应该提端正思想路线，解放思想，这是主要问题。胡绳说，这两年着重写什么？政治上许多问题解决了，经济上有新的错误。要开放，要引进外国设备和技术是对的，但冒进了。这一时期

---

① 金冲及：《一本书的历史：胡乔木、胡绳谈〈中国共产党的七十年〉》，中央文献出版社 2014 年版，第 126 页。

② 金冲及：《一本书的历史：胡乔木、胡绳谈〈中国共产党的七十年〉》，中央文献出版社 2014 年版，第 125 页。

处理了一些问题，有一点进步。"讲公道些，是徘徊，但还是在前进。"① 这两年发生的问题，政治上是继续"两个凡是"，经济上是"洋冒进"。对这两年能不能主要讲重点转移？应该提端正思想路线，解放思想，这是主要问题。解决了这个问题，重点转移才真正转得过来。华国锋在党的十一大的讲话，对动员社会主义现代化建设起了积极作用。他讲清理林彪、"四人帮"的工作都已结束，工作重点可以转移。其实主要问题不在这里，如果没解决思想路线问题，要转也转不过来。华国锋虽然谈了现代化建设的任务，但还在讲"无产阶级专政下继续革命"这些观点。他说阶级斗争的暴风骤雨已经过去，用毛主席的话来说，这可以，但还是肯定前一时期应该着重搞阶级斗争，只是现在应该转过来，其实是搞错了。只有从端正思想路线出发，才能真正实现重点转移。

二是党的十一届三中全会是新中国成立后划时期的坐标。胡绳在改稿的谈话中没有具体讲这个问题，只说对党的十一届三中全会要强调它的历史地位。但在他写《七十年》的结束语中讲了这个问题，在向中央党史工作领导小组汇报的会议上也讲到党的十一届三中全会是转折点，不只是这徘徊的两年的转折，而且是整个党的历史上的大转折。龚育之在纪念胡绳的文章中很强调这个坐标问题。他说：新中国成立以后的 42 年间的历史，总起来可以说有前后两个时期，前一个时期是党的十一届三中全会以前的 29 年，后一个时期是在这以后的 13 年。这个论断，把党的十一届三中全会当作"划时期的坐标"，是在《七十年》的结束语中提出来的。这篇结束语是胡绳执笔的。胡绳这个见解，是依据《决议》，也可以说是"重复或者引申"《决议》已有的

---

① 金冲及：《一本书的历史：胡乔木、胡绳谈〈中国共产党的七十年〉》，中央文献出版社 2014 年版，第 186 页。

结论，不过确实又从展开论述党的历史和编著党史著作上深化和丰富了《决议》的这个论断。龚育之还说，1994年在中共党史学会第四届理事会上，胡绳着重讲了这个"划时期的坐标"，即这个分期问题"从形式上看有利于编写党史时划分章节，但实质意义是要把党的十一届三中全会的历史地位突出出来"。他说："我是很看重这个意见特别是它的实质意义的。我认为，这个新时期划分的标志，已经是在党的最重要的文件中得到了肯定的结论。"① 胡绳在《七十年》的结束语中是这样讲为什么要以党的十一届三中全会当作"划时期的坐标"问题的。他说："十一届三中全会之所以能够成为划时期的坐标，就因为以邓小平为核心的党中央能够总结以往的好的经验、好的思想，继承下来加以发扬光大；又深刻地而不是肤浅地，全面地而不是片面地总结了以往犯错误的经验，吸取教训，纠正错误，得出正确的路线、方针、政策。"② 胡绳讲得非常明确、准确。正因为如此，龚育之将胡绳讲的党的十一届三中全会是"划时期的坐标"问题，列为《七十年》具有"新颖的见解和独立的判断"的一个重要例子。

三是在社会主义初级阶段，社会主义要向资本主义国家学习许多东西。胡绳说，过去基本理论上的重大错误，是将社会主义与资本主义割断的，没有弄清楚社会主义建设要继承资本主义国家中的好的东西。社会主义为什么优于资本主义？因为它既继承了资本主义好的东西，又往前进了。列宁很强调要学习人类文明的全部成果。光有新的社会制度，而没有既有的生产力基础，那怎么能使生产力比旧的基础更高？跟外国比，要这样比。你基础差，靠小手工业怎么建设社会主

---

① 龚育之：《送别归来琐忆》，载《思慕集》，社会科学文献出版社2003年版，第294页。
② 中共中央党史研究室：《中国共产党的七十年》，胡绳主编，中共党史出版社1991年版，第546页。

义?"一百个坚定的社会主义者,到荒岛上也建设不起共产主义来。"[1]每一代的生产关系都建立在前一代既有的生产力基础上。我们必须吸收资本主义国家好的东西。例如保险制度,就可以为我所用。集中社会的财力来救济一个单位或个人的困难。没有这个东西,就什么都要靠国家解决。现在把各方面的力量集中起来解决,就减轻了国家负担。这实在是个很好的制度。这类社会化的制度没有的话,你怎么建设社会主义?科学技术都是硬碰硬的,你把资本主义变成社会主义,就要把这些都接受下来。这是非常适合社会主义的东西,是全社会性的。有了这些,加上新的社会制度,当然社会主义就比原来资本主义的更高。我们现在处于社会主义初级阶段。在"社会主义初级阶段,社会主义要向资本主义国家学习许多东西"[2]。我们为什么坚持对外开放?就是要学习人家管理大企业的经验,引进技术人才,吸收资本主义国家的好的东西,"把资本主义为人类积累的科学技术和管理经验这些东西学下来,它不是只为狭隘的资本主义服务的,而是为人类服务的。所以要了解,要吸纳"[3]。也有些人说,既然要学习资本主义,继承资本主义,那就把它的政治制度都继承下来好了。胡绳指出,那不成。列宁讲,资本主义的国家机器要打破,但是大银行等要接收下来,割断它和垄断资本的关系,变成社会主义的东西。政治制度不能继承,有的具体制度可以借鉴。当然,学习资本主义国家的好的东西,要准备付出一些代价。没有后面这一点思想准备也不行。这包括人家对你搞和平演变,而且无孔不入。"我们要准备有一部分给它变过去,等于

---

[1] 金冲及:《一本书的历史:胡乔木、胡绳谈〈中国共产党的七十年〉》,中央文献出版社2014年版,第164页。

[2] 金冲及:《一本书的历史:胡乔木、胡绳谈〈中国共产党的七十年〉》,中央文献出版社2014年版,第152页。

[3] 金冲及:《一本书的历史:胡乔木、胡绳谈〈中国共产党的七十年〉》,中央文献出版社2014年版,第77页。

生产总要有损耗一样，只要不是 100 个里有大半变过去就行。"①

四是改革开放以后有了一整套路线、方针、政策，执行中间有些曲折。胡绳说，两年徘徊，到党的十一届三中全会确定了改革开放。党的十一届三中全会后有了第二代领导核心。中国共产党多少年一直没有形成稳定的领导集体和核心，遵义会议后才有了第一代稳定的领导核心。现在有了第二代领导核心，核心是小平同志。首先拨乱反正，不拨乱反正，思想僵化就转不过来。党的十一届三中全会后将全面拨乱反正与总结历史经验结合，调整国民经济，调整政治关系和文化教育，还有外交政策、党际关系。整个政治路线就是以经济建设为中心，解决了一个很重要的问题，就是生产关系一定要符合生产力发展水平，才能促进生产力。抓生产关系也要从具体国情出发来进行。全面改革包括开放问题，也包括政治体制的改革。经过党的十二大，到党的十三大，党的路线和方针、政策越来越明确和完整了。中间也有些失误，经济工作上两次过热。党的十一届三中全会半年以后，就出现急于求成的现象。特别是在赵紫阳时候，甚至把农业挤掉。胡耀邦也有两个问题，一个是经济工作上过急，另一个是"一手硬一手软"。这两个问题已经好多年了。怎么造成的？不能只归过于某一个人，要做点分析。过去经济工作没有经验，现在有了经验。抓意识形态工作仍缺乏经验，对开放中会出现的许多问题估计不够，采取措施少。当然，也不可能一下子都估计到，只能慢慢认识。还有精神文明问题，党内对这个问题最初的思想准备也不够。它不只是哪一个人的问题，实际上联系到许多问题没有配套。光喊，没有具体措施，包括知识分子政策的落实、教育工作等。知识分子政策问题，新中国成立以后就没有解决好。20

---

① 金冲及：《一本书的历史：胡乔木、胡绳谈〈中国共产党的七十年〉》，中央文献出版社 2014 年版，第 153 页。

世纪 50 年代的社会比较单纯，知识分子思想改造是有效的，但中间的确有问题，运动太多，批判太过。现在反对资产阶级自由化，反对黄色的东西，几乎没有具体地提出什么有力的措施，或者没有坚持下去。当然，影响意识形态的，有的不全是意识形态工作能解决的，要全党都来注意，不能光号召，要大家都来发挥作用。党的十二大以后的问题说不上失误，党的十三大以后又出现急于求成的现象，还有"一手硬一手软"的问题，也不好说完全违背了党的路线方针。领导的注意力容易倾向单打一，在实际工作中容易犯老毛病。动乱以后，党的十三大的路线方针那一些还是坚持了的。"总的说，党是总结了过去的经验教训，这些问题不能跟'大跃进'、'文化大革命'比"，"有了一整套路线方针政策，执行中间有一些曲折"①。

五是党的领导核心由第二代到第三代的转换有一个过程。胡绳在向中央党史工作领导小组汇报这本书时专门讲了这个问题。他说，党的领导核心第二代到第三代的转换，有的书上说是党的十三届四中全会，这不太妥当，应当是经过党的十三届四中全会到五中全会，才向第三代转移了。"四中全会解决赵紫阳的问题，不能说赵的问题一解决，第二代就完成了历史使命。到五中全会小平同志辞去中央军委主席，中间有半年多一点时间。"② 我认为，这个修正很重要。对两代领导核心交接的这个时间节点的新说法，说明了胡绳对党的历史的精准把握。所以，《七十年》对这段历史的表述是"经过四中全会、五中全会，以邓小平为核心的第二代中央领导集体和以江泽民为核心的第三代中央领导集体（第一代是自遵义会议以后以毛泽东为核心的中央领

---

① 金冲及：《一本书的历史：胡乔木、胡绳谈〈中国共产党的七十年〉》，中央文献出版社 2014 年版，第 156 页。

② 金冲及：《一本书的历史：胡乔木、胡绳谈〈中国共产党的七十年〉》，中央文献出版社 2014 年版，第 187 页。

导集体)有计划、有步骤地实现了顺利的交接"①。

六是要说明新时期是总结过去各章所讲的正面和反面的经验,找到了一条符合中国国情的社会主义道路。胡绳认为,这一章的结论,只讲新中国成立 40 年来的成就不够,还要讲这 40 年来的经验,要论述改革开放 10 多年的成就,是在过去 30 年的基础上取得的,也接受了 30 年的经验教训。我们这个党一直在探索中前进。民主革命呢,犯了两次大错误,一个是 1927 年大革命的失败,另一个是 1934 年第五次反"围剿"的失败,得出了经验教训。党的七大前制定的《关于若干历史问题的决议》就是总结经验,然后取得了胜利。我们不否认新中国成立以后有成功,也有挫折、失败,有许多失误,甚至最后造成"文化大革命"的灾难。或者说,我们犯过两次大错误,即"大跃进"和"文化大革命"。但是,我们要科学地研究这些问题,要把我们的错误、弱点、失败的经验教训,很好地加以总结,"证明我们十年来之所以必须实行改革开放、建设有中国特色社会主义的根据"②,"找到了一个基本符合中国国情的社会主义道路"③。尽管这些年的实践初步证明这条道路是正确的,有的问题还没有解决,要继续探索,但前途是光明的。

(十)关于怎样写党史书

胡绳在谈《七十年》的改稿过程中,不仅谈了上述观点——特别是给予了他在与中央领导人零距离接触期间直接观察的不少"胡绳说法",而且还当面掏心掏肺地谈了怎样写党史书的一些看法。他着重谈了三点:

---

① 中共中央党史研究室:《中国共产党的七十年》,胡绳主编,中共党史出版社 1991 年版,第 546 页。

② 金冲及:《一本书的历史:胡乔木、胡绳谈〈中国共产党的七十年〉》,中央文献出版社 2014 年版,第 15 页。

③ 金冲及:《一本书的历史:胡乔木、胡绳谈〈中国共产党的七十年〉》,中央文献出版社 2014 年版,第 78 页。

一是要多写实际是怎么做的，不要搞各种文山会海。党史书免不了要写会议、文件之类的。胡绳说，初稿的缺点是有些地方会议、文件讲得太多，用当时文件的写法，哪次会议怎么开，哪个文件怎么样，一大串。好像尽在宣布很多决定，提出什么要求和主张，没有实践逻辑。会议、文件要求做的事，到底做得怎么样，看不出来。只根据当时的会议和文件写，不能给读者留下特别的印象。我们写党史，不是只在讲要怎么做，更重要的是写做了些什么，做得怎么样。目前这种写法要改变改变。有些地方，比如说会议要求做五件事，不如说根据这次会议的要求做了五件什么事。胡绳还讲，胡乔木批评过写党史只是大量引用党的文件的写法，并强调要写党是怎么做的这个观点。金冲及讲了胡乔木怎样谈这个问题的具体情景。他说，有一次他把国防大学姚旭讲的一段话告诉胡乔木。姚旭说现在写的党史中大量篇幅是中央领导人的讲话、文章和党的会议通过的文件，也是文山会海。胡乔木说，这是抓住了要害。读者不只是要了解共产党是怎么说的，更重要的是要了解共产党是怎么做的[①]。我认为，这是写好党史书的一个基本要求。

二是叙事要生动、有波澜，不能成为记账本。胡绳说，写历史越是过去的事，越容易判断。很近的事，多做判断，是有困难的。历史不能脱离事来发议论。比较起来，还是用一种客观叙述的方式来说为好。但写作的困难，就在如何叙事。叙事文不那么好写，写得很压缩，很容易成为压缩饼干。一件一件堆下来，让人看得喘不过气来，平铺直叙，记账式的，又沉闷又没必要。记事文怎么写得有波澜？有的要有概括，不能太琐碎；有的要有特写，突出典型。比如抗美援朝，现在写的是概括的，从第一次战役到第五次战役，每次战役都写几句，

[①] 参见金冲及：《一本书的历史：胡乔木、胡绳谈〈中国共产党的七十年〉》，中央文献出版社2014年版，第156页。

这样写，没味道。对上甘岭战役可以多些描述，就有生气了。还有比如写长征，四渡赤水就要有一点特写。有的地方三言两语就可以了，有的地方要多交代一些。有时还要有点议论，不能光给人一堆事实。当然，要以叙事为主，将事情交代清楚，叙述生动一些。写书就怕只罗列事实。说明了什么问题？没有。但议论什么，说点什么，这要斟酌。叙事和议论是一对矛盾，要把握好。发表议论不是脱离事实来发表，不是在事实讲完以后再讲几条经验，那常常索然无味；而是要在写事情本身中有议论，最好是画龙点睛地说几句。文章要有点波澜，这是有困难的，特别是这不是私人著作。我们要努力写得生动一些。

三是交代历史过程要简明，有详有略，不能平均简化。这是胡绳针对有的初稿写得太冗长讲的。他说，要压缩、简化一些，但简化也不是平均简化。不一定什么都写，像历次战争呀，不必都讲得那么细。有些地方要特别简化，过程减少点，篇幅减少点，问题更集中。但该详细、有新意的，可以详细地说。"比如《木兰辞》：'东市买骏马，西市买鞍鞯，南市买辔头，北市买长鞭。'写得很细。路上走呢，只有两句话：'万里赴戎机，关山度若飞。'细的地方要非常细，粗的地方可以非常粗。"[①] 这就有味道了。

上面梳理的胡绳的诸多观点，略有出入。笔者将他的看法梳理出来，主要是供研究者在研究上述相关问题时作为参照。如前所述，并非说上述观点是"百分之百的布尔什维克"。胡绳关于写党史书的几点意见无疑是经验之谈，它不仅对修改《七十年》起到了指导作用，我相信，对于广大党史研究者特别是青年学子怎样从事党史著述来说，也会有教益的。

《七十年》各章执笔人根据胡绳的意见，还有胡乔木等中央党史工

[①] 金冲及：《一本书的历史：胡乔木、胡绳谈〈中国共产党的七十年〉》，中央文献出版社2014年版，第38页。

作领导小组负责同志的意见，不断修改，反复打磨，经过集中起来半年多紧锣密鼓的艰苦奋战，《中国共产党的七十年》终于在 1991 年 8 月底定稿出版。

三、《中国共产党的七十年》的反响

《中国共产党的七十年》出版发行后，立即受到社会各界和广大读者的青睐。1991 年 10 月 8 日，中央党史研究室在人民大会堂召开《中国共产党的七十年》、《中国共产党历史》（上卷）出版座谈会。参加者有中央党史工作领导小组负责同志和党史界、理论界专家学者共 80 多人，可谓高规格、高层次的座谈会。在改革开放以后，乃至新中国成立后为两部党史著作的出版而召开这样的座谈会，是破天荒第一次。与会者充分肯定了这两部党史著作取得的成就。由于《中国共产党的七十年》是刚面世的新著，其学术影响更胜一筹，且更具可读性，故发言者对这部著作谈得更多些。

发言者主要肯定了《中国共产党的七十年》以下几点：

第一，关于这本书的总体评价。发言者一致肯定这是第一部叙述党的历史比较完整、完善的著作。

薄一波（中共中央党史工作领导小组副组长）说，这部著作比较突出的是既简洁又全面，不少地方分析、提炼、概括得好，使人读后不仅了解到事情的来龙去脉，而且让人感到了其中的内在逻辑联系。写出这样比较严谨的著作，如果没有一定的思想水平和理论根底，是写不出来的。这本书的出版，可以看作是党史研究工作的一个好的新起点。

胡乔木（中共中央党史工作领导小组副组长）在专门为《七十年》写的题记中指出：它是大家盼望已久的一部中等篇幅的、内容比较完善而完整的党史。它既实事求是地讲出历史的本然，又实事求是地讲出历史的所以然，夹叙夹议，有质有文，陈言大去，新意迭见，很少沉闷之感。它可读、可信、可取。胡乔木在座谈会发言时又说：这本书确实把党的 70 年的历史简要地写出来了。在这 70 年里，党曾经进行过哪些斗争，取得过哪些成就，犯过哪些错误，书中可以说写得一目了然。没有什么吞吞吐吐，含糊其词，既没有歪曲，也没有夸大和贬低。这使我看了觉得很高兴。

邢贲思（中共中央党校副校长）认为：《七十年》为我们提供了一本系统的党史教材，为我们正确地认识党的历史和现实，提供了一部言简意赅、可信可读的科学论著。

逄先知（中共中央文献研究室主任）说：《七十年》不仅给广大干部和青年学生提供了一本非常好的党史教材，而且提供了如何研究党史和写好党史的一个范本，具有方法论意义。

何理（国防大学教授）认为：《七十年》是一本全面正确反映党 70 年全部光辉历史进程的优秀读物，尤其是它比较准确地概括了党领导进行社会主义革命和社会主义建设的伟大历程，对我国社会主义建设的成就和失误、前进和曲折、经验和教训等主要方面的分析处理得周密得当，给读者以清新、明快、求实、公允之感，是一部成功之作。

陈铁健（中国社会科学院近代史所研究员）说：可以将《七十年》的总体评价，归纳为 24 个字：实事求是，尊重历史，有质有文，新意迭见，明白晓畅，严谨切实。如果可以把 1951 年出版的《中国共产党的三十年》一书看作是中国共产党建国执政后中共党史学的开创之作，那么 1991 年问世的《中国共产党的七十年》一书则以其同样意义而成为新时期党史学的良好开端。

第二，关于这本书的突出写作特点。发言者对这本书的写作特点和优点，赞誉有加。

胡乔木指出：本书的特色在于它并不满足于重复或者引申已有的

结论和研究成果，作者就党的发展过程中的许多细节独立作出自己的判断。书中引用的资料很多是第一次使用的。本书的体裁是夹叙夹议。这是贯穿全书的另一特色。这也使我读了觉得高兴。希望以后出的同类著作都能采取这种体裁。

邢贲思说：《七十年》不仅正确叙述了党在70年中所经历的各种历史事件，所遇到的种种复杂现象，而且对这些事件、现象作出了有说服力的分析。这种分析是一部历史著作之所以成为信史的不可缺少的要素。如第七章，情况复杂，相当难写。过去的著作对这一段历史的分析往往比较简单，把复杂的历史现象简单化了。《七十年》第七章的分析就比较细致、比较全面，也比较正确，因而较有说服力。

逄先知对这本书的特点作了概括，强调它有三大优点：一是思想性、理论性较强，为一般党史本所不及。不仅叙事清楚，史料丰富，而且有理论上的概括和分析，从理论上澄清了党史特别是社会主义时期党史上的一些重大是非问题，具有很强的现实针对性。二是采取分析的方法，实事求是，立论公正。这是它突出的特点和优点。书中充满辩证法的力量，因而使人感到叙事论事是生动的、全面的、可信的。三是表述上要言不烦，简明扼要，思路清晰，一气呵成，用最小的篇幅包含了最大的容量。不少党史本往往写得枯燥无味，但这本书读来却引人入胜，让人欲罢不能，言之有物，给人以启发；既不是平铺直叙，又不是泛泛议论，在史论结合方面是一部成功之作。

姜思毅（中国人民解放军军事科学院副院长）指出：这是一部高水平的中共党史读本。有以下几个特点：一是历史与现实紧密联系，具有完整性。首先在时间跨度上，写了中国共产党成立到现在整整70年的历史，对党的历史作如此完整的叙述，这是第一部。其次在内容的广度上，涵盖了党的发展和领导革命建设取得胜利的各个方面，对政治、经济、军事、思想、文化、外交等各方面，都有全面的照应，并占有适当的比重。二是回答了广大群众关心的深层次问题，富有思想性。它不仅叙述了历史事实，而且有着高度的思想性和丰富的理论内涵，以客观历史事实本身，回答了人们所关心的一些重大的理论和实际问题。它不仅对一些宏观问题具有完整的叙述和精当的分析，而且对一些重要事件也有深刻的、切合实际的理论分析。三是材料丰富，分析客观，具有科学性。编著者在史料上下了苦心，处处表现出分析、鉴别、驾驭和运用史料的深厚功力。本书选用的史料，取材范围很广，有多种题材、多种角度、多种来源、多种类型。有的材料在党史书上第一次使用，使人耳目一新。如在讲到第二次国共合作的形成时有这么一段话："国民党最高领导人承认第二次国共合作，实行抗日战争，是对国家民族立了一个大功。国民党当时是执政党，拥有两百万军队。国民党当局的政策转变，对抗日战争的全面展开有着重要意义。"这是其他书上很难见到的论断。四是深入浅出，生动活泼，具有可读性。这本书以其严谨的内在逻辑联系和生动活泼的表述方法，使以往看党史书的沉闷空气为之一扫。在本书中发展的主线是实际的社会运动。把毛泽东的著作、党的重要会议，放在宏大的历史背景中去叙述，不仅便于突出历史发展的主线，而且便于读者加深对这些重要著作和会议的理解。

何理认为：《七十年》在处理社会主义时期的错误时有两点是比较成功的。一是对前29年党在领导社会主义建设中的重大失误，不就事论事，客观描述，而是站在一定的历史和理论高度进行实事求是的科学分析。二是以探索适合中国国情的社会主义建设道路为主线，总结了从党的八大到"文化大革命"的曲折、失误的经验教训，而不是平铺直叙地描述错误，这就提出了一个正确研究和理解这一时期历史内容的新的视角，更能比较客观地积极地反映这一时期的历史本质，便于总结经验，增强信心。

萧超然（北京大学教授）指出：读了该书第一章"中国共产党的

创立"很高兴。它令人耳目一新，使人感到作者没有任何预拟的框框，而是完全按照历史的本来面目去写，突破了多年来形成的写作程式。这是一个很大的进步，是编写党史的可贵收获。作者选取了大量第一手极具典型的文献资料，论述了党成立的历史前提、思想准备和组织准备，把一些基本的理论观点寓于对历史的生动叙述中，不作空泛的冗长议论，既直书实录，让历史材料说话，又以史为鉴，开掘历史的本质。不虚美、不厚饰，叙史辩而不华，质而不俚，文简而事核。它阐明了中国共产党在20世纪20年代初成立，决不是偶然的，而是中国革命运动发展的必然结果，是中国最觉悟的革命者的共同要求，是客观形势发展的产物。这样写，可信、可读，具有说服力。

陈铁健说：《七十年》文风的一个很大特点，是说理而非说教。多年来宣传教育中需要认真总结经验和汲取教训的地方很多，其中由板起面孔说教造成受教育者的逆反心理，已成为司空见惯又难以解决的问题。《七十年》一书以不到50万字的篇幅写完中国共产党70年的历史，人们能够心悦诚服地接受它，原因就在于把道理讲清楚了。它讲道理的方法，就是史论结合。以史为主有丰满的历史感，以论贯通富于理论色彩，而不是用马克思主义理论取代历史的叙述和分析，理论只是起画龙点睛作用。

第三，这本书引人入胜的新颖见解。

胡乔木指出：《七十年》对党史提出不少新颖的见解。例如，在说到20世纪30年代初国民党统治区的工作的时候，讲到上海文化界的党员如胡愈之、陈翰笙等同志的工作，这是过去人们很少注意到的，讲得很好。第七章"社会主义建设在探索中曲折发展"，这段历史比较难写，现在对这段历史不但提出了许多首次发表的事实，而且作了比较确切的解释。结束语中关于党在历史上所犯的错误的估计和42年来的巨大成就，都作出了比较全面的认识。

逄先知说：这本书最精彩的是对 1956 年至 1966 年十年探索中两个发展趋向的分析，具有独到的见解。有了这样一个理论上的分析和概括，就能说明为什么在 20 世纪 50 年代末到 60 年代初在"左"的思想指导下还有两次纠"左"；就能说明为什么党的八届十中全会提出以阶级斗争为纲以后，从 1962 年到 1966 年"文化大革命"发动之前这个时期，又是新中国成立以来经济发展最好的时期之一；又可以说明党的十一届三中全会以来正确的路线、方针、政策是如何产生的等等。不仅如此，作者提出，对错误的东西也要做分析，"错误往往由真理越过了界限而来"。这就可以解释毛泽东晚年思想理论中正确与错误为什么会交织在一起，以及怎样交织在一起的。我们不能因为有了正确的东西而否认与之相伴产生的错误东西。同样，也不能因为有了错误的内容而忽视与之相伴产生的正确的东西。

何沁（中国人民大学教授）认为：两个发展趋向的论述，把历史发展的内在联系清楚地揭示出来，有助于读者正确了解社会主义建设中的问题和曲折，了解为什么会发展到"文化大革命"，以及后来又为什么能够被纠正。从而真正达到了解历史的"本然"和"所以然"的目的。同时，这些论述是紧密结合历史发展而展开的，是和历史事实融为一体的，有很强的历史感，读起来很少沉闷感，容易理解，容易被接受。这可以说是本书写作方法上的一大特色。

陈铁健认为：《七十年》全书立论不俗，每多新意。所谓新意，盖指涤荡陈言，以真求新，敢于言前人之所未言，发前人之所不发。这种敢言真实、不断求新的气魄，根植于史学研究中的科学性和革命性的内在统一。只有贯彻历来倡导和践行的实事求是的思想路线，才可能达到这种科学性和革命性的结合，才会产生新的见解、新的语言、新的概括、新的风格。第一、二、八、九章，以其叙议结合、史论结合所产生的历史感和理论色彩，一扫党史著作通常难以避免的呆板、生硬、枯燥和苍白。写"文化大革命"的第八章是其中最精彩的篇章。作者敢于直面历史，把这一章写得脉络清楚，情节细腻，层层剖析事理，文字不落俗套，成功地做到了历史与逻辑的统一，科学性与战斗性的统一。对于毛泽东在这场大悲剧中富有悲剧色彩的矛盾性格和行为，写得生动感人。对毛泽东错误的批评是严肃的和尖锐的，但又是入情入理和充满善意的。这样的批评，广大党员能够接受。讲"文化大革命"必须否定，以往党史著作虽有论述，但如《七十年》一书写得史论俱佳，我认为是第一次。

　　座谈会发言者的以上评述，充分说明胡绳大师在修改《七十年》过程中提出的诸多要求，既在书中得到了贯彻，也为与会读者广泛认可。其一年的含辛茹苦得到了超过预期的回报。

　　《中国共产党的七十年》实际上是一部具有继往开来、承前启后的里程碑意义的著作。所谓承前继往，就是如座谈会上发言者所指出的，它承接了1951年出版的《中国共产党的三十年》，是一本经中央领导人审阅过的具有权威性的中国共产党简史。所谓启后开来，就是如胡乔木在为本书写的题记中所期望的，"进入下个世纪，如果本书作为素材还多少有用，至少书名将改变为《中国共产党的八十年》之类了"。尽管在党成立80周年时没有如胡乔木所愿出书，但在党成立90周年时却以《七十年》为重要参照出版了《中国共产党的九十年》。该书在后记中写道：本书编写过程中，注意吸收已出版的《中国共产党历史》第一卷、第二卷和《中国共产党的七十年》的精华，借鉴其编写的成功经验。这三本书，特别是《七十年》，凝聚了胡绳的巨大心血，凝聚了他的过人智慧。

　　党史工作者为中国共产党立传的党史著作还会继续编修下去。我们党即将迎来它的百年诞辰，《中国共产党的一百年》也必然是党百年华诞最好的纪念。它无疑会以《七十年》为基础续写中国共产党的新的历史篇章。

第五章

1983—1999：《马克思主义与改革开放》
——阐释中国特色社会主义理论的重要著作

《马克思主义与改革开放》是胡绳为阐述和传播中国特色社会主义理论做出重要贡献的著作。胡绳有三本大书，前两本（《从鸦片战争到五四运动》和《中国共产党的七十年》）为历史书，《马克思主义与改革开放》这一本为理论书。前两本在众多史书中脱颖而出，成为中国近代史和中共党史著作的"佼佼者"，一个重要因素是有理论的支撑，揭示了历史发展的"所以然"。《马克思主义与改革开放》这本篇幅不是很大的论文集有轰动效应，一个重要原因是它有深厚的历史根基，使马克思主义理论接了地气，令人信服地说明了马克思主义为什么能成为中国共产党观察和改变中国命运的理论武器，社会主义为什么能在中国屹立而不倒。在我们国家，像胡绳这样既是世界级的马克思主义理论家，又是国际知名的中国近代史学家和中共党史学家的，屈指可数。《马克思主义与改革开放》同《从鸦片战争到五四运动》和《中国共产党的七十年》一起，成就了胡绳作为大师在学界的辉煌地位。

一、胡绳"自寿铭"和"胡绳现象"

　　胡绳在 1998 年 1 月八十寿诞时作过一首《八十自寿铭》。铭曰："吾十有五而志于学，三十而立，四十而惑。惑而不解，垂三十载。七十八十，粗知天命。廿一世纪，试窥门庭。九十无望，呜呼尚飨。"

　　一年之后，1999 年 1 月中旬，他接受中央电视台记者采访时对"自寿铭"作过解释。此前，他在接受央视记者白岩松采访时和与郑惠等人的谈话中也谈过他个人的学术经历。还有，他在《胡绳全书》第2卷的引言中，谈及他在新中国成立后至改革开放前那段时间的学术心境，也涉此铭。综合这些谈话，以他个人自述为依据，对"自寿铭"可作下面的解读。

　　胡绳说，这个"自寿铭"是个开玩笑的东西。80岁时，他首先想到孔老夫子讲的"吾十有五而志于学，三十而立"。这个对我很适用。"十有五而志于学"，是指这个时候我进中学，最初读到陈独秀的文章，开始逐渐地接触到共产党。"一方面是国家的命运，社会落后，关心它的前途，逐渐地把希望放到共产党身上。另一方面，从相信共产党开始学习马克思主义。这就奠定了我在青年时期，也可以说奠定了我一生的生活和思想的基础。"① 这是胡绳将个人"早慧"放到国家的前途命运中来认识，从更开阔的宏观视野对"十有五而志于学"进行的解释。这很有见地，是从"小我"升华到"大我"精神境界的展现。

　　胡绳解释"三十而立"说："我生于1918年，到1948年30岁。从我写作来说，我觉得一生有两个段落是最丰盛的时期。所谓丰盛当然是说写得多，但也包含质量方面的问题。第一个丰盛时期就是1943年到1948年，这是我25岁到30岁。前几年上海编了一套《中华民国丛书》，从一些书里选择比较可以留传到后代的书这里选了我的三本书（即《理性与自由》《帝国主义与中国政治》和《二千年间》——引者注）。这三本书现在看起来还是立得住的吧，至少是他们编《中华民国丛书》的时候，认为这几本书还是在民国时代产生的站得住的书，所以叫作'三十而立'。后来我觉得这些书相对说来应该是很幼稚的东西，但是这些书在延安当时还有影响。比如说，十几年前我在各地跑，

---

① 《胡绳全书》第7卷，人民出版社2003年版，第181页。

碰到一些老干部，他们说当时看了你的书受了很多影响。虽然说这是我青年时期的著作，但这几本书的基本的思路和基本的风格奠定了我一生的写作基础。"①

胡绳继续解释，孔老夫子本来讲"四十而不惑"，自己却说"四十而惑"，这很特别。什么叫"四十而惑"呢？这是讲 1957 年以后对于"大跃进"、人民公社这些"左"的东西感到困惑，写作很少。这里有多方面原因。其中一个很重要的原因，就是心里想的和当时的潮流还有抵牾。作为一个党员，而且处在党刊（《红旗》——引者注）主编的地位，不得不跟那个风。胡绳在《胡绳全书》第 2 卷引言中比较详细地讲了困惑情况。他说："从 1957 年以后，我越来越感到在我的写作生活中从来没有遇到过的矛盾。似乎我的写作在不是很小的程度内是为了适应某种潮流，而不是写出了自己内心深处的东西。我内心深处究竟有什么，自己并不十分清楚，但我觉得自己的头脑和现行的潮流有所抵牾。现在看来这种矛盾的产生是由于我不适应党在思想领域内的'左'的指导思想。但当时我并不能辨识这种'左'的指导思想。正因为我不理解它，所以陷入越来越深的矛盾。为顺应当时的潮流，我写过若干与实际不符合、在理论上站不住的文章。写作这样的文章，不能使我摆脱而只能加深这种矛盾。由于这种矛盾，我在写作的方向和目标上感到茫然。这样，写作就越来越少。"② 胡绳还说，那个时期，也不是没做一点事情，仍写了一些反对唯心主义历史观和社会观的文章，但响应者寥寥，没发生什么影响。这样，他在编辑《胡绳全书》第 2 卷过程中收入这个时期的论著时，就将那些根本站不住的文章和有严重缺陷的文章都删去了。即使剩下的文章虽然他自己觉得还

---

① 《胡绳全书》第 7 卷，人民出版社 2003 年版，第 180 页。
② 《胡绳全书》第 2 卷，人民出版社 1998 年版，第 2 页。

有某些可取之处，也不能不带有那个时代的痕迹。"结果现在编出来就这么一薄本（指《胡绳全书》第 2 卷——引者注），勉强凑的。全国解放进入新的时代，写作反而处于一个低潮。"① 胡绳的上述自我剖析说清楚了"四十而惑"的"惑"之所在。

为什么"惑而不解，垂三十载"呢？胡绳自述道，党的十一届三中全会是我们整个国家和党的事业的转折点，走向新的生机。就他个人思想来说，也应该说是转入一个新的时期，出现了一个新的生机。但是，1979 年以后他没有能够跟紧时代的发展，在思想上没有能立刻跟上形势，"对于批评'两个凡是'，提出实践是检验真理的标准，的确我看不出来在实践上和理论上这个问题非常重要，没有注意到"，"这样在上一时期和这一时期交界的一段，我只完成了《从鸦片战争到五四运动》这本书，以后差不多好几年没有能写出什么东西来。可能是到 1987 年才慢慢地把思想整理清楚了，开始写作。十一届三中全会是划时期的，可我思想落后，差不多晚了 10 年"②。这个时间段的计算是这样的：从 1957 年到 1978 年，大约 20 年；再加 10 年到 1987 年，故"惑而不解，垂三十载"矣！这就解决了有的同志以为胡绳将"垂二十载"错算为"垂三十载"的误解了。

"七十八十，粗知天命。"胡绳对央视记者解释说，所谓"天命"就是说客观规律，中国社会主义建设的客观规律。邓小平是一个改革开放的大胆的革命家、理论家。在邓小平指导下，我们初步地掌握了社会主义建设的客观规律。在这个前提下，胡绳自己也觉得"粗知天命"了。这是他写作的第二个丰盛时期，写的文章不算多，但要讲质量还过得去。可惜，年纪已经大了。胡绳表示，自己"编成了一本文

---

① 《胡绳全书》第 7 卷，人民出版社 2003 年版，第 175 页。
② 《胡绳全书》第 7 卷，人民出版社 2003 年版，第 179 页。

集（即《马克思主义与改革开放》——引者注），量不算大，但是我觉得质量比较高些"①。

根据胡绳以上自述，还有学界对胡绳在新时期发表的高质量文章的高度赞赏，我在2001年10月湖北襄阳（那时称襄樊）召开的"纪念胡绳同志逝世一周年座谈会"上，提出了新时期的"胡绳现象"这个说法。当时我对"胡绳现象"主要讲了三个内容：

一是对胡绳学术生涯作了概括，认为"胡绳现象"是指他的学术生涯第三个时期。从胡绳发表第一篇文章算起，到他2000年封笔出版最后的著作《马克思主义与改革开放》，差不多近70个春秋。他的学术生涯大体可划分为三个时期：从1932年到1956年，是他才华崭露、驰骋文坛、大器早成的时期；从1957年到1977年，按照他个人的说法，是他的思想"和现行的潮流有所抵牾"，个人写作不是完全出自"内心深处的东西"，其著述"几乎是个空白"的时期；从1978年一直到2000年，是他的学术活动焕发青春、与时俱进、旺神求真、奋追"班马"，成为理论大师的时期。这三个时间段，大体各占三分之一。胡绳之所以成为胡绳，主要是第一、第三两个时期。而"胡绳现象"，不是指第一、第二个时期，是专就第三个时期（即新时期）而言的。

二是对胡绳晚年学术成就作了评价，认为他与时俱进，由一度的思想落伍者砥砺奋进，一跃而引领史论（近代史党史学界和马克思主义理论界）学术风骚20年。穿越时间隧道，回到20世纪70年代，在粉碎"四人帮"后，胡绳受到他所在单位工作环境的影响，在关于真理标准问题讨论上没跟上形势，并在党的十一届三中全会前的中央工作会议上受到过批评。但这次挨批的深刻教训，却成为他学术生涯的

---

① 《胡绳全书》第7卷，人民出版社2003年版，第148页。

一个新的历史起点。在党的十一届三中全会以后，他努力与时代同步，适应党和人民事业发展的需要，在学术研究上做出了三大主要贡献：一为出版了《从鸦片战争到五四运动》这本近代史巨著，该书是新时期发行量最大的历史著作，被广大青年推选为10本最受欢迎的社会科学读物之一。二为主编出版了《中国共产党的七十年》，这是获得学术界普遍公认的中国共产党通史的权威性党史本子，并成为新时期发行量最多的党史著作。三为发表了一系列有深度、有新意、有创见的理论文章，对中国社会主义的重要发展问题，对邓小平理论的许多根本性问题进行了阐发。这些文章大多集结在《马克思主义与改革开放》一书中。对于这本篇幅不大、质量很高的著作，我当时作了这样的评价："这些文章具有理论与实践紧密结合、历史与现实息息相通的鲜明特点，将邓小平理论的研究和宣传推进到一个新水平，因而做出了独特的、为他人所难以替代的贡献。"

三是对胡绳晚年的学术精神表示了由衷敬佩，认为他是共产党员学者探索真理追求卓越的典范。胡绳到了古稀之年，不但老骥伏枥、勤奋笔耕，而且与时俱进、开拓进取，不断地向一个又一个学术高峰攀登。特别是在20世纪90年代后期，他以八十高龄且身患绝症之躯，在以顽强的毅力与疾病作斗争的同时，还继续苦思冥索，对一些有重大影响的党史和理论问题提出新的见解。这种执着追求真理的科学精神和革命风范，令人深为感佩。他的诗句"揽镜居然八十春""老遇明时倍旺神""此心不与年俱老""尘凡多变敢求真""自知于世无多补""伏枥犹存千里志""朝云暮雨写千秋""繁花争笑白头人"等，是他一生特别是晚年高尚情操的生动展现。正是这样的一种驱动力，使他置生死病痛于不顾，"一笑癌魔何奈我"，"苍苍莽莽自雄奇"。按照现在的流行语说：厉害了，我们的大师胡绳！

因此，什么是"胡绳现象"？就是胡绳在晚年不断与时俱进，解放思想，一往无前，老而弥坚，攀登高峰，不断创新，终于铸就最后 20 多年学术的新辉煌。这在当代中国理论界是个奇迹，这在中国学术史上是个奇迹！

有一种看法，将"胡绳现象"归纳为"两头真"，即在第一阶段实现自我，第二阶段失去自我，到第三阶段又回归自我。这种看法给人以某种启发，但又觉得表述得不是很准确，不无商榷之处。首先，真与假是个价值判断，不是简单的事实判断。生活在我们这个国家，每个人的发展经历都与党和国家的发展历程紧密相连，对个人经历的概括很难与党和国家的历史切割开来。从 1957 年到 1978 年党的十一届三中全会以前，党和国家的探索走了弯路，许多人遭受不幸，这是事实。怎么样来认识这段历程呢？尽管"两头真"的说法没有直面这段历史，但其潜台词是不言自明的。这里说的是历史进程，只能是形式逻辑推理。既然如此，从形式逻辑言，就是"非真即假"。那么，将这一段曲折和挫折简单地认为是"假"，是否合适呢？可能值得商榷。犯错误和"假"不能简单地画等号。其次，就胡绳个人而言，陷入了与那个时期"左"的潮流"有所抵牾"的矛盾和困惑之中，"写过若干与实际不符合、在理论上站不住的文章"。这也不好简单地说是"失去自我"，因而完全是"假"。"失去自我"是价值判断，"假"是事实判断。那样的"与实际不符合、在理论上站不住的文章"，可能既有事实判断的错误，也有价值判断的错误，要具体分析而论。就胡绳个人在那个特殊年代的表现来看，主要是在价值判断上发生的问题，而在关键的事实判断上还是坚守了自我，没有说假话、作伪证。前面讲过的，在"文化大革命"挨批斗期间，他看到有同事在交代材料中编造了彭真要在中宣部设立"资本主义复辟处"等离奇情节，感到震惊，便对专案组说，他写不出那样的交代材料来，专案组爱怎么着就怎么着吧。在那个时候能坚守住实事求是精神，是很难得的。这说明他坚守了自我底线，不能说是"假"吧。因此，就胡绳而言，"两头真"的看法是将复杂的个人经历简单化了。就胡绳的写作而言，讲"两头高"可能不会引起误解。就胡绳的自我状况而言，人生的经历同社会历史的发展一样是心电图式的曲线，既非简单的马鞍形曲线，也很难有长安街式的直线。这符合自然规律。

二、《马克思主义与改革开放》若干新论和深论

《马克思主义与改革开放》收入了胡绳从1983年到1999年的11篇文章，在胡绳去世前一个多星期出版。他只看到了样书，没能目睹它面世的光彩。

这些文章，包括没有收入的几篇文章，如他本人所说，质量比较高些，感到欣慰。在这些文章中，胡绳以历史学家的深邃眼光和哲学家的辩证思维，立足于对中国国情的分析和对党的历史经验的总结，宏观地把握改革开放的发展趋势和世界经济社会的发展态势，经过异常深入的研究，摒弃了人们常见的空泛议论的理论宣传模式，对以邓小平理论为根基的中国特色社会主义理论、道路和制度，还有党在新时期的路线、方针、政策，进行了缜密阐发。他既将马克思主义的基本观点寓于通俗易懂的文字表述之中，极有针对性地回答现实生活中提出的重大疑难问题，同时又将对中国特色社会主义理论和党的路线、方针、政策的认识提升到新的高度。胡绳提出的许多"很有影响、很有深度、很有新意"的观点，使这本书成为"中国社会科学最高水平"的力作，在学术上大放异彩。他在晚年的这一系列文章中表现的与时俱进、解放思想、实事求是的学术创新风格和高度的理论自信，还有不断破除迷信、攀登学术高峰的精神状态，使我们后辈晚学不能不表示崇高敬意。

胡绳的主要新论和深论有：

（一）关于中国的特殊国情和特殊发展道路

胡绳对这个问题的论述有这样几点新意：

一是提出问题的切入点新。谈中国国情，这不是新题目，论述者多如牛毛。但是胡绳在《马克思主义和中国国情》一文中提出这个问题的切入点比较特别。他讲中国特殊国情，却首先批评了"中国特殊论"。对于一般论者和读者来说，多少有点出其不意。这个"中国特殊论"不是别的，而是认为马克思主义的阶级斗争论不适合中国国情。胡绳分析中国国情，恰恰反其道而行之，偏偏是运用马克思主义理论来论述中国特殊国情。他指出："革命就是要把旧世界改造成新世界。但人们只凭头脑里设想一个新世界的方案，是不能实现这种改造的；必须从旧世界的实际出发，合乎客观世界发展规律地进行改造事业。这是马克思主义的科学社会主义和一切空想社会主义的区别。对国情也是这样。人们必须从国情的实际出发，才能改造落后的国情。"① 这段论述一下子就将马克思主义革命理论的普遍性原理同各个国家特殊国情的关系结合起来了。这就是胡绳的妙笔生花之处。

二是分析问题的着力点新。特殊国情要求特殊地运用马克思主义，不能将其教条化。一般论者都会分析马克思主义与中国实际相结合的重要意义，胡绳也讲这个结合。但是，他却强调了这样两点：第一，只有结合好，马克思主义才能在中国生根，也才能驳倒那种认为马克思主义不合乎中国国情的论调。第二，指出毛泽东的"反对本本主义"，是我们党第一次自觉地提出必须反对把马克思主义教条化的倾向。正是由于在反对教条主义过程中实现了将马克思主义普遍原理同中国特殊国情的具体结合，找到了引导中国革命取得胜利的特殊发展

---

① 胡绳：《马克思主义与改革开放》，中国社会科学出版社2000年版，第2页。

道路以及围绕它而形成的理论、路线、战略、策略和方针、政策,从而取得了革命胜利。

三是解惑释疑的观点新。中国的特殊国情决定了中国建设社会主义有许多特殊困难。有一种看法认为,先经过资本主义社会再建设社会主义,这可以减少许多特殊困难。胡绳回答这个问题时指出:中国的社会历史条件(包括国际条件)使中国没有成为,也不可能成为一个独立的资本主义国家。即使经过资本主义再到社会主义是一条"近路",中国也没有条件走这条路。何况这决不是一条近路。既然党领导人民在特殊历史条件下经过新民主主义而进入社会主义,就没有必要再去走那条实际上是漫长而痛苦的路。他接着指出:近代中国遭受世界上所有帝国主义国家的蹂躏,没有能从封建社会转成资本主义社会,这是历史的不幸。"但是经过一百多年的半殖民地半封建社会后,中国人民能够在马克思主义的指导下走上社会主义的道路,这又是历史的幸运,尽管这条道路上有许多注定要遇到的特殊困难。"[1] 这段妙论为一般学者难以得出。它的精彩令不少读者拍案称道!

四是论述中国特色社会主义道路的角度新。一般学者也是从中国特殊国情出发展开分析,但往往是直面论述,没有总结社会主义发展过程中的历史教训。胡绳的高明之处就在于,分析了我们党在建设社会主义过程中发生曲折和挫折的一个重要原因,正在于"不从中国的具体情况出发,而只凭一些'公式'(这种"公式"往往是片面地解释马克思主义而形成的),如同不能正确地指导革命一样,也决不能正确地指导社会主义建设"[2]。这些"公式"就是只根据社会主义制度的一般规律而设想出来的带有很大主观性的"纯洁"的、"完美"的社会主

---

[1] 胡绳:《马克思主义与改革开放》,中国社会科学出版社2000年版,第9页。
[2] 胡绳:《马克思主义与改革开放》,中国社会科学出版社2000年版,第12页。

义愿景。胡绳称之为"女神"。他说:"我们这里说的'左'倾错误也供奉了一些'女神'。它所供奉的虽然不是资产阶级自由、平等、博爱的女神,而是'最革命'的、'最纯洁'的、'公平'的社会主义的女神,但这二者同样使社会主义丧失了它必须具有的唯物主义的基础。"① 他继续指出:党的十一届三中全会以后,纠正这些"左"倾错误,恢复把马克思主义的普遍原理和中国革命的具体实践相结合的传统,坚决捍卫社会主义的唯物主义基础,创造性地运用马克思主义理论来解决中国问题,开始找到了符合我国国情的社会主义建设道路。"这条道路当然还要在实践中更加充分和完善起来。我们在民主革命中按照中国的具体历史条件走出了具有自己的特点的马克思主义道路,使马克思主义得到了新的发展。同样的,我们也将在社会主义建设中走出一条具有自己特点的马克思主义道路,成功地建设有中国特色的社会主义。"②

通过这"四新",胡绳就将这样一个老题目做出了新味道。

(二)关于社会主义与资本主义的关系

这是胡绳晚年理论研究的一个重点课题。在《马克思主义与改革开放》中,几乎没有一篇不涉及这个问题。一般学者比较多地论述社会主义与资本主义的对立关系。胡绳从总结历史经验出发,根据马克思主义的思想,既论述了两者的对立关系,又有针对性地论述了两者的继承关系,并且对两者作了多维度比较。他在论述过程中提出了不少新观点。

胡绳着重论述了这样几个问题:

一是走什么道路不能从抽象地比较两种制度的优劣来决定,而是

---

① 胡绳:《马克思主义与改革开放》,中国社会科学出版社2000年版,第15页。
② 胡绳:《马克思主义与改革开放》,中国社会科学出版社2000年版,第18页。

由具体历史条件决定的。对走什么道路从抽象的制度比较方面进行分析，往往是一般学者的习惯性思维。胡绳比我们高出一大筹，就在于他有独特的视角，始终坚持历史唯物主义，从具体的历史国情出发来分析问题。他指出："究竟走资本主义道路，还是走社会主义道路，并不能从抽象地比较这两种制度的优劣来决定"①；人们在历史发展中尽管能发挥主动作用，"但是并不能任意地选择前进的道路，而只能在历史所已经准备下的现实条件的范围内进行某种选择"②，"社会主义是中国的具体历史条件所提供的一个必然的选择"③。这样，胡绳的分析就使道路选择问题接了地气，根植于国情土壤，其立论就有了新的制高点，论理更显充足。

二是中国没有经过发达的资本主义阶段既"吃亏"，又不"吃亏"。对于中国走什么道路的选择，有一种看法认为中国没有经过发达的资本主义阶段是"吃了亏"。胡绳首先指出：我们国家走上社会主义道路后，遇到许多困难，产生许多失误，与"一穷二白"的底子有关，之所以如此，就因为没有经过发达的资本主义阶段。"如果这是'吃亏'，那我们只能吃这个亏。历史没有容许我们经过一个发达的资本主义阶段，我们只能跳过这样的阶段，在'一穷二白'的底子上开始建立社会主义。"④随后，胡绳又分析中国是否有变成独立的资本主义国家的可能性。他明确指出：即使有变成独立的资本主义国家的可能，那也决不会是变成一个发达的资本主义国家，而只能从极不发达的资本主义做起。"这样看来，摆脱半殖民地半封建的境地，经过新民主主义而走向社会主义，并不是走了一条'吃亏'

---

① 胡绳：《马克思主义与改革开放》，中国社会科学出版社2000年版，第50页。
② 胡绳：《马克思主义与改革开放》，中国社会科学出版社2000年版，第35页。
③ 胡绳：《马克思主义与改革开放》，中国社会科学出版社2000年版，第52页。
④ 胡绳：《马克思主义与改革开放》，中国社会科学出版社2000年版，第34页。

的道路。如果走资本主义道路,那倒是几倍、几十倍地艰难而曲折,并且是看不到前途的(或者是可以预计到有大规模流血斗争和革命的)漫长的道路。"① 这样深刻的分析,是我们一般学者很难达到的高度和深度。

三是社会主义与资本主义既有对立关系又有继承关系。胡绳认为,以无产阶级的政治统治取代资产阶级的政治统治,以社会主义的公有制取代资产阶级的私有制,这是社会主义社会和资本主义社会的根本对立关系。但是,仅仅看到这种对立关系是不够的。无产阶级还必须把资本主义社会所创造的全部生产力继承下来,包括它实现的社会化大生产,否则不能达到消灭私有制的目的。"这就是说,社会主义社会对于资本主义社会,不仅是对立的关系,而且是继承的关系。不妨简单地说,在生产关系以及保护生产关系的国家政权方面,是对立的关系;在生产力方面,是继承的关系。"② 对于后者,马克思、恩格斯和列宁有大量论述。胡绳在文章中论列了他们的许多精彩言论。他还说,我们国家在探索社会主义过程中的失误,就是片面强调前者,而忽视,甚至拒绝承认后者,将社会主义与资本主义"用比万里长城更厚实的墙壁绝对隔开"③。因此,他强调:社会主义大厦只能在人类过去世代积累的文化遗产基础上建筑起来,简单地抛弃资本主义社会的一切,无助于社会主义。实现社会化的大生产,最便捷的途径是向发达的资本主义国家学习。"不善于学习(分析、扬弃、改造、发展),几乎不可能建设社会主义。"④

四是不发达国家能否越过"资本主义制度的卡夫丁峡谷"。在1990

---

① 胡绳:《马克思主义与改革开放》,中国社会科学出版社2000年版,第35页。
② 胡绳:《马克思主义与改革开放》,中国社会科学出版社2000年版,第71页。
③ 胡绳:《马克思主义与改革开放》,中国社会科学出版社2000年版,第154页。
④ 胡绳:《马克思主义与改革开放》,中国社会科学出版社2000年版,第155页。

年,这是理论界讨论的热点,但见仁见智,各执一词。胡绳在《马克思主义是发展的理论》和《关于发展马克思主义的几个问题》等文中没有回避这个问题。他说,是否通过"卡夫丁峡谷"这个说法是个"洋典故",有点费解。马克思主义创始人曾设想,社会主义在比较不发达的国家取得胜利,而且是走一条特殊的道路。1881年马克思认为,俄国农村公社有可能不通过"资本主义制度的卡夫丁峡谷",也就是"不通过资本主义生产的一切可怕的波折而吸收它的一切肯定的成就"。胡绳指出,马克思提出这个观点有一个应具备的前提,即东西方革命同时取得胜利。历史的发展没有实现这个前提条件,但是,这个思想为不发达国家走向社会主义,指出了一条特殊的道路。中国等经济发展落后的国家建立起社会主义制度,可以说是这个思想的实践。因此,他指出:"不是每个国家都必须经过资本主义社会的全过程,在这意义上,'不通过资本主义制度的卡夫丁峡谷'已有事实可证明。"[①]同时,胡绳又认为,这只是讲了问题的一半。历史同样证明,可以逾越"资本主义制度的卡夫丁峡谷",但不可能径直建设社会主义,中间必须经过一些过渡阶段。这些过渡阶段,是为了充分吸收资本主义创造的一切积极成果,使现代生产力得到高度发展。否则,就谈不到越过"资本主义制度的卡夫丁峡谷"。我们国家现在实行的社会主义初级阶段的路线和政策,就是为了解决这个过渡问题。就此而言,胡绳认为,也可以说,社会主义初级阶段是为了实现马克思、恩格斯所设想的社会主义社会的过渡阶段。基于这个认识,胡绳指出,要全面地解读马克思的这个观点。"一些社会主义国家建设的成功和失败,由此提供的正面经验和反面经验,都证实了这个观点的科学性。因此,我提

[①] 胡绳:《马克思主义与改革开放》,中国社会科学出版社2000年版,第138页。

出要加意维护这个观点。"①

五是特殊条件下的社会主义并不比资本主义优越。有一个时期，有人提出：什么事都要问问是姓"资"还是姓"社"，这样提问题有必要吗？胡绳回答说，可以这样提问题，但是不能脱离具体实际来问。不能凡姓"资"的就不要，姓"社"的就要。这不行。他举香港为例说，有人指出，在香港回归后继续实行资本主义就能保持它的繁荣稳定，这个说法在理论上站不住。因为这意味着实行社会主义就不繁荣稳定了。胡绳说，理论不能脱离实际，现实社会中的许多问题不能按照抽象的"社会主义优越性"的标准作出判断。如果宣布香港恢复行使主权后就实行社会主义，恐怕在1997年以前所有的资本家和他们的企业都跑了。香港不仅仅是个花花世界，它还是世界贸易的一个中心，世界金融的一个中心，世界航运的一个中心。如果把它收回来搞社会主义，就会把香港变成一个死港；而保持那里的资本主义，就能继续繁荣稳定。哪个办法好，不言自明。"在这个特殊情况下，社会主义并不比资本主义优越。我以为理论上只能这样解释。这就叫'一国两制'。"② 在香港这个地区实行资本主义，对我们整个国家的社会主义到底有没有利？"资本家在使香港成为世界贸易、金融、航运的中心这方面，的确有许多好的经验，我们应该学习。本来有些东西我们要向外国学习，现在中国版图内就有这么一块地方可以学习，好比是我们有了一个家庭教师，这有什么不好呢？"③ 这个回答妙极了，展现了大师的功夫，四两拨千斤！

六是科学技术对资本主义发展的影响。马克思主义创始人非常重视科学技术的发展对社会生产力和社会历史进程的深刻影响。但资本

---

① 《胡绳全书》第7卷，人民出版社2003年版，第11页。
② 《胡绳全书》第3卷（上），人民出版社1998年版，第146页。
③ 《胡绳全书》第3卷（上），人民出版社1998年版，第146页。

主义的发展并没有像马克思和恩格斯所预言的那样敲响丧钟,因而,怎样看待马克思主义的科学性?它的真理性是否受到了挑战?这在相当长时间内是人们讨论的又一个热点。胡绳指出:当代科学技术的发展使社会生产力迅猛发展,对社会历史的进程产生了重大影响。资本主义制度在主要资本主义国家并没有像马克思、恩格斯所预言的那样敲响丧钟,但是资本主义社会固有的矛盾并没有随之解决。恩格斯逝世后发生的两次世界大战和震撼资本主义世界的严重经济危机的历史事实,一方面表明,马克思主义关于资本主义社会存在着自己所不能解决的根本矛盾的学说是站得住的;另一方面又表明,这座资产阶级社会的大厦并不是到处都很容易被冲塌。就主要的资本主义国家而言,它在恩格斯以后又存在了一百年,而且还将继续支撑多少年,这是我们无法精确计算的。"对前一方面,当代的马克思主义者当然应当根据新的事实给以论证,后一方面尤其需要人们从实际出发进行深入的分析和研究。社会生产力的猛烈发展并没有加速资产阶级社会大厦的倒塌,倒是似乎为资产阶级统治者提供了修补这座大厦的材料。但资本主义的不平衡发展使大国的兴衰过程加速,使资本主义世界内部各种矛盾加剧。研究这些事实,并据以展望资本主义社会的前途,人们将能够给马克思主义的理论武库增添新的观点。"[①] 胡绳在这里直面的是一个非常棘手的问题,一般学者很难回答清楚。他高屋建瓴作了宏观性答复,同时又非常实事求是,以辩证唯物主义态度看待科学技术对社会历史发展的深刻影响。

(三) 关于"左"倾错误与民粹主义

民粹主义本是个专业性很强的学术用语,这些年使用得非常广泛,几乎成了民族主义的代名词。胡绳晚年在理论上研究资本主义与社会

[①] 胡绳:《马克思主义与改革开放》,中国社会科学出版社2000年版,第137页。

主义的关系时,涉及民粹主义;在党史中研究党走过的历史道路时涉及屡犯的"左"倾错误。于是他对这两者的关系产生了新的认识。这些新认识,是对"左"倾错误理论根源的一个重要突破。他的新认识主要在这样几个问题上:

一是指出民粹主义思想是由企图超越资本主义发展阶段而直接进入社会主义阶段产生的,民粹派思想在中国有很大影响。胡绳说:民粹主义是19世纪在俄国革命史上出现的一种重要思潮。列宁、普列汉诺夫花大力气批评过它。它的基本特征是主张不经过资本主义,直接从封建经济发展到社会主义。"表面上看起来,民粹主义者非常反对资本主义,热心于社会主义,但实际上他们的这种主张是行不通的、错误的。"① 由于中国革命主要在农村进行,大多数党员是农民出身,在这种特定的环境下,党内容易产生实质上类似于俄国民粹主义的倾向。由此,胡绳提出:对于资本主义和社会主义的关系问题,是根据马克思主义理论还是用民粹主义思想来处理,这是一个非常重要的问题。"这个问题如果解决得好,中国革命就顺利;解决得不好,就会产生各种各样的问题。"②

二是论列了从建党到革命胜利时期党沾染的民粹主义色彩。这首先涉及建党时期关于资本主义和社会主义的那场论战。梁启超、张东荪等认为,中国太穷,经济十分落后,工人太少,还不配搞社会主义革命。当务之急是发展工业,走资本主义道路。现在既不需要社会主义思想,也不需要共产党。胡绳认为,他们的看法虽然有一些符合或近似于实际,但总体上是错误的。反驳他们观点的陈独秀、李达,主要讲了社会主义已成为世界潮流,资本主义罪恶深重,社会主义必然

---

① 胡绳:《马克思主义与改革开放》,中国社会科学出版社2000年版,第159页。
② 胡绳:《马克思主义与改革开放》,中国社会科学出版社2000年版,第162页。

要代替资本主义，这是时代前进的方向。因此需要进行社会主义革命，需要成立共产党。从大道理方面来看，他们站得住，但是他们缺乏对中国社会状况的全面了解，还不知道中国革命要分步骤，先要利用资本主义和发展资本主义，不能马上实行社会主义。就此而言，胡绳说："只是斥责资本主义的罪恶，声讨资本主义的落后性，借以论证中国应该立刻实行社会主义，那就实际上染上了民粹主义的色彩。"① 此后是李立三、王明的"左"的路线。他们承认党进行的革命是资产阶级民主革命，但是却要反对资本主义。他们急于攻打大城市，就是要结合工人阶级反对资产阶级。他们反对"中间势力"，主要就是反对民族资产阶级和上层小资产阶级。对此，过去很少有人将他们的"左"倾主张与民粹主义挂上钩。胡绳指出："30 年代前期这种'左'倾机会主义，人们很少讲它和民粹主义的关系。这种'左'倾论调并不表示对小农经济的崇拜，这的确是和民粹主义不同的，但可以说，它的基本性质是类似于民粹主义的。因为它以为可以在经济很落后的情况下，即普遍存在着小农经济的情况下一下子将民主革命转到社会主义革命去。毛主席在党的七大联系着批评民粹主义时说，我们的同志对消灭资本主义急得很，在这方面是过急了。他所批评的这种急性病，是从30 年代遗留下来的。"② 这种急于消灭资本主义的思想情绪，无疑具有民粹主义色彩。

　　三是强调毛泽东是反对民粹主义第一人，在相当长时间一直对民粹主义很警觉。这个问题最初是由美国学者提出来的，说毛泽东的民粹主义思想很严重，对毛泽东采取了完全否定的态度。中国学者长期没有回应这个问题。胡绳经过反复深入的思考，认为应当给予一个说

---

① 胡绳：《马克思主义与改革开放》，中国社会科学出版社 2000 年版，第 163 页。
② 胡绳：《马克思主义与改革开放》，中国社会科学出版社 2000 年版，第 167 页。

法。于是在纪念毛泽东105周年诞辰的理论研讨会上，他的《毛泽东的新民主主义论再评价》学术报告，讲了这个问题，上面所引毛泽东在党的七大批评民粹主义急于消灭资本主义的思想就是在这次讲话中强调的。他对毛泽东的思想发展历程还作了具体分析。他根据1981年的《决议》对毛泽东的评价，在这样一个宏观底线内对若干具体问题讲了自己的看法。他讲得在理，也很有分寸，既没有贬低毛泽东的伟大功绩，也不存在损害毛泽东的理论贡献。胡绳指出：毛泽东一生最辉煌的时期之一，是民主革命的20世纪30年代后期到1949年革命胜利。这时的毛泽东"不但没有丝毫染上民粹主义的思想，而且是坚决地反对民粹主义的。他不仅仅在口头上反对，而且从理论上和实践上鲜明地、坚定地反对民粹主义。甚至可以说，虽然过去我们党内有些同志表示反对民粹主义，但从理论和实践两方面坚定地、透彻地反对民粹主义，毛泽东是我们党内的第一人"[①]。不难看出，胡绳对毛泽东反对民粹主义的肯定态度是非常鲜明的。而且，胡绳还罗列了毛泽东反对民粹主义的一系列论述，说明毛泽东的新民主主义论就是在反对民粹主义的过程中提出、发展和成熟起来的。这就与美国学者对毛泽东所持的否定态度完全区别开来了。胡绳批评了1958年人民公社化运动时期，社会上流行的"人民公社是进入共产主义的'金桥'的说法"、"急于消灭资本主义"和"穷过渡"等思想。他指出：这完全违背了毛泽东曾经提出的"不要急于消灭资本主义"观点。"当农业生产力没有任何显著提高，国家的工业化正在发端的时候，认为从人民公社就能够进入共产主义，这是什么思想？只能说这种思想在实质上属于民粹主义的范畴，和马克思主义距离很远。"他批评"穷过渡"思想时说，"不是因为生产力发展，不是因为富，而是因为穷，是'趁穷过

[①] 胡绳：《马克思主义与改革开放》，中国社会科学出版社2000年版，第157—158页。

渡'。这种'穷过渡'的思想，当然只能使人联想到民粹主义"①。这里的论述是对《决议》所讲的这段历史的理论分析，是维护毛泽东思想和毛泽东的形象的。

四是强调改革开放后总结经验教训，坚持积极利用资本主义政策，促进了社会主义事业迅猛发展。胡绳说，改革开放后经过拨乱反正，党认识到决不能不顾生产力发展水平而盲目追求社会主义生产关系的提高。否则只会对生产力的发展和社会的进步起阻碍作用。"这条经验是马克思主义区别于民粹主义的要害。1978年的十一届三中全会后，党接受了30年来的经验，也在30年来的成就的基础上重新开始中国的社会主义伟大事业。"② 他还指出，党采取了一系列"积极地利用资本主义，以促进社会主义发展的政策。如果按民粹主义的思路，这些政策是不可设想的。民粹主义思路名为憎恶和厌弃资本主义，实为害怕资本主义，躲避资本主义。我们要坚持社会主义公有制在我国经济制度中为主体，以保证不致走向与民粹主义相反的另一极端，即走向资本主义社会，同时也有必要注意防止类似于民粹主义的偏向，即防止以为好像不需要再把发展生产力摆在首要地位，以比较落后的生产力，就可以进入社会主义的比较高级的阶段的倾向；防止急于消灭资本主义，而不知道充分利用资本主义的必要性的倾向"③。胡绳的这个总结，是有的放矢的。他认真地思考了我们党和国家走过的历史道路而提出要警惕两方面的倾向，富有启迪性。

像胡绳这样不回避我们党所犯的"左"的错误，并且作出科学的总结，这是太难为他了！恩格斯说过："要明确地懂得理论，最好的道

---

① 胡绳：《马克思主义与改革开放》，中国社会科学出版社2000年版，第179页。
② 胡绳：《马克思主义与改革开放》，中国社会科学出版社2000年版，第181页。
③ 胡绳：《马克思主义与改革开放》，中国社会科学出版社2000年版，第182页。

路就是从本身的错误中、'从痛苦的经验中'学习。"① 党的十一届三中全会以来，中国特色社会主义事业能得到飞速发展，成功地汲取了过去犯错误的痛苦经验，是一条非常重要的原因。

（四）关于毛泽东一生"两件大事"的个人认定和历史定评

怎样评价毛泽东，自"文化大革命"结束以来，一直是理论研究和社会关注的热点。据说毛泽东在1976年6月，即逝世前3个月，曾对他的一生作过回顾。这就是流传很广的：我一生办了两件事，第一件事是民主革命的胜利，取得了政权，对这件事持异议的人甚少；另一件事是发动"文化大革命"，对这件事，拥护的人不多，反对的人不少。怎样评价毛泽东讲的这"两件大事"？就我所知，除胡绳在纪念毛泽东100周年诞辰时亲临长沙发表《毛泽东一生所做的两件大事》的演讲外，还没有其他学者对此进行深入探讨并提出自己的见解。也可以说，胡绳是从理论上评议这个问题的第一人。无论是提出这个问题还是评论这个问题，他都有一般人想不到的观察点和功夫场。

第一，提出毛泽东是找到革命道路和倡议建设道路的伟大领导人。我们党探索革命和建设道路的历史，许多人都熟悉。但胡绳论述这个问题的切入点不同寻常。他是从我们党与苏联的关系这一点来切入的，指出：中国共产党既走出一条具有中国特色的革命道路，又走上了一条具有中国特色的建设道路。如果不拒绝和抵制那时苏联领导人的指挥棒，如果把苏联的革命和建设的模式看成是不可逾越的、唯一应当遵循的模式，那么中国革命和建设的自己的道路是不可能找到的。"毛泽东既尊重苏联的革命和建设的经验，而又不迷信苏联的主张和经验，并且和这种迷信进行坚决的斗争，所以他成为创造性地找到中国民主革

---

① 《马克思恩格斯选集》第4卷，人民出版社1972年5月版，第458页。

命的正确道路，并且领导这个革命取得胜利的伟大领导人。他又是首先倡议在社会主义建设上寻求具有中国特色的、自己的道路的伟大领导人。"①

第二，比较全面地阐述了苏联共产党和共产国际与中国革命的复杂关系，说明毛泽东是领导中国革命取得胜利的伟大领导人。周恩来作为党和国家领导人曾经全面、详细地讲过这个问题。作为党史大家，胡绳讲这个问题也具有权威性。对于革命时期的这个关系，胡绳论列了五条：一是建党初期，共产国际和苏联共产党帮助幼年的中国共产党认识到中国革命首先要进行资产阶级民主革命，但仅靠这一般性理论并不足以指导中国革命。二是1927年大革命遭受惨重失败，与共产国际和苏联领导人在远方发号施令有关。他们派驻中国的代表越到复杂的关键时刻越是瞎指挥。三是在20世纪30年代前期，共产国际对中国革命的瞎指挥造成了特别严重的危害，他们让几个毫无经验的年轻的留苏学生取得了党内的领导地位，推行一整套"左"倾路线，使以毛泽东为代表的中国共产党人经过艰苦奋斗创立起来的可观的基础（包括革命根据地和白区工作）几乎全部覆灭。四是抗日战争时期，被派回国的王明，在中国共产党内推行右倾路线的企图虽然失败了，但苏联和共产国际领导人在最初对于以毛泽东为首的中国共产党在统一战线中执行的全套策略始终不理解并表示怀疑。延安整风运动反对教条主义，就是要克服苏联和共产国际对中国共产党的负面影响，毛泽东批评的"言必称希腊"实际上恐怕指的是苏联。五是解放战争时期，先是不准革命，仗打起来后对中国共产党半信半疑，仗打胜了又怀疑是铁托式的胜利。直到中国革命在1949年取得胜利时，斯大林还对我们党抱着很深的怀疑。胡绳说："这种怀疑显然集中在中国共产党内最

---

① 胡绳：《马克思主义与改革开放》，中国社会科学出版社2000年版，第80页。

具有理论创造能力的领导人毛泽东的身上。"[1] 对于如何处理好我们党与苏联和共产国际的关系,这是检验我们党成熟程度的一个试金石。过去没有处理好,中国大革命遭受挫折和失败。而从20世纪30年代中期开始,在这方面发生了巨大的转变。之所以能够发生巨大的转变,胡绳认为,毛泽东厥功甚伟。首先,1935年1月的遵义会议纠正"左"倾路线,扭转了局势,使之成为中国共产党人独立自主地处理本国革命问题的划时代的标志。其次,冲破对解释马克思主义最有权威的共产国际和苏联共产党的束缚,提出了建立农村革命根据地的思想,找到了以农村包围城市的革命道路,在抗战时期作了理论概括。再次,抗战胜利后,坚定不移地进行自卫战争,随后又毫不动摇地进行解放战争,拒绝了"划江而治"的任何调停,坚决地将革命进行到底,取得了中国革命的伟大胜利。胡绳说,如果中国革命不是走毛泽东找到的符合中国国情的道路,"而是按外国的权威判定的天经地义来进行,抗日战争就不可能持久进行,1949年的胜利也完全不能想象"[2]。

第三,回顾《论十大关系》以来探索适合中国情况的建设社会主义道路经历挫折的历史,为党的十一届三中全会以后找到正确道路奠定了基础,说明毛泽东是首先倡议在社会主义建设上寻求具有中国特色的、自己的道路的伟大领导人。一般学者对这段历史都能娓娓道来,但论述的高度和深度有限。胡绳指出:"毛泽东认为,中国可以而且应当找出一条有别于苏联,符合于中国情况的社会主义建设的道路。这在那时可以说是一种惊世骇俗的意见。那时和那时以后苏联的领导人和理论界都把苏联的模式看成唯一可以设想的模式。世界上反对社会主义和赞成社会主义的人几乎无不是这样以为的。反对社会主义的人

---

[1] 胡绳:《马克思主义与改革开放》,中国社会科学出版社2000年版,第85页。
[2] 胡绳:《马克思主义与改革开放》,中国社会科学出版社2000年版,第84页。

把苏联模式的弊病看成就是马克思主义的社会主义的弊病,赞成社会主义的人一般都以为要搞社会主义就得照苏联的模式做。"① 这段话,只有像胡绳这样的亲历者并且是思想者有深切体会才能写得出来。这也就更凸显出毛泽东要避免苏联的缺点和错误,企图探索另一条适合中国情况的建设社会主义道路的伟大,因而成为"最明确地主张不要照抄苏联模式的一个领袖"②。但是,这只是问题的一个方面。另一个方面是,主观上要找出这样一条道路,不等于客观上已经找到这条道路。同民主革命时期一样,党在探索过程中也经历了严重挫折和失败。只是这一次不是像过去那样是照抄照搬苏联模式的结果,而是"要摆脱苏联模式的影响,为找到适合中国情况的新的道路进行探索,在探索中走入歧途","犯了'大跃进'、人民公社等错误,直至'文化大革命'那样严重的错误"③,没有能够达到应该达到的目的。胡绳指出,对于"大跃进"和人民公社中的缺点,毛泽东曾试图加以纠正,但因为对错误的认识还不透彻,因而未能有效地纠正。对于"文化大革命",毛泽东已来不及总结,只能将这个任务交给后人。党的十一届三中全会以后,邓小平等领导人正是毛泽东培养出来的,并且在毛泽东思想指导下成长起来的,他们找到了这条正确道路。因此,胡绳指出,"历史不能忘记他首创进行这种探索的伟大功绩"④。经过这样缜密分析,作出这样的结论,也只能出自胡绳的手笔。

第四,不赞同那种认为如果按照苏联模式建设社会主义可能不会犯"左"的错误的观点,指出那很可能成为苏联的"卫星国",结果将是苏东剧变多米诺骨牌效应中的一个。这个问题是党史研究的又一个

---

① 胡绳:《马克思主义与改革开放》,中国社会科学出版社 2000 年版,第 88 页。
② 《胡绳全书》第 3 卷(上),人民出版社 1998 年版,第 192 页。
③ 胡绳:《马克思主义与改革开放》,中国社会科学出版社 2000 年版,第 93 页。
④ 胡绳:《马克思主义与改革开放》,中国社会科学出版社 2000 年版,第 95 页。

大难点，能够回答得好的也只有胡绳。他在《毛泽东一生所做的两件大事》，还有其他文章中说，党在20世纪50年代后期决心另辟蹊径的结果，出现了两个方面的情况。一是中苏两国间的矛盾逐渐激化，造成两国间关系破裂近30年。二是从1957年开始，中国就发生了"大跃进"和"文化大革命"的严重错误。那么，反思这段历史，当年冒大风险，花出这么大的代价值不值呢？胡绳指出：中国抛弃苏联模式当然会对两国关系发生严重影响。苏联奉行大国沙文主义，拥有强大军事力量，又是国际共产主义运动领袖，且当时国内普遍存在着对"老大哥"的崇敬。因此，这是我们党最艰难的决策之一。但中国是一个与任何欧洲国家都不同的东方农业大国，建设社会主义不能不独立探索。对于中国闹独立，"老大哥"不喜欢，因而对于我国"大跃进"和人民公社化运动中出现的缺点错误幸灾乐祸，进行带有嘲弄、侮辱性的攻击。其间又发生了"联合舰队""长波电台"这样涉及中国主权的争论，再加上意识形态的分歧，从而造成两国关系紧张直至破裂。就意识形态分歧而言，双方都有错误；但就中国维护国家主权、不做苏联的"卫星国"来说是正确的。这是任何一个主权国家都必须维护的利益，何况中国还是一个社会主义大国！对此，邓小平作过分析。胡绳的高明之处在于提出了一个很有新意的反证。他说，在1989年以前，也许还有人怀疑当年党的决策是否正确和必要，但是经过了1989年到1991年苏东剧变之后，恐怕再没有人低估30年前毛泽东的决策了。如果那时不作出这样的决策，中国就会成为苏联的一个大"卫星国"，"最后，中国就会在80年代末，不可避免地成为从莫斯科开始倒下的多米诺骨牌中的一个"[①]！胡绳将党在20世纪50年代独立探索的决策，放在这样大的历史进程中分析，令人叹服。我们一般人没有这

[①] 《胡绳全书》第3卷（上），人民出版社1998年版，第180页。

样的眼光和想象力。胡绳还指出,党在 20 世纪 50 年代到 70 年代犯错误,尽管其发端是另辟蹊径,但发生那些错误的实质却是经验主义,照搬了过去闹革命的群众斗争、阶级斗争经验,以为开展群众运动就能增进社会活力,使经济发展得更快。这与没有照抄苏联模式的教条主义并非因果关系。他还说,如果没有当初的独立探索,就不可能有 20 年后党的十一届三中全会的探索。"为什么中国能够在 1978 年后比较顺利地进行改革呢?可以说,这是因为改革并不是从这时才开始,而已经有了前 20 年的经验的缘故。现在来看,50 年代后期,以毛泽东为代表的中国领导人决心抛弃苏联的模式是多么重要的决定。有了这个决定,才有以后 20 年的为寻求中国的社会主义建设道路的探索。"① 这个时期的"亲身体验,就使人深切地看到,既要避免苏联类型的社会主义模式的错误,又要避免犯另一方面的错误。这种经验是十分可贵的"②。经过胡绳这样的层层"剥笋"分析,抛弃苏联模式和 20 年"左"的错误,看似有因果关系的两件事,其实没有必然联系;一个极其棘手的难题化解了。

第五,对毛泽东个人认定的"两件大事"的新界定。对毛泽东本人讲的"我一生办了两件事",尽管目前还有一些争议:一是有没有,二是何时讲的,三是对哪些人讲的,还没有完全一致的说法。具体细节有待进一步考证。但讲过这话,如胡绳所说:恐怕是八九不离十吧。基于这样的认定,胡绳对毛泽东的这"两件大事"作了评述,讲了三层意思。

其一,对"两件大事"的历史定评。胡绳说,毛泽东这样讲"两件大事",表明他那时对"文化大革命"的看法已不那么绝对自信。但

---

① 胡绳:《马克思主义与改革开放》,中国社会科学出版社 2000 年版,第 57—58 页。
② 胡绳:《马克思主义与改革开放》,中国社会科学出版社 2000 年版,第 56 页。

他的看法和历史的定评(即《关于建国以来党的若干历史问题的决议》——引者注)有很大距离。对这"两件大事",历史的定评是:前一件事是改变中国的悲惨的痛苦的命运,造福千秋万代的伟大胜利。后一件事却是巨大的错误和巨大的失败。

其二,不同意将"文化大革命"作为毛泽东一生的第二件大事。胡绳说,毛泽东把"文化大革命"当作他一生中所做的"两件大事"中的一件可以理解,因为这带有他个人的极为浓重的印记。但是后人综观他的一生,不能同意把他的后半生概括为"文化大革命"这个严重的错误。

其三,历史不能忘记毛泽东首创探索中国社会主义道路的伟大功绩。胡绳说,毛泽东的前半生探索中国民主革命道路很成功,他的后半生探索中国社会主义道路经历了许多曲折,并造成了"文化大革命"的严重错误,"但是历史不能忘记他首创进行这种探索的伟大功绩"[1]。

立足于上述分析,胡绳对毛泽东一生所做的"两件大事"作了新的概括:第一件大事是领导党和人民推翻了帝国主义、封建主义和官僚资本主义在中国的统治,完成了民主革命的任务。第二件大事"是在以带有中国特色的方法完成了社会主义改造以后,努力探索中国的社会主义建设的道路。毛泽东是这种探索的开创者。他领导全党和全国人民抗拒来自国外的强大影响和强大压力,从而发动并且坚持进行这种探索。所以毛泽东作为这种探索的开创者的历史功绩应当用最浓的笔墨记载在史册上。毛泽东没有能够亲眼看到这种探索开花结果,但在他的学生手里,能够抗拒任何风霜的花和果实已在中国的大地上繁茂地生长起来"[2]。

---

[1] 胡绳:《马克思主义与改革开放》,中国社会科学出版社2000年版,第95页。
[2] 胡绳:《马克思主义与改革开放》,中国社会科学出版社2000年版,第95页。

胡绳的这个分析别具匠心，表现了他过人的政治智慧和理论功力，为我辈望尘莫及。他不愧是我们时代的理论大师。

（五）关于马克思主义的基本原理和与时俱进的发展

1994年底，胡绳在中宣部等单位联合召开的理论研讨会上发表题为《马克思主义是发展的理论》的讲话，当即产生了轰动效应。我也参加了那次研讨会。许多代表对我说：什么是最高水平？这就是当今我们国家的最高理论研究水平。大家为能亲自听到胡绳这篇讲话备受鼓舞。这篇讲话讲的是个老题目，但讲出了一般人讲不出的新意和深度。在这篇讲话和相关文章中，他对马克思主义理论讲出了很有启发性的这样几个观点：

一是马克思主义的基本观点和实质内容。胡绳开宗明义指出，马克思主义是发展的理论，当然不是说马克思主义的基本观点是不稳定的。这个说法首先排除了对"发展的理论"的误读。这个亮相就使人感到大师身手不凡。马克思主义的基本观点是什么呢？尽管不同学者有不同的归纳，但胡绳立论高远：马克思、恩格斯创立的科学理论的基本观点是人类历史经验的总结，并在后来的社会实践中被证明是正确的。"这些基本观点包括：以人类对自然的科学认识和社会历史发展的经验为基础而得出的世界观和历史观，对当时在西方一些国家正在成熟起来的资本主义的经济、社会的本质的全面的分析，资本主义社会在发展中必然要为社会主义社会所代替的理论，关于建立能够担当社会主义革命任务的工人阶级政党的学说等等。"[①] 这四大基本观点的概括相对于其他概括而言，档次更高、内容更全面。那么，马克思主义的实质内容是什么呢？胡绳指出："社会主义不只是人们的一种美好理想，而是历史现实发展中必将起来代替资本主义制度的一种新的社

---

① 胡绳：《马克思主义与改革开放》，中国社会科学出版社2000年版，第137页。

会制度。统治全世界的资本主义制度将为社会主义制度所代替,这就是马克思主义的最核心的精神实质的内容。"① 在明确马克思主义的基本观点和实质内容的基础上,胡绳鲜明地提出应反对两种倾向:一方面,决不能以教条主义的态度对待马克思主义;另一方面,也不能陷入庸俗的狭隘的经验主义。"当前,国际国内的反社会主义思潮,是以庸俗、狭隘的经验主义和肤浅的形而上学为特征的。"② 这个论断,现在仍值得我们思考。

二是马克思主义既是革命的科学又是建设的科学。一个时期对马克思主义作为革命的科学和作为建设的科学这个说法有不少非议,认为是一种割裂。胡绳以巧妙的表述维护了这个说法,同时又通过分析两者的同与异,避免了将其割裂的印象。胡绳首先指出了两者的连续性:马克思主义在20世纪从革命的科学发展为不但是革命的科学而且是建设的科学。作为革命的科学仍要发展,作为建设的科学更要发展。就社会主义要建设区别于以往一切社会的崭新社会而言,社会主义建设的科学也是革命的科学。接着,胡绳着重分析了两者的区别,有四大不同:其一是任务不同。革命是如何推翻旧社会,建设是如何建立新社会。其二是政党的责任不同。"治理一个国家和发动一场革命是性质不同的事。在剥削阶级统治的国家中处于被压迫地位的政党,和在社会主义国家中执政的政党,对于社会所负责任极为不同。"③ 其三是要求的环境不同。"革命是在社会动乱中发生,建设则要求社会安定。"④ 其四是研究和借鉴的历史经验不同。"马克思主义从来重视以往的社会历史经验的研究,而从建设的角度研究历史经验,和从革命

---

① 《胡绳全书》第7卷,人民出版社2003年版,第19页。
② 《胡绳全书》第3卷(上),人民出版社1998年版,第93页。
③ 《胡绳全书》第3卷(上),人民出版社1998年版,第251页。
④ 《胡绳全书》第3卷(上),人民出版社1998年版,第251页。

的角度进行这种研究相比,会有许多原来不注意的内容需要注意。"①"建设新社会的科学必须依靠新的经验建立起来。"② 胡绳对两者的不同作这样具体的对比,也是一般学者难以企及的。经过这样深入的比较研究,他得出结论:"革命的任务在全世界远没有结束,革命的科学也需要创造性地发展。"但是,"当代马克思主义者不可推卸的一个重大责任,就是要总结本世纪的社会主义建设中的成功和失败的经验,特别是失败的经验,用以发展马克思主义的社会主义建设的科学"③。

三是马克思主义的社会主义理想有两个必须引起注意的历史现象。胡绳认为,其一是社会主义并不像马克思、恩格斯所设想的那样,首先在资本主义最发达的国家中诞生,而是在资本主义欠发达的国家,甚至是很不发达的国家诞生。其二是社会主义制度在一些国家建立起来后没有能长期保持,"在苏联这样的重要国家中既唱了社会主义的凯歌,又为它奏了挽歌"④。这两个历史现象,我们都看到了,也能讲些一般性道理,但是却很少提出引人深思的问题。胡绳则不一样。在思考前一个问题时,他提出了和平过渡的可能性。在 20 世纪 60 年代,这是国际共产主义运动中激烈争论的焦点之一。胡绳曾经参与了这场争论。这时提出这个问题,或许带有反思性。他说:按照两次世界大战经验作出的"或者战争引起革命,或者革命制止战争"的预言,至少在可以预见的将来,并没有现实性。"也许由此可见,或者和平过渡,或者武装斗争,这种两分法是过于简单,历史也不会机械地重复已有的经验。这些都有待于人们解放思想,从实际出发,进行新的理

---

① 《胡绳全书》第 3 卷(上),人民出版社 1998 年版,第 251—252 页。
② 胡绳:《马克思主义与改革开放》,中国社会科学出版社 2000 年版,第 140 页。
③ 胡绳:《马克思主义与改革开放》,中国社会科学出版社 2000 年版,第 139—141 页。
④ 胡绳:《马克思主义与改革开放》,中国社会科学出版社 2000 年版,第 136 页。

论探索。"① 反思这样的问题，既需要理论素养，又需要理论胆识。恕我孤陋寡闻，在理论界能提出这样问题的学者还很少见。对于后一个问题，胡绳指出：社会主义事业在苏联和东欧国家中的瓦解，是共产主义运动历史上所遭遇到的最大的失败。"这个失败证明社会主义建设的科学远没有成熟。在建设的领域内，马克思主义者需要摆脱妨碍人们实事求是的种种思想桎梏，总结已有经验，开创新的局面。所以这个失败很可能是先进的人们对于如何建设新世界的认识出现一个飞跃的契机。"② 胡绳作这样的回答，也展现了他的远见卓识。

四是马克思主义应随着现代科学技术的发展而发展，在全世界的资本主义制度没有被社会主义制度代替以前它不会过时。这也是老话，但胡绳讲这个问题很大气。他指出：科学技术的飞跃发展，是一百年来人类社会的一个突出现象。科学技术的发展，使人类对自然界的认识，无论宏观世界还是微观世界，无论无机世界还是生命现象，都达到前所未有的新的水平。"新的认识并不是否定了马克思主义的唯物主义、辩证法的世界观，而恰好是为这种世界观提供了更有力的论据。利用人类对自然界认识的新成果来丰富马克思主义的世界观，应该是当代马克思主义者的任务。"还说："现代科学所取得的一切成就，是马克思主义为了发展自己所绝不可以忽视的；应该说，脱离这一切要发展马克思主义是不可想象的。"③ 将现代科学技术对发展马克思主义的重要意义提到这样的高度，并作这样的表述，这也只能出自大师级学者的手笔。对于马克思主义是否有过时的问题，胡绳站在辩证法角度，从世界上没有永久不变的事物的观点出发，作了斩钉截铁的回答。他说："马克思主义是会过时的。但在看得见的将来，它还不会过时。

---

① 胡绳：《马克思主义与改革开放》，中国社会科学出版社2000年版，第138页。
② 胡绳：《马克思主义与改革开放》，中国社会科学出版社2000年版，第141页。
③ 胡绳：《马克思主义与改革开放》，中国社会科学出版社2000年版，第135页。

在资本主义制度在全世界为社会主义制度所代替的趋势实现以前,马克思主义是不会过时的。在今后几百年间,人们有可能看到马克思主义成为过时,而另一种新的思想,指导人们在社会主义制度下前进的思想必然出现。但我们并不是说,在社会历史的发展决定马克思主义已成为过时以前,它可以高枕无忧地绝对保证自己作为推动社会发展的最积极的思想而存在。不是的。在世纪之交,我们已经可以看到,它正在面临着许多严重的考验。这决定着马克思主义在今后若干年内的命运。"① 这个回答既坚定又辩证,缜密周延、滴水不漏。

五是马克思主义如何对待各种思想流派和成为国家指导思想是否有危机。这是一个非常敏感而且很容易触雷的问题。但胡绳本领高强,直面此问题却又没有触雷。他援引列宁的话回答说,马克思主义没有丝毫和宗派主义相像的东西,绝对不是离开世界文明发展大道而产生出来的偏狭顽固的学说。它能够汲取各门科学发展中的有价值的成果来丰富自己。"如果说,马克思主义是个学派,那是一个很高层次的学派"②,"是最没有狭隘的宗派主义的学派,它能够并善于吸收其他一切有积极意义的思想"③。他还指出:马克思主义是当今世界上推动历史发展的最先进的思想,但它决不认为除自己以外,一切都是落后的、反动的。在我们国家,它是进行社会主义建设的指导思想。但"不是唯我独尊,而要和一切有进步意义的思想和流派建立最广泛的统一战线"④。对于马克思主义成为指导思想后是否有危机问题,胡绳回答得也很全面、辩证。他说,马克思主义就其本质说,不会因为成为国家的指导思想而萎缩,但要能使它永远保持活力,保持它的指导思想地

---

① 《胡绳全书》第 7 卷,人民出版社 2003 年版,第 20 页。
② 《胡绳全书》第 3 卷(上),人民出版社 1998 年版,第 94 页。
③ 《胡绳全书》第 7 卷,人民出版社 2003 年版,第 26 页。
④ 《胡绳全书》第 7 卷,人民出版社 2003 年版,第 27 页。

位,还要靠人们努力。正如我们党取得政权后还要经受考验一样,不能说马克思主义成为国家指导思想后就没有危险了。在东欧一些国家,共产党的领导,马克思主义的指导地位,不是一个晚上就垮了吗?"我们自己这几年的经验也说明,绝不能以为党处于执政党的地位,马克思主义的指导地位就保险了,绝对不可动摇了。"① 怎样免除马克思主义成为国家指导思想后的危机呢?胡绳指出:一是"把指导国家工作的思想,和任何人都必须信奉的思想区别开来,可能是必要的。前者是根据事实使人们一致承认的,但并不是每个人都是或都能成为马克思主义者,这是做不到的,勉强去做,只能适得其反"②。二是要认真执行"百花齐放,百家争鸣"方针。这"显然有利于避免马克思主义成为国家统治思想的危机"③。"罢黜百家,独尊儒术","结果只是使儒家的学说成为僵死的教条。这是有历史先例的"④。

胡绳关于马克思主义作为指导思想的这些意见,显然也值得我们认真思考。

(六)关于创造性发展马克思主义的毛泽东的新民主主义理论和邓小平的有中国特色社会主义理论

马克思主义创立以来,各个国家的马克思主义者都为丰富和发展马克思主义做出了贡献。这当中最突出的首先是列宁。他将马克思主义基本原理与俄国革命实践相结合,领导俄国十月革命取得胜利,建立了世界上最大的社会主义国家,在理论和实践上将马克思主义发展成为列宁主义。遗憾的是到 20 世纪八九十年代,这个伟大的社会主义国家和受它影响而建立的东欧社会主义各国都轰然倒塌,马克思列宁

---

① 《胡绳全书》第 3 卷(上),人民出版社 1998 年版,第 94 页。
② 《胡绳全书》第 7 卷,人民出版社 2003 年版,第 27 页。
③ 《胡绳全书》第 7 卷,人民出版社 2003 年版,第 28 页。
④ 《胡绳全书》第 7 卷,人民出版社 2003 年版,第 28 页。

主义在这些国家不再是指导思想了。在俄国之后，对马克思主义做出最大贡献的，并一直坚持和不断发展马克思主义的就是中国共产党了。先是以毛泽东为代表的中国共产党人将马克思主义基本原理与中国革命具体实践相结合，创造性地提出新民主主义伟大理论，形成了中国化的马克思主义理论——毛泽东思想。党的十一届三中全会后，以邓小平为代表的中国共产党人又进一步将马克思主义基本原理与中国社会主义建设实际和时代特征相结合，创造性地开辟有中国特色的社会主义道路，形成了属于当代中国的马克思主义理论——邓小平理论。胡绳在《马克思主义与改革开放》一书中对创造性发展马克思主义的毛泽东的新民主主义理论和邓小平的有中国特色社会主义理论作了很有新意和深度的阐述。

一是从总体上总结了两代中国共产党人对马克思主义的巨大发展。胡绳指出，在民主革命过程中，中国马克思主义者一方面反对所谓马克思主义不适合中国国情的"中国特殊论"，另一方面又反对了将马克思主义看成只是书本上的条条和外国的现成经验的教条主义，坚持和发展了马克思主义。在这方面，他特别强调毛泽东的伟大贡献，说毛泽东把马克思主义的普遍原理运用于中国的具体历史条件，从中国处于半殖民地半封建社会的国情出发，总结中国革命实践中的独创性经验，提出了建立农村革命根据地、以农村包围城市的革命道路，"由此形成的毛泽东思想，虽然是中国共产党人的集体智慧的产物，但毛泽东同志所起的作用是特别重要的。长期的实践证明，毛泽东同志是富有创造精神的伟大的马克思主义者"[①]。胡绳还指出：以邓小平为代表的中国共产党人，"依据中国自己在建设事业中的成功和失败经验的总

[①] 胡绳：《马克思主义与改革开放》，中国社会科学出版社2000年版，第15页。

结,也参考外国的经验,逐步地形成建设有中国特色社会主义的理论"①,使"中国的社会主义建设近十几年来面貌焕然一新,取得了巨大的成就,在世界风浪的震撼下屹立如山。实践证明,建设有中国特色社会主义的理论和路线是马克思主义社会主义建设学说在中国条件下的巨大发展"②。这个概括很简明,抓住了中国共产党两代领导核心创造性发展马克思主义的真谛。

二是深刻论述了毛泽东在反对民粹主义过程中创造性地发展马克思主义,提出新民主主义理论。胡绳从三个角度阐明了这个问题。第一,引用毛泽东的一系列论述,对他提出的毛泽东是我们党内在理论和实践方面坚定反对民粹主义第一人的观点作了富有说服力的论证。特别是所引的两段论述,将新民主主义与民粹主义的区别说得明明白白:一为"新民主主义社会的基础是工厂(社会生产,公营的与私营的)与合作社(变工队在内),不是分散的个体经济。分散的个体经济——家庭农业与家庭手工业是封建社会的基础,不是民主社会(旧民主、新民主、社会主义,一概在内)的基础,这是马克思主义区别于民粹主义的地方"③。二为"只有经过民主主义,才能到达社会主义。这是马克思主义的天经地义。这就将我们同民粹主义区别开来"④。这两段论述,表明新民主主义与民粹主义属于两个根本对立的理论体系;毛泽东的新民主主义思想与民粹主义思想风马牛不相及。第二,新民主主义将为资本主义发展扫清道路,解决了经济落后国家走向社会主义的过渡途径。胡绳说,毛泽东在"中国革命的历史上,第一次提出新民主主义革命的概念","它的客观要求,是为资本主义

---

① 胡绳:《马克思主义与改革开放》,中国社会科学出版社 2000 年版,第 142 页。
② 胡绳:《马克思主义与改革开放》,中国社会科学出版社 2000 年版,第 143 页。
③ 胡绳:《马克思主义与改革开放》,中国社会科学出版社 2000 年版,第 171 页。
④ 胡绳:《马克思主义与改革开放》,中国社会科学出版社 2000 年版,第 158 页。

的发展扫清道路";同时"这种革命又恰是为社会主义的发展扫清更广大的道路"①。"毛泽东的新民主主义论一提出来,使人们眼界豁然开朗,一下子清楚了,明确了。他的新民主主义理论,确是为中国革命当前任务和它的前途作出了科学的、符合实际的、易于了解的论断",这"在马克思主义老祖宗的书本里是找不到这些的"②。为什么新民主主义论提出后,人们眼界豁然开朗呢?因为此前一直讲,中国革命胜利后是"非资本主义前途",它既不是资本主义,也不是社会主义,但到底是什么样的社会,谁也说不清楚。"非资本主义前途"是个模糊概念。新民主主义论的提出解决了这个问题。不仅如此,它实际上还成功地解决了老祖宗提出的逾越"资本主义制度的卡夫丁峡谷",必须经过吸收资本主义积极成果的过渡阶段问题。怎么过渡,过渡阶段是什么,过去长期没有答案。新民主主义论是第一个正确答案,"经过新民主主义走向社会主义是唯一正确的道路"③。第三,进一步指出,新民主主义不仅在客观上为资本主义的发展扫清道路,而且还要自觉地充分利用资本主义,这是对新民主主义理论内涵的深度发掘。胡绳指出:"新民主主义理论的创立者根据严格的事实逻辑认定,在中国只有无产阶级领导的人民民主国家而不是资产阶级国家能够使经济大大发展,实现现代化,为采取重大的社会主义步骤做准备。在这过程中,有必要充分利用资本主义。"④ 明确这一点十分重要。它有利于欠发达国家弥补资本主义发展的不足,充分利用资本主义创造的资源和财富,为向社会主义发展奠定坚实基础。所以,毛泽东的新民主主义理论,既是在反对民粹主义过程中创立的,同时又解决了民粹主义对发展资本

---

① 胡绳:《马克思主义与改革开放》,中国社会科学出版社 2000 年版,第 168 页。
② 胡绳:《马克思主义与改革开放》,中国社会科学出版社 2000 年版,第 171 页。
③ 胡绳:《马克思主义与改革开放》,中国社会科学出版社 2000 年版,第 32 页。
④ 胡绳:《马克思主义与改革开放》,中国社会科学出版社 2000 年版,第 32 页。

主义的困惑和恐惧。这一破一立,极大地丰富和发展了马克思主义理论,也可以说对马克思主义理论作了创造性发展。

三是认为困扰了几代中国人的资本主义和社会主义的关系问题,在邓小平提出建设有中国特色社会主义理论后得到有效化解,不仅更加深化了对两者继承关系的认识,而且使社会主义的发展呈现出更加光明的前景,增强了社会主义必胜的信念。胡绳指出:邓小平根据中国处于社会主义初级阶段的实际,提出建设有中国特色社会主义的理论,破除了基本上没有摆脱民粹主义的种种错误观念,使人们对社会主义的认识进入了一个新的境界。胡绳认为,根据党的十一届三中全会后20多年的实践,再加上此前30年正面和反面的经验,能够得出以下四个结论:

第一,为克服任何形式的民粹主义倾向,必须坚持以经济建设为中心。"总结历史的经验,邓(小平)勇敢地提出了把发展生产力放在首位的观点。这是创造性的符合于马克思主义的观点。"①

第二,社会主义的大厦只能在人类过去世代(也就是阶级社会,其中主要是资本主义社会)积累的文化遗产基础上建筑起来。简单地抛弃资本主义社会的一切,绝对无助于社会主义。"敢于吸收资本主义中的有用的方法,并不表示社会主义的弱,而是表示它有强大的生命力。"②

第三,公有制的社会主义社会只能建立在社会化的大生产之上,有关大生产的知识和本领可以从若干不同的途径获得,但向发达的资本主义国家学习最为有效。"笼罩全社会的发达的市场经济及其一切机制,都是社会化大生产发展的成果。社会主义社会既然是要在人类有

---

① 胡绳:《马克思主义与改革开放》,中国社会科学出版社2000年版,第111页。
② 胡绳:《马克思主义与改革开放》,中国社会科学出版社2000年版,第124页。

史以来所创造的总文明的基础上建设一个全新的社会,就必须吸收资本主义社会遗留下来的一切有益的东西。""既然社会主义公有制必须建立在发达的社会化大生产的基础上,也没有理由认为它不能容纳与社会化大生产相联系的市场经济。"①

第四,社会主义能够并且必须善于利用资本主义,同时克服其负面影响。在三个"有利于"的前提下,以公有制经济为主体,发展非公有制经济,其中包括私营经济,它的社会性质与资本主义相似,但它是和现在资本主义国家中的资本主义有所不同的特种的资本主义。在这里,根据历史的教训,必须破除对贫穷的公有制的崇拜。"如果脱离生产力的发展而按照抽象的标准来追求'先进'的公有制,以为靠这就能发展生产力,那只会走上错误的道路。"②

根据以上结论,胡绳指出:"打破对计划经济的迷信,打破对市场经济的禁忌,不但肯定社会主义社会可以利用市场经济这种手段,而且肯定社会主义社会应当把资本主义制度下积累起来的有利于社会化大生产,有利于社会经济发展进步的一切市场经济的经验,利用过来为社会主义服务。这是邓小平同志对社会主义理论的一个极重要的贡献。"③ 在我看来,正是对社会主义认识有上述这样的重大变化,或者说思想解放,邓小平才能开辟有中国特色的社会主义道路,中国特色社会主义事业才能取得举世瞩目的成就。从历史的长远发展来看,社会主义制度只要坚持吸取以往社会的一切积极成果,并在社会生产力和社会文明各方面超过以往的发达国家,那么社会主义在将来获得更大的胜利是不可避免的。胡绳在回顾世纪之交和前瞻历史的未来时指出:"人类世界如果以 21、22、23 三个世纪大体上完成从资本主义到

---

① 胡绳:《马克思主义与改革开放》,中国社会科学出版社 2000 年版,第 128 页。
② 胡绳:《马克思主义与改革开放》,中国社会科学出版社 2000 年版,第 112 页。
③ 胡绳:《马克思主义与改革开放》,中国社会科学出版社 2000 年版,第 130—131 页。

社会主义的过程,这在人类历史年表上不算太慢。"① 这种乐观精神,表现了马克思主义理论家对人类社会发展规律的认识达到了很高的境界。

三、学界对胡绳理论著述的评价

在2000年11月胡绳逝世后,2003年11月由社会科学文献出版社出版了怀念胡绳的纪念文辑《思慕集》,收入了1998年《胡绳全书》座谈会上的发言,以及胡绳逝世后追思胡绳的主要文章。这里将主要讲以《马克思主义与改革开放》为代表的胡绳理论著述的论述辑汇起来,略窥学界对胡绳晚年理论贡献的若干赞许,从而使我们又增多一个侧面来认识胡绳。

(一) 对胡绳晚年以《马克思主义与改革开放》为代表的理论著述的总的评论

《思慕集》收入了李瑞环在1998年《胡绳全书》座谈会上的部分讲话。李瑞环评价胡绳说:在我国进入现代化建设和改革开放的新时期之后,他写出的一系列论述建设有中国特色社会主义的论文,提出了很有理论深度的见解。这种努力与时代需要相结合的治学精神,使胡绳同志的研究和写作能够随着时代的步伐而不断前进。

有的学者指出:胡绳虽官阶不低,但非政要。他以理论家、史学家名于时。他的学识是多方面的。他是善于从理论上思考问题的人,具有思想家的特征。在我们这里,做著名学者易,做思想家难。尤其难得的是,他为从现在起至下个世纪中国社会主义的发展在理论上阐述了一个重要问题,这就是关于社会主义和资本主义的关系问题——

---

① 胡绳:《马克思主义与改革开放》,中国社会科学出版社2000年版,第155—156页。

这是胡绳在其一生中最后抱病为社会主义操心的一个问题。他逝世前一个月出版的《马克思主义与改革开放》一书可以为此作证。

有的学者说：《马克思主义与改革开放》是胡绳生前出版的最后著作。像胡绳这样写了这么多很有影响、很有深度、很有新意的研究邓小平理论、建设有中国特色社会主义理论的论文的，并不多见。所以特别可贵。胡绳的 80 "自寿铭"，说自己"七十八十，粗知天命"。这些著作可以说是他"知天命"，也就是能够更好地把握历史命运和自己命运的著作了。写这些著作的时候，胡绳年纪渐入老境，思想却是年轻的，是与我们党、我们国家、我们时代的前进而俱进的。就像他的又一首诗中说的："此心不与年俱老。"

有的学者指出：胡绳在他的晚年焕发出解放思想的朝气，随着时代变化的步伐孜孜不倦地追求真理的精神，令人敬重与钦佩。他不因成就所累而坐享安逸，不因疾病困扰而变得消沉，依旧意气风发，以无畏的独立思考精神，发表了许多探讨现实问题的重要论文，自觉地不停顿地破解人们认识上的各种困惑。这种精神为社会科学界树立了一个解放思想、探索真理的范式。胡绳晚年思想的特点，最突出的，一是关注中国社会现实的变化；二是关注马克思主义理论的新发展。这两者紧密联系，相应相通。胡绳历来厌弃把马克思主义当作僵死教义的教条主义，力主把马克思主义作为认识和解决现实问题、历史问题的理论武器。他在晚年对这个问题的重要性认识愈加清醒、愈加自觉，所以才高高举起"马克思主义是发展的理论"这面反教条主义的大旗。

有的学者说：胡绳学术生涯的一个重大特点，就是如他自己所说："无一篇不是与当时的政治相关的。"胡绳以自己的亲身实践证明，只有认真努力把科学性与革命性相统一，把理论、历史、现状的研究相结合，并且始终不渝地把党和国家前途命运这个大局作为关注和研究的中心，才能成为一个真正的马克思主义理论家。

有的学者认为：胡绳论著有一个明显特点，就是它总是努力把道理讲得尽量周到，论述到对象的方方面面；总是努力把道理讲得透彻、深刻、细致。当人们觉得道理似乎已经讲完的时候，胡绳的文章却往往能峰回路转，别开生面，把人们带进一个新的境界。而有着这样好的内容的文章，其表达形式却是十分的朴实，不哗众取宠，不虚张声势，更不以势压人。胡绳的文章，不是靠别的，而是靠思想的力量、逻辑的力量来说服人、征服人的。

有的学者说：胡绳经过 30 年的迷茫和困惑之后，经过自我反省、自我质疑、自我批评，他大彻大悟，重新走向自信，达至晚年的觉醒。20 世纪 90 年代后期，他以"老遇明时倍旺神"，求真破惑叩问天命的思想境界，写出和留下一系列关于新民主主义与民粹主义、关于社会主义与资本主义的论著和谈话。这是他在吸收近 20 年间思想理论和近代史研究成果的基础上，对这一时期重大历史和理论问题反复思索、不断探索的思想结晶，是他晚年以无私无畏的胆识，冲破种种障碍，重新回到良知心境，形成新的思想辉煌的一个里程碑。他在 20 世纪 90 年代写的论义里表现得大智大勇、深刻清彻，以及以理服人的气度和娓娓道来的文风，令人衷心敬佩。

有的学者感叹道：年届耄期的胡绳于 1998 年 10 月到济南、章丘、青州一带游览，在参观李清照纪念馆时写了两首《李清照》诗，其一曰："瘦比黄花语最清，非徒宛约树词旌。路长嗟暮呼风起，道出从来志士情。"这时胡绳的病情已日见加重，但他自我感觉良好，还想做许多事。他在《胡绳全书》座谈会上发言表示："实践中和理论中的许多新问题，要求理论界和学术界认真研究邓小平理论，并从事创造性的工作。展望二十一世纪的世界与中国，我们必须进一步解放思想，不受一切过时的成见的拘束，大胆地又是用最严谨的科学态度提出适合时代要求的新的观点、新的理论。"胡绳所具有的理论家和诗人的双重气质,使他在一生的最后岁月还意气风发地写诗言志,引李清照为同调——"路长嗟暮呼风起",要在理论工作上呼唤起新的创造之风,以适应21世纪的时代要求,这是何等的壮怀激烈,壮志凌云!

还有学者指出:胡绳本质上是书生、是学者,具有书生的真诚,学者的良知。在他身上,忧患意识、历史使命感、独立思考、与人为善、尊重历史、实事求是的品格,始终支撑他的一生。他晚年的文章谈话的意义,远超文章与谈话本身,而在于它的思想深度和广度,在于它的理论价值和现实意义,尤其在于它的不盲从旧说和定论,反对抱残守缺,坚持独立思考、求真求新、勇于探索、开拓前进的精神。作为20世纪中国的一位杰出的思想理论家、历史学家和马克思主义者,胡绳当之无愧。中国人文社会科学的希望,在于已经出现了一批像胡绳这样不再迷信、不再盲从,独立思考、开拓创新的大学者。以胡绳为代表的这种现象的出现,必将作为中国学术界走向成熟的重要标志而载入20世纪史册。

有学者还为胡绳打抱不平说:读了《胡绳全书》,我认为,胡绳是坚信马克思主义、坚信社会主义、坚信共产主义的。这是毫不含糊的。说胡绳否定马克思主义、反对社会主义,我决不相信,也决不赞同。近些年来他写了许多文章,宣传党的基本路线和邓小平理论,论述什么是社会主义,怎样建设社会主义,还以《为什么中国不能走资本主义道路》为题,发表了长篇论文。这些文章没有那么多引经据典,但却遵循马克思主义基本原理,依据历史事实进行周密的分析,有很强的说服力,道理讲得很透彻。

有的学者满怀深情地说:胡绳将理论、历史和现实三个方面有机地结合在一起,是他一生研究和写作的一大特色。他在病重的最后几年还不停息地思考和研究有关社会主义的许多重要的思想理论问题，提出种种新见解。许多思想理论界人士对他这种随着时代的步伐不断前进的责任感和创新精神，对他的创新的研究成果，都表示崇高的敬意和会心的赞同。

胡绳当年在北大哲学系读书时的同班同学任继愈先生怀念胡绳时指出：在我国马克思主义理论界有成就的学者中，胡绳是唯一没有在当年到过延安的理论家。他在北大只读了一年，也可以说是我国自学成才的大专家。他在史学、哲学领域有他的独到造诣。他善于把艰深的道理出之以平易，化繁复为简明，像他这样的斫轮老手，在史学、哲学里的造诣深为业内专家钦重。

（二）对胡绳晚年若干篇文章的评论

有的学者回忆道：1983年胡绳写了《马克思主义和中国国情》一文，着重分析中国特殊国情，论述从这种国情出发运用马克思主义指导社会主义建设的极端重要性。他认为，党在过去近30年建设中遭受某些挫折的重要教训之一，是不从这种特殊国情出发，只凭一些社会主义的抽象"公式"或者是外国的模式，或者是过去中国革命中群众斗争、阶级斗争的具体经验来作指导，那当然会犯大错误。而党的十一届三中全会以来形成的基本路线，正是按照中国国情在社会主义建设中走出了一条具有自己特色的马克思主义道路，并使马克思主义得到新的发展。胡绳的这些见解，反映了他在马克思主义理论和中国近代史学识方面的深厚根底。

有的学者说："文化大革命"结束后，知识界有一部分人产生对社会主义的怀疑，提出为什么中国不能走资本主义道路的问题。这个问题实际上也就是中国为什么要在共产党领导下进行新民主主义革命并走向社会主义。胡绳写了《为什么中国不能走资本主义道路》一文。这篇文章不是抽象地去比较社会主义与资本主义的优劣，而是从深入分析近代中国经历的半殖民地半封建的特殊历史过程作出论证，说明中国坚持走社会主义道路的历史必然性。这篇文章得到胡乔木的高度赞赏，在当时的知识界中产生了良好的影响。

有的学者指出：胡绳在1987年反自由化高潮中发表了《为什么中国不能走资本主义道路》的大文章，被传颂一时，也受到中央的表扬。有人称赞这是"中国社会科学最高水平的表现"。

有的学者称赞道：胡绳以其学术界的声望，在国内提出"社会主义与资本主义的关系"这个表达邓小平改革开放思想的重要问题，无疑是有重大意义的，并发生了重大影响。

有的学者还说：读了《对〈毛泽东一生所做的两件大事〉一文的几点说明》，很受启发。文中提到关于怎样认识在探索革命道路中犯错误的问题，有人提出，如果说1957年以后20年的"左"是探索中的错误，那么遵义会议以前那些"左"的错误，是否也可以说是探索中的错误呢？王明的错误是不是也可以说是一种探索呢？胡绳的分析和回答却是举重若轻，分析得既简单明了，又切中要害。这说明胡绳不但是坚持马克思主义的，而且在运用马克思主义基本原理分析中国革命历史现象时，具有很深的造诣。

有的学者还指出：1992年邓小平南方谈话发表，胡绳和我们这些人都有一种思想上得到重新解放的喜悦。他继续写了关于中国社会主义发展的一系列文章，提出许多新见解，尤其在阐释和传播邓小平理论方面倾注了极大的心血。1994年6月他发表的《什么是社会主义，如何建设社会主义？》长文，被誉为学习和宣传邓小平建设有中国特色社会主义理论的力作。同年底，他发表《马克思主义是发展的理论》演讲，从百余年来国际政治、经济和科学技术发展变化的广阔范围论述马克思主义的发展问题，提出一些独创性的论点，受到理论界的热烈称赞。他从20世纪80年代起写出的重要文章结集为《马克思主义与改革开放》一书，它的英译本在国外得到很高评价。

有的学者指出：胡绳的《什么是社会主义，如何建设社会主义？》一文是在1994年三四月间写的。这是他研究《邓小平文选》第3卷，深入思考社会主义问题的一篇有代表性的力作。这篇文章，围绕"什么是社会主义，怎样建设社会主义"这个邓小平理论的首要基本问题，就"发展生产力""社会主义初级阶段""改革——解放生产力""社会主义市场经济"等几个重大问题，进行了有新意、有深度的论述。文章不仅为科学社会主义创始人及其继承者的思想理论观念的发展提供了深刻的理解，而且总结建设社会主义实践的历史经验教训，深刻地阐述了邓小平为科学社会主义提供的新思想、新内容，以及由此反映出来的邓小平的巨大理论勇气。这是研究和宣传邓小平理论少见的有深度的文章。

有的学者评论《马克思主义是发展的理论》一文说：这是胡绳在邓小平建设有中国特色社会主义理论研讨会上的发言，从百余年来世界的巨大发展变化的广阔范围论述了马克思主义的发展前途问题，提出一些新颖独到的见解。这个发言在会议当场和后来报纸上发表时都引起强烈的反响，被认为是论述马克思主义在当代的发展的大师级的作品，受到有识之士的高度重视。胡绳听到反映后说，他当时没有料到那篇发言会引起那么大的注意。其实，那个过是对发展马克思主义理论所作出的一个提要式的说明，许多意思没有展开。也有的读者写信给他，表示了不同意见。虽然他一直在思考这个问题，但更加系统深入的研究，对他来说已是力不从心了。他把承担这一任务的期望，寄托于理论界的新生力量。

有的学者指出：《毛泽东的新民主主义论再评价》是胡绳最后一次面向公众的学术演讲。经过修订发表后，也是胡绳最后发表的一篇学术论文。两篇文章（另一篇为《资本主义和社会主义的关系》）发表后，引起广泛的好评，也引起尖锐的批评。两篇文章收进《马克思主义与改革开放》时，胡绳又作了修改。这时已是2000年的七八月间了，他的病已恶化，但他仍然冒着酷暑详细地修改。这是胡绳反复斟酌、精心修改的著作。据说，胡绳在将《资本主义和社会主义的关系》收入《马克思主义与改革开放》时，还作了修改。他将"20、21、22这三个世纪"改为"21、22、23这三个世纪"。延长一个世纪，在人类历史年表上，仍然不算太慢。这个加了100年的300年社会主义全世界胜利论，表明胡绳终归是一个坚定的乐观的马克思主义者、社会主义者。

对胡绳很了解的学者说：《毛泽东的新民主主义论再评价》是胡绳一生的压卷之作。他考虑到这篇文章将会引起各方面的反应，尽可能将道理说得周到、讲得全面。文章发表后，他还在考虑有什么不妥之处，直至收入到《马克思主义与改革开放》文集中时又作了修改。这篇文章经过一年多时间的勉力最终定稿。他殚精竭虑、奋力拼搏的这种精神永远值得我们学习。

四、"没来得及回答"的胡绳理论遗嘱

胡绳的秘书在《难忘往事——记胡绳同志最后一次谈话》中追记了胡绳2000年4月3日晚同他所作的关于理论问题的一次谈话：4月3日这一天，我有种预感，好像胡老有什么要交代。大约晚上8点，胡绳找我，见我进来，就像往常那样开口缓缓说道："今天我要谈一个问题，算是开头。"他的头脑异常清醒，说话明晰可辨，断断续续地谈了一刻钟。他的谈话是从《毛泽东的新民主主义论再评价》那篇文章讲起的，主要内容是：

"如果说文章从民粹主义写不好，那么问题的实质是什么？和现实有什么联系？这里还有大文章可做，但很不容易写，恐怕很少有人能

写得了了。我们应从世界范围来看这个问题。

"（1）如果认为马克思主义关于人类社会制度发展的学说，就是从资本主义到社会主义再到共产主义，是科学的理论，那就必须回答现实所提出的问题，不然坚持和发展马克思主义就成为一句空话。

"（2）按照马克思主义的经典理论：资本主义发展成熟，无产阶级起来革命，建立无产阶级的政权，建设社会主义。这是世界性的，不是某个国家单独就可以成功的。但是，实际情形是，世界资本主义各国的发展极不平衡。美、英、法等一些现在发达的资本主义国家，是怎样发展强大起来的？何时又是怎样走上这条道路的？还有待进一步研究。况且还有那些不发达的资本主义国家呢。

"（3）另一方面，是世界上经济、政治、文化很落后的众多国家，在土地、人口上占有很大的比重，中国也是其中之一。第一次、第二次世界大战后，这些国家中相继建立起一些所谓社会主义国家，还有许多殖民地国家也独立了。这样的大变化，恰恰是发生在落后的地方。这些国家走什么样的发展道路才能富强起来，这是必须回答的问题。是走资本主义道路？或是走跳过资本主义的所谓社会主义道路？还是走什么道路？

"（4）试图实行跳过资本主义的'社会主义'，柬埔寨红色高棉算是典型的。也许这可以看作是染上民粹主义色彩的一个小例证（说到这里，胡老流露出一种无奈的神情）。但这是一条失败的道路。

"（5）那么，成功的路是什么？我们自己所走过的路，世界其他落后国家所走过的路，都需要我们深入地加以研究，进行科学的总结。其中我国的经验，恐怕具有普遍的意义。

"我今天只是提出问题，如果有机会还要逐步地来回答它。"①

---

① 《思慕集》，社会科学文献出版社2003年版，第95—97页。

秘书写道:"胡老谈话虽然断续反复,但意思明确连贯,一气呵成。谈话中的有些观点,散见于他后期的某些文章和谈话。但是,这一回的表达,大有高屋建瓴之势,显然是想系统地说明他经过长期深入思索,在这个重大的理论问题上形成的基本见解。此后,胡老病情愈加恶化,没有能给他多一点机会,继续这个刚刚开始的话题,留下无法弥补的遗憾,令人痛惜。"[1]

胡绳在这篇谈话半年后,带着没能"把头伸到下世纪探望一下"的愿望,带着对上述重大理论问题只开了头没来得及回答(或许还有久已思考的其他问题)的遗憾,离开了这片他为之奋斗一生的热土,离开了他希望能实现远大理想的这个世界。这既然是胡绳的最后一次理论问题谈话,我们姑且称之为他的理论遗嘱吧!

胡绳这一生,就没能实现到新世纪"试窥门庭"的愿望和回答完他提出的重大理论问题来说,是留下了无法弥补的遗憾。但是,就他在学术上取得的如此辉煌的成就而言,应当说无所可憾了。

---

[1] 《思慕集》,社会科学文献出版社2003年版,第97页。

余 论

为什么会产生「胡绳现象」？

胡绳为什么能在学术上获得巨大的辉煌呢？或者说为什么会产生"胡绳现象"呢？学习胡绳、研究胡绳，不能不回答这个问题。我以为，这有多方面的原因，也是今后研究胡绳学术的一个重要课题。在这里，谈点粗浅看法。

首先，从客观方面看，有这么三点：

第一，离不开他在世时所处的时代"大环境"。党的十一届三中全会是党和国家发展的历史转折，也是胡绳人生的历史转折。没有党的十一届三中全会以后的改革开放的政治大气候，没有邓小平所倡导的解放思想、实事求是的思想路线，没有那时宽松的、民主的、可以提出问题讨论问题的学术氛围，胡绳是不可能不断攀登学术高峰，即不可能有"胡绳现象"的。因为同是一个胡绳，在前20年即他的学术生涯的第二个时期，完全是另一种情况。从某种意义上说，那个"胡绳现象"就不是我们现在讲的"胡绳现象"的内涵了。当然，这后20多年也不都是晴空万里、无一丝乌云的艳阳天。这在任何大好时代都是不可能的。就是大自然也还有乌云密布、刮风下雨之时。总的来说，他所处的那个时期是历史的晴天，因而他才可能有晚年的学术辉煌，才有学界热议的"胡绳现象"。也可以说，改革开放以来的新时代是一个能够造就巨人、需要产生巨人的时代。胡绳就是我们这个时代的理论巨人之一。

第二，离不开他长期在中央领导机关工作和参与党中央的重要文字工作的特殊"中环境"。胡绳入党后,在革命战争年代,先后辗转武汉、重庆、上海、香港等地,都在中共中央长江局、南方局等领导机关下属单位(直接的或联系的)工作,能直接听到中央的声音。这对于从事理论宣传工作是非常有利的条件,也为他培育政治意识、大局观念、战略眼光、理论思维打下了相当厚实的基础。新中国成立后,胡绳基本上在中央核心部门工作。从20世纪50年代起,他作为中央"一支笔",先后与毛泽东、邓小平等两代中央领导集体有较多的零距离、近距离接触,不仅直接共事,而且能耳濡目染。还有,经常与他相处切磋、交流的同事朋友,都是跟他一样的高级秀才、大笔杆子。他们彼此往来能互相启发、共同进步。特别是他与胡乔木相识半个多世纪,两人长期有共事关系。他说胡乔木是百科全书式的马克思主义学者,勤于思考,敢于发表独立的新见解。这既可以说胡乔木对胡绳有很大影响,也可以说他们彼此相互影响,因为胡绳也有这个秉性。这种特殊的环境,对于造就胡绳是一个非常重要的客观条件。

第三,离不开党给予的能使他成就一番事业的"小环境"。改革开放以后,胡绳先后在中央文献研究室、中央党史研究室和中国社会科学院工作。这几个单位都是从事学术研究、社会科学理论研究的高级机关,既有很多文献党史档案资料,又集中了许多高级研究人才。总的来说,这几个单位的"小环境"都能和谐共事。他不需要分心,花很多精力去处理非学术研究的繁杂、琐碎事务。这对于专心从事学术理论研究的他来说,是难得的小天地、好环境。家和万事兴。他所在的单位的"小环境""和",对于他成就事业、走向辉煌也是不可或缺的外部条件。

其次,从主观方面说,胡绳个人的各种素质是他能够成为理论巨人、学界大师的基本条件。比如:

第一,坚持与时俱进的马克思主义观。胡绳的求学时代,正值深重的民族危机。强烈的爱国热情使他从广泛的阅读中去追求进步、探寻真理，接受了马克思主义。他参加革命后，在党组织领导下从事文化工作时，就致力于马克思主义理论的宣传，并用它进行哲学、历史、文化思想等方面的研究和写作。从此数十年如一日，马克思主义就成为他的学术研究的终身指导思想。他坚持马克思主义，但不搞本本主义。特别是粉碎"四人帮"后的那段经历，使他铭刻于心。此后，他一直坚持马克思主义的与时俱进理论品质，和时代共进，与历史同行。我们从他的著述中可以看到，他一直坚持反对"概念的马克思主义"，批评那种"死守马克思主义的一般公式"的教条主义，强调必须不断地以人类社会的新的经验和新的认识来充实和丰富马克思主义的内容。毛泽东早在延安时期就将对待马克思主义的态度，区分为两种对立的马克思主义观，即教条主义的马克思主义观和与时俱进的科学的马克思主义观。胡绳是我们党内他那一辈人中唯一没有到过延安而成长的大理论家，但这丝毫不影响他在晚年不遗余力地坚持用与时俱进的科学的马克思主义观，来研究当代中国社会主义发展的一系列重大理论和实践问题。《马克思主义与改革开放》一书，简单地说，就是在殚精竭虑地为科学社会主义正其名，为邓小平建设有中国特色社会主义理论鼓与呼。坚持与时俱进的马克思主义观是他攀登学术高峰，成为理论巨人、学界大师的根本指针。

第二，有密切关注现实的社会责任感。中国的知识分子从古至今有一个优良传统："天下兴亡，匹夫有责。"胡绳也是如此。他在77岁回顾其学术生涯时写道："我一生所写的文章，虽然有一些可以说有或多或少的学术性，但是总的来说，无一篇不是和当时的政治相关的（当然这里说的政治是在比较宽泛的意义上说的）。可以说是'纯学术性'的文章几乎没有。对此我并不后悔。"这虽然是说他的学术活动的性质，但从一个侧面反映了他始终坚持与时代的需要、人民的需要相结合的历史责任。他说:"在20世纪快要结束的时候,我们略微回顾一下这些发展和变化,可能就会感到马克思主义已有的发展还不能和现实生活相适应,因而感到发展马克思主义是每一个真诚的马克思主义者所应该担负起的任务。"这一点在《马克思主义与改革开放》中非常突出,每一篇文章都有鲜明的问题导向意识,回答人们所关注的重大现实问题,即使再棘手、再难于回答的问题,他都直面以对,从不拐弯抹角,含糊敷衍。他的这种社会责任感,或者说理论责任感,是他能够与时俱进、不断攀登学术高峰,成为理论巨人、学界大师的一个精神动力。

第三,有面向世界的开阔视野。胡绳虽然是学者,但不把自己关在象牙之塔内,不搞自我封闭。长期从事的新闻出版和时事政治评论工作,使他具有世界眼光,注意用马克思主义的宽广视野观察世界的政治、经济、科技、文化等各方面的发展变化,并从与世界的比较中,研究中国的历史和现实。他既从中国看世界,又努力从世界看中国,十分留意西方资本主义的发展将给中国以什么样的影响和借鉴。在研究社会主义与资本主义的关系时,他一方面反复研读马列著作,并做详细的笔记,另一方面又对资本主义的历史演变情况作深入缜密研究。因此,他才能对一些让人们感到困扰的疑难问题进行辨析。比如,他对那种认为社会主义能够依靠自己的优越性创造出比资本主义更高的生产力和社会文明的说法,就感到不接地气,太概念化了。他明确指出:社会主义不是在一块"空地"上仅仅依靠制度的优越性就能建立新的大厦。它必须继承资本主义所创造的巨大的生产力,充分利用其科学、技术和组织社会化大生产的手段、方法,吸取其对社会主义一切有益的文化。只有这样,社会主义的优越性才能真正发挥出来,才能创造出比资本主义更高的生产力和社会文明。这种分析使他的文章读起来,一是实际,没有那种令人吐槽的"客里空"和"高大嗓";二是新鲜，角度新、资料新、论述新，给人以新的启迪。

第四，有独具特色的历史眼光。胡绳作为大历史学家，精通历史是他的独特优势。但他不是为历史而历史，更不是将历史当作远离政治、不关心社会的避风港湾。他当时在中央党史研究室和中国社会科学院时都一直强调，研究历史是为了研究现在，知古是为了鉴今，一定要坚持"以史为鉴，资政育人"。他非常注重总结历史经验，并运用历史的经验教训来研究改革开放和现代化建设中的理论与实践问题。他对那种从马克思主义概念出发来研究和阐述问题的方法很不欣赏，认为这种思维定式本身就违背马克思主义，是不应当提倡的学风。他很赞同恩格斯说的两句名言：一是"必须从最顽强的事实出发"；二是任何一个民族要想取得更大进步，"无论从哪方面学习都不如从自己所犯错误的后果中学习来得快"。因此，他研究问题总是把历史的分析与理论的分析相结合，使政论与史论相统一，因而他写的文章具有深厚的历史底蕴，不仅梳理出历史的本然，而且能揭示历史的所以然。这种历史与现实相贯通的思维方式，使他能不断得出带有规律性认识的见解。胡绳晚年的学术思想能与时俱进，是他毕生花了很大精力总结中国近代史特别是中共党史的经验教训的必然之果。

第五，坚持全面、缜密、多维的辩证思想方法。胡绳曾就读于北大哲学系，青年时代开始写作哲学普及读物，而且主要是讲思想方法的。《胡绳全书》第4卷收入了他从抗战之初到新中国成立以前所写的6本哲学小册子。在20世纪60年代，他受命主持编写《辩证唯物主义 历史唯物主义》教科书。从某种意义上说，他也是马克思主义哲学大家。胡绳具有这样深厚的马克思主义哲学素养，在党的高级干部中也很鲜见。正因为如此，他具有辩证地、多方位地看问题的思维方法。再加上他长期在国统区工作，当时马克思主义处于被压迫的地位，他进行文化宣传，写思想评论、批评错误思想时，就不可能采取打棍子、戴帽子的简单方法，而只能通过深入分析，将道理讲得全面清楚，才能令人信服，达到好的宣传效果。这样长时期的工作环境也促使他不得不思维缜密，考虑问题周到、细致。这样，他写文章长于分析、善于说理的特点，就在晚年的学术研究中得到了充分体现。他那多角度，多侧面，条分缕析，层层深入，逻辑严谨，不搞绝对化，不浅尝辄止的特质，以及往往在人们没有注意到或者没有说透的地方提出新问题、作出新解释的论理功力和文字功夫，令许多学人神往。胡绳的这个优点，是他能不断攀登学术高峰，成为一代宗师的一个重要特质。

胡绳百年，历史早已跨入他曾想窥视的新世纪。他为之鼓与呼的中国特色社会主义也进入了新时代。胡绳寄希望于新生力量来继续研究中国特色社会主义的重大理论和现实问题，不断推进马克思主义向前发展。我们这一代人也垂垂老矣，同样寄希望于年轻一代，接过胡绳等老一辈理论大家、党史大家的历史接力棒，继续攀登学术高峰。长江后浪推前浪，世上新人胜旧人。我坚信，新生代将会在巨人的肩膀上做出应有的贡献，新时代的胡绳式的学界大师也将会脱颖而出。